ALBERT EIGNER

CAT STEVENS YUSUF ISLAM

ALBERT EIGNER

CAT STEVENS YUSUF ISLAM

MIT WELTHITS
AUF DEM WEG ZU ALLAH

hannibal

© 2006 Albert Eigner

© 2006 der deutschen Ausgabe:
Koch International GmbH/Hannibal, A-6600 Höfen

Lektorat und redaktionelle Mitarbeit: Frank Heckert
Buchdesign und Produktion:
bw works (Titel und Fotoseiten), frank & frei werbeagentur (Innenteil)
Coverfoto: © Jak Kilby/Retna
Druck: Druckerei Theiss GmbH, A-9431 St. Stefan
ISBN 3-85445-263-2

„Wenn ich alt bin, werde ich sehr glücklich sein.
Je schneller ich alt werde, desto besser."

Steven Demetre Georgiou, Januar 1967

INHALT

3 ORIGINALTÖNE

WELLENREITER

Am Strand von Malibu bei Los Angeles geht ein heißer Tag zu Ende. Weit und breit kein Mensch – außer einem Mann, der ganz in Ruhe dem Spiel der Wellen zusieht und die langsam dahinziehenden Wolken beobachtet.

Spontan entschließt sich dieser Mann, noch ein wenig ins Meer hinauszuschwimmen – er kann nicht ahnen, dass ihn schon kurze Zeit später eine kräftige Strömung packen und immer weiter vom Strand wegtreiben wird. Verzweifelt kämpft er gegen die Gewalt der Natur an, aber schon bald wird ihm klar, dass er so gut wie keine Chance hat, wieder zurück an Land zu kommen.

Er fühlt, wie seine Kräfte schwinden. In seiner Verzweiflung schickt er ein Gebet in Richtung Himmel. Jetzt kann ihm nur noch Gott helfen. „Wenn ich gerettet werde, dann will ich für Dich arbeiten!", ruft Cat Stevens. Bald darauf erfasst ihn eine große Welle und spült ihn zurück ans Ufer ...

Für die Popwelt war das der Anfang vom Ende eines ihrer größten Stars. Für Cat Stevens hingegen war es der Beginn eines neuen Lebens. Schon bald nach der wundersamen Rettung verschwand er in den Wogen der Erinnerung – freilich nur, um einige Jahre später als Yusuf Islam wieder aufzutauchen.

KATZENSPUREN

MEINE ERSTE BEGEGNUNG mit Cat Stevens hatte ich im Jahr 1973. Ich war damals gerade vierzehn Jahre alt, als mir im Plattenregal eines Freundes die LP *Tea For The Tillerman* in die Hände fiel. Die Platte wirkte auf mich geheimnisvoll und tiefgründig. Das Cover mit seinem Gemälde und der Schnörkelschrift strahlte Ruhe und Frieden aus. Hatte man es aufge-klappt, dann sah man einen bärtigen Mann, der im Halbdunkel ein mystisches, rotes Licht am Boden betrachtet. Von den Liedern kannte ich nur „Father And Son", das oft im Radio lief. Die Stimme von Cat Stevens klang für mich tief und abgeklärt, gerade so als stammte sie von einem Fünfunddreißigjährigen. Tatsächlich war Stevens erst zweiund-zwanzig, als er *Tea For The Tillerman* veröffentlichte.

Jedenfalls hatte ich mit *Tea For The Tillerman* meine Einstiegsdroge in die Cat-Stevens-Welt gefunden, in der ich mich einige Jahre später mit Vorliebe aufhalten sollte. So wie er war auch ich ein Suchender, der Bücher über fernöstliche Religionen, die Kabbalah, Astrologie und Artverwandtes verschlang. So wie ihn hatte auch mich die Liebe zur Musik gefangen genommen; ich heuerte nicht von ungefähr als Bassist in einer Schülerband an. Doch zunächst wurden meine Haare länger und die Musik meiner Band lauter und härter. Cat Stevens trat in den Hintergrund. Gruppen wie Deep Purple, Yes, Jethro Tull und Pink Floyd waren angesagt. Erst in meiner Studentenzeit erwachte mein Interesse an Cat Stevens erneut. Ich hatte die Phase als Rockbassist abgeschlossen – zuletzt war ich Mitglied der Ende der Siebzigerjahre in Österreich bekannten Band Magic – und widmete mich wieder mehr der akusti-schen Gitarre. Im Duo spielte ich in kleinen Clubs meist ein bunt ge-mischtes Programm mit Songs von Simon & Garfunkel, James Taylor und Cat Stevens. Später begann ich, ausschließlich Cat-Stevens-Songs mit meiner Tribute-Band „AL & The Firecats" (www.alandthefirecats.at) zu spielen. Da ich bei meinen Konzerten über Cat Stevens' Lebensweg berichtete und die Entstehungsgeschichte der einzelnen Songs beleuch-tete, war es für mich wichtig, möglichst viele Informationen über Cat Stevens zu sammeln. Quellen gab es freilich nicht besonders viele. Stevens hat nur selten Interviews gegeben, und eine deutschsprachige Biographie existierte auch nicht. Dennoch fand ich im Internet – vor allem bei eBay – viel interessantes Material (alle Käufer, die von mir in den letzten Jahren überboten wurden, mögen mir verzeihen). Auch bei meinen Nachforschungen vor Ort in London konnte ich einiges in Erfahrung bringen. Je mehr die Idee zu einem eigenen Buch konkrete Formen annahm, umso mehr häuften sich auch die Zufälle.

ALS ICH MICH IM JAHR 2002 gerade um einen Gesprächstermin bei Yusuf Islam in London bemühen wollte, kam er höchstpersönlich nach Graz, um bei einer internationalen Friedenskonferenz, an der auch der Dalai Lama teilnahm, die muslimische Glaubensgemeinde zu vertreten. Ich konnte die Gelegenheit für ein ausführliches Gespräch mit ihm nutzen – und da ich alle Programmpunkte der Friedenskonferenz besuchte, konnte ich Yusuf Islam näher kennen lernen.

Auch als ich für meine Tribute-Band einen Gitarristen suchte, half der Zufall. Nach einem Konzert sprach mich der Musiker und Lehrer Herbert Pilz an, der ganz in der Nähe von Graz wohnte, und erzählte mir, dass er im Jahr 1975 in Cat Stevens' Haus im Londoner Stadtteil Fulham gewesen sei. Er lebte damals für kurze Zeit in London, weil er Profimusiker werden wollte. Eines Tages bat man ihn um Hilfe beim Transport eines Mellotrons, das in ein Tonstudio gebracht werden sollte. Dieses Studio befand sich im Haus von Cat Stevens, wo dessen Bruder David Gordon gerade ein Demoband für den Song „Child For A Day" aufnahm. Für die Aufnahme fehlten noch Chorstimmen – und Herbert Pilz wurde spontan engagiert. Der Song erschien später neu arrangiert auf dem Album *Izitso* – und Pilz spielt heute Gitarre bei „AL & The Firecats". Dreißig Jahre später, im Jahr 2005, flog ich mit Herbert nach London und ließ mir von ihm das Haus zeigen.

NICHT UNERWÄHNT LASSEN möchte ich meine Kontakte zu den britischen Cat-Stevens-Experten Michael Pipe und George Brown. Michael gestaltet das Musikprogramm für den Folkclub *The ent.Shed* in Bedford. So wie ich wollte auch er eine Ovation-Gitarre, die früher Cat Stevens gehört hatte, über eBay ersteigern. Die Gitarre bekam keiner von uns – aber als Michael von meiner Tribute-Band erfuhr, erhielt ich eine Einladung für ein Konzert in Bedford. Am 19. März 2005 fand dann das erste Cat-Stevens-Tribute-Konzert auf britischem Boden statt. Yusuf Islam unterstützte das Vorhaben, indem er vier Tickets gemeinsam mit seinen ehemaligen Bandmitgliedern signierte und uns den handschriftlich korrigierten Originaltext seiner letzten Aufnahme, „Indian Ocean", zur Verfügung stellte. Tickets und Text wurden beim Konzert versteigert. Der Gesamterlös des Konzerts ging an die von Yusuf Islam gegründete Wohltätigkeitsorganisation „Small Kindness". Über Michael Pipe machte ich auch Bekanntschaft mit George Brown. Er hat unter dem Titel „Underneath The Covers" eine interessante Abhandlung über alle Stevens-Coversongs verfasst und im Mai 2006 im Eigenverlag das Buch *The Complete Illustrated Biography and Discography* herausgebracht.

Wichtige Details über Cat Stevens/Yusuf Islam fand ich vor allem auf folgenden Internetseiten: www.yusufislam.com (Yusuf Islams eigene Homepage), www.catstevens.com (von John Gibbons in den USA betreute Homepage; die Domain wurde Ende Mai 2006 von Yusuf Islam übernommen), www.majikat.com (von Christine Chenevey in den USA betreute Homepage) sowie auf www.catstevens.at (von Harry Schmieder in Österreich betreute Homepage). Allen gebührt mein besonderer Dank.

Nicht unerwähnt lassen möchte ich zwei englischsprachige Biographien, die zwar nichts oder kaum etwas über Yusuf Islam berichten, aber dafür viel Interessantes zu Cat Stevens. Leider sind beide Bücher seit Jahren nicht mehr erhältlich: *The Definitive Career Biography* von Chris Charlesworth (Proteus Verlag, 1984) und *The Boy Who Looked At The Moon* von David Evens (Britannia Press Publishing, 1995).

VIELE KENNEN DEN KÜNSTLER Cat Stevens – aber nur wenige wissen, wer er wirklich war und welche Hintergründe und Botschaften in seinen Songs verpackt sind. Viele kennen Yusuf Islam als tief gläubigen Muslim. Nur wenige wissen von seinen beachtlichen Leistungen im humanitären sowie im schulischen Bildungsbereich. So wurde Yusuf Islam erst kürzlich in ein Beraterteam der britischen Regierung berufen, um bei der Bekämpfung des islamischen Extremismus mitzuwirken. Auch zu akademischen Ehren ist Yusuf Islam schon gekommen: Im November 2005 erhielt er von der Universität Gloucestershire den Ehrendoktortitel.

Machen wir uns also „On The Road To Find Out": Wie wurde Steven Demetre Georgiou zu Cat Stevens – und wie Cat Stevens zu Yusuf Islam?

Albert Eigner
Graz, im September 2006

1

LEBENSLINIEN

„I'll show everyone
that my time
will come,
if you wait for me
I will show
the world
what I can be."

„I'm Gonna Be King" aus *New Masters*, 1967

ROBINSON IN DER *MOULIN ROUGE*

ALS STEVEN DEMETRE GEORGIOU, wie Cat Stevens mit bürgerlichem Namen heißt, am 21. Juli 1948 im Middlesex Hospital in London-Hammersmith das Licht der Welt erblickte, hatten Peggy Lee, Nat King Cole und Doris Day die Hitlisten fest im Griff.

Für die Familie Georgiou war Steven nach seiner Schwester Anita und seinem Bruder David das dritte Kind und somit das Nesthäkchen. Vater Stavros hatte als griechischer Zypriote einen starken Willen, Mutter Ingrid, eine ruhige und besonnene Frau, kam aus der Hafenstadt Gavle in Schweden. In einem späteren Interview betonte Cat Stevens, dass er sehr stolz auf seine Herkunft sei, hauptsächlich darauf, nicht Sohn eines gut aussehenden Schweden und einer rassigen Griechin zu sein. Die sehr unterschiedlichen Charaktere seiner Eltern zwangen ihn jedenfalls bereits in jungen Jahren, oft den Ausgleich zu suchen.

Vater Stavros Georgiou kam zu Beginn des 20. Jahrhunderts in Tala, nahe Paphos, in Südzypern zur Welt, lebte dann in Ägypten in Alexandrien und emigrierte mit siebzehn Jahren nach New York. Dort begann er als Schuhputzer, fand aber bald Arbeit in einem kleinen Restaurant. Mitte der Dreißigerjahre zog er dann nach London, wo er sein Geld im Ringkampfgeschäft verdiente. Da er gerne Anzug und Krawatte trug, nannten ihn seine griechischen Freunde *Mexicanos,* was so viel wie „herausgeputzt" bedeutet. Stavros war sich bewusst, dass er für alles im Leben hart arbeiten musste. Er wusste, dass er nichts dem Zufall überlassen konnte. Das Restaurant *Moulin Rouge*, das er seit 1947 in London betrieb, führte er deshalb mit strenger Hand. Um Personalkosten zu sparen, musste die ganze Familie mithelfen. Das war nicht leicht, immerhin aber lehrreich für den jungen Steven. Schon früh entwickelte er auf diese Weise einen klaren Blick für geschäftliche Dinge – und er wusste, dass Erfolg sich meist nur einstellt, wenn man bereit ist, viel dafür zu leisten.

Stevens' Mutter, Ingrid Georgiou, kam von Schweden zunächst nach Birmingham und 1937 nach London, wo sie als Kindermädchen arbeitete. Hier traf sie Stavros im *Lyon's Corner House* in der Tottenham Court Road; 1938 heirateten beide. Ingrid Georgiou hatte ein geduldiges Wesen und unterstützte stets die künstlerischen Ambitionen ihres jüngsten Sohnes.

Wenn andere Kinder schon lange im Bett lagen, durfte Steven abends oft noch malen oder auf dem Familienflügel im Wohnzimmer herumklimpern.

GEPRÄGT DURCH DIE GRIECHISCH-ORTHODOXE HALTUNG seines Vaters – seine Mutter war Baptistin – und antimuslimisch erzogen, besuchte Steven mit fünf Jahren die römisch-katholische St.-Josef-Schule in der Macklin Street im Stadtteil Drury Lane. Dort freilich durfte er als Griechisch-Orthodoxer nicht an den religiösen Feiern teilnehmen. Für den Jungen war dies die erste Außenseiterrolle seines Lebens. Die Eltern wünschten sich für ihren Sohn eine qualifizierte Erziehung – vor allem in moralischer Hinsicht – und schickten ihn deshalb auf die katholische Privatschule. Mit der Weltanschauung an dieser Schule kam Steven aber nicht recht klar. Der Unterricht steigerte seine Schuldgefühle. Gefahren durch Sexualität, die verbotene Frucht, die Versuchung von Adam und Eva – und Jesus am Kreuz als Erlöser: Das waren seine ersten religiösen Eindrücke. Im Gegensatz dazu wartete draußen vor der Tür das unruhige Londoner Leben mit all seinen Attraktionen und Verlockungen, denen er nur schwer widerstehen konnte. Dennoch nahm Steven die Religion sehr ernst. Als ein Freund sich weigerte, beim Gebet niederzuknien, weil er die Bügelfalte an seiner Hose nicht ruinieren wollte, kündigte Steven ihm die Freundschaft – er war damals gerade erst sieben Jahre alt.

Etwa zur selben Zeit fragte Steven die geistlichen Schwestern der St.-Josef-Schule, ab wann die Sünden jedes Menschen aufgezeichnet würden. Sie erklärten ihm, dass dies ab dem Alter von acht Jahren geschehe. Für den kleinen Demetre bedeutete das: Er hatte nur noch eine Gnadenfrist, bis auch sein Sündenzähler zu laufen beginnen würde.

Aufgewachsen ist Cat Stevens im Londoner Westend, wo die Familie Georgiou seit 1947 an der Ecke Shaftesbury Avenue / New Oxford Street das *Moulin Rouge* führte. Von seinem Zimmer im ersten Stock aus konnte er direkt auf das „Princess Theatre" (später „Shaftesbury Theatre") blicken. Das Londoner Westend zwischen Piccadilly Circus, Trafalgar Square und Britischem Museum war damals Londons populäres Show- und Unterhaltungsviertel mit Bars, Kaffeehäusern, unzähligen Geschäften und vielen Kinos und Theatern. Kein Wunder, dass sich Steven Demetre früh für die Unterhaltungsindustrie interessierte.

Aber das Leben mitten in der Großstadt brachte auch Nachteile mit sich: schlechte Luft, Autolärm, ständig Neonlichter und kein Ort, der für Kinder auch nur annähernd als Spielplatz geeignet gewesen wäre. Gut möglich, dass Cat Stevens diese Eindrücke später in seinem Song „Where Do The Children Play?" verarbeitet hat. London pulsierte unaufhörlich, Verkehrslärm war der Soundtrack seiner Kindheit: Steven konnte kein Bett im Kornfeld bauen, geschweige denn Nachbars Äpfel klauen. Statt Natur gab's Asphalt, statt unschuldiger Blicke eindeutige Augenaufschläge: Jeden Tag sah Steven die Stripperinnen von einem Clubauftritt zum anderen laufen, ins rechte Licht gerückt durch die Neonreklame an Bars und Theatern. Derweil spielte er am liebsten auf den Häuserdächern der Stadt, wo er sich gemeinsam mit seinem Jugendfreund Andy Koritsas als „Champion der Londoner Skyline" fühlte. „The View From The Top": Von dort oben konnte er das Londoner Lichtermeer sehen, während der Wind die Musik der Musicals vor sich her trieb. Die Umgebung, in der Cat Stevens aufwuchs, war kaum gemacht für Kinderseelen, doch dafür öffnete sie ihm schon früh Einblicke ins Showbusiness.

FÜR EIN GRIECHISCH-SCHWEDISCHES KIND in einem fremden Kulturkreis wie den jungen Steven war es sehr mühsam, seine Identität zu finden. Er fühlte sich von den anderen Kindern ausgegrenzt, war schüchtern und introvertiert. Was vielleicht noch schlimmer wog: Er war auch kein guter Fußballspieler. Während die anderen draußen dem Ball nachjagten, saß er zu Hause und malte sich mit Cartoons seine eigene Welt. Als Vorbild diente ihm sein Onkel Hugo Wickman (1904 bis 1962), der im schwedischen Gavle, nördlich von Uppsala, lebte und es in seiner Heimat mit seinen Bildern zu einer gewissen Berühmtheit gebracht hatte.

Schon sehr früh, etwa ab dem zehnten Lebensjahr, musste Steven regelmäßig im Restaurant seines Vaters mithelfen. Seine Begeisterung darüber, nach der Schule als Kellner und Küchenjunge zu arbeiten, hielt sich in Grenzen. Oft dachten die Gäste, er wäre ein armer kleiner Junge, der aus Not schon in jungen Jahren seinen Lebensunterhalt verdienen müsse und gaben ihm deshalb ordentlich Trinkgeld. Am liebsten war es Steven, wenn die Gäste nur einen einfachen Hamburger bestellten. Shish Kebab war viel zu aufwendig, da musste er lauter kleine Fleischstücke auf einen Spieß auffädeln – und das war gar nicht nach seinem Geschmack. Jedenfalls wusste Steven bereits sehr früh, was harte Arbeit bedeutete. Andererseits hatte er als Sohn eines Restaurantbesitzers den Vorteil, dass er nie Hunger leiden musste.

Insgesamt war die Zeit im Restaurant seiner Eltern für Steven auch durchaus lehrreich. Hier lernte er, was guten Service ausmacht – und das prägte in späteren Jahren auch sein Selbstverständnis als Musiker. Und noch aus einem anderen Grund waren die Jahre im *Moulin Rouge* wichtig für ihn: Wenn am Abend manchmal Feste gefeiert wurden, dann spielten häufig griechische Musikgruppen mit Bouzoukis, was dem jungen Steven gut gefiel und ihn natürlich auch musikalisch beeinflusste.

Als er später schon die ersten Sprossen auf der Karriereleiter erklommen hatte, wohnte Cat Stevens übrigens noch immer bei seinen Eltern und gab vorzugsweise Interviews im väterlichen Restaurant – meist auf die Gefahr hin, dass sich sein alter Herr dann und wann einmischte. Das *Moulin Rouge* in der Shaftesbury Avenue Nr. 245 wurde übrigens später in den Achtzigern und Neunzigern unter dem Namen *The Alfred* weitergeführt; heute befindet sich dort das japanische Restaurant *Nama*.

ACHT JAHRE WAR STEVEN ALT, da ließen sich seine Eltern scheiden. Beide arbeiteten aber zunächst weiter gemeinsam im *Moulin Rouge* und lebten im ersten Stock des Restaurants, wenn auch in getrennten Zimmern. Steven schlief zunächst beim Vater, obwohl ihm die Mutter näher stand. Einige Monate später versuchte Stevens Mutter Ingrid, wieder in ihrer Heimat Schweden Fuß zu fassen, und nahm ihre Kinder mit. Steven Demetre musste also die Schule wechseln – aber er kam vom Regen in die Traufe. Schon der erste Schultag war ein Albtraum, denn die schwedischen Kinder hatten alle blaue Augen – nur er hatte dunkle: Grund genug für Hänseleien. Umso glücklicher war er, dass es sich bei diesem „Ausflug" nach Schweden nur um ein kurzes Intermezzo handelte und seine Mutter bereits nach einem halben Jahr wieder nach London zurückkehrte. Dort sollte Steven in der Folgezeit immer mehr zur Brücke zwischen den geschiedenen Eltern werden.

Seine schulische Laufbahn setzte er in der Northampton Secondary Modern School in der Nähe der Old Street und in der Middleton School in Islington fort. Danach besuchte er das private Hyde Park College in Bayswater, das unter der Leitung eines gewissen Donald Evans und seiner russischen Frau Ilona stand – eine gemischte Schule und Treffpunkt aller Kulturen und Nationen, wo griechische, italienische, jüdische und auch afro-asiatische Schüler eingeschrieben waren.

Steven war als Schüler nur scheinbar pflegeleicht. Nach außen hin meist nett und freundlich, brodelte in seinem Inneren oft der *angry young man*, der genau wusste, was er wollte, und dies auch fast immer durchsetzte. Wenn er sich ungerecht behandelt fühlte, konnte es schon mal vorkommen, dass er ein Algebrabuch in Richtung Lehrerpult warf und die disziplinarischen Folgen gelassen ertrug. Trotz dieser Eskapaden waren seine Noten überraschend gut, vor allem in Musik und Kunst. Lediglich bei Englischaufsätzen schnitt er immer schlecht ab, weil er sich nur um den Inhalt, nicht aber um die Grammatik kümmerte. Vor allem die Interpunktionszeichen interessierten ihn nicht: Ganze Aufsätze schrieb er ohne Punkt und Komma, setzte aber dann eine großzügige Auswahl an Punkten und Kommas an die untere Seitenecke – und den Hinweis, der Lehrer solle sich dort holen, was er benötige.

BEI ERSTER GELEGENHEIT verließ Steven die Pflichtschule und besuchte im Alter von 16 Jahren für etwa ein Jahr das Hammersmith Art College, um Maler und Karikaturist zu werden. Zur damaligen Zeit orientierte er sich nicht mehr nur an seinem Onkel Hugo, sondern verstärkt auch an dem britischen Cartoonisten Gerald Scarfe. Allzu ernst nahm Steven das College jedoch nicht: An den Kunststudenten störte ihn, dass sie alle angepasst waren, sich aber dennoch als Nonkonformisten betrachteten. Die meiste Zeit spielte er Gitarre, oft auf der Treppe zum College und während des Unterrichts. Bereits 1964, nach nicht ganz einem Jahr und mit der Auflage im Nacken, kurzfristig eine Jahresprüfung nachzuholen, verabschiedete er sich wieder vom Art College – glanzlos und ohne Abschluss. Damals spielte die Musik bereits die Hauptrolle in seinem Leben. Abends trat Steven im Campus-Pub und in Folk-Clubs in Soho auf. Und wenn er nicht gerade an eigenen Songs arbeitete, ging er in den *Les Cousins Folk Club*, um dort Bert Jansch, Al Stewart oder Paul Simon zu erleben.

„Meine Eltern hatten kein glückliches Leben, und meine Kindheit war auch nicht sonderlich glücklich. Also sperrte ich mich ein, schrieb Songs und hoffte darauf, entdeckt zu werden." Die Trennung seiner Eltern machte ihm zweifellos zu schaffen: Vater Stavros hatte eine andere Frau und schlief auswärts, tagsüber trafen sich alle zur Arbeit im Restaurant. Dennoch ging es dem jungen Steven nicht schlecht. Seine Familie liebte ihn, er bekam immer genug Geld, musste nie viel für etwas kämpfen und wurde als kleiner lieber Babyboy – sein Bruder David nannte ihn „Diddle Mingy Adams" – schon früh verwöhnt und verhätschelt. Doch seine Verschlossenheit, sein Mangel an echten Freunden und seine Flucht in die Malerei und Musik sind auch Indizien für eine eher ängstliche Kindheit. Nicht umsonst war der Roman *Robinson Crusoe* eines seiner Lieblingsbücher. Das Schicksal des Einsamen, der auf seiner Insel auf Erlösung wartet, berührte ihn.

„Walking down Portobello Road for miles, greeting strangers in Indian boots, yellow ties and old brown suits, growing old is my only danger."

„Portobello Road" aus *Matthew & Son*, 1967

GLÜCKLICHE HUNDSTAGE

SCHON FRÜH WUSSTE STEVEN GEORGIOU, was er nicht werden wollte: Kellner oder Restaurantbesitzer. Dann schon lieber Maler, wie sein Onkel Hugo. Als Steven jedoch herausfand, dass sein Lieblingsmaler Van Gogh arm und ohrlos gestorben war, entschloss er sich schnell, lieber Musiker zu werden.

Wie gut, dass seine Eltern – wohl eher aus Prestige – einen Konzertflügel besaßen, der ein Drittel des Wohnzimmers einnahm. Steven war von dem Instrument fasziniert und machte sich schnell damit vertraut. Bei seiner älteren Schwester Anita hörte er zudem die Platten von Frank Sinatra und George Gershwin, bei seinem Bruder David die Everly Brothers und Buddy Holly (die Single „Peggy Sue" war eine der ersten Platten, die er sich kaufte). Vor allem der Rhythmus von Buddy Holly beeindruckte ihn. Aber auch von Leonard Bernsteins *West Side Story*, die im Dezember 1958 Premiere feierte, konnte er nicht genug kriegen. Spätestens als er „He's Got The Whole World In His Hands" in Laurie Londons Version hörte, wollte er auch auf der Bühne stehen. Da er ja unmittelbar neben dem „Shaftesbury Theatre" wohnte, beobachtete er mit Vorliebe die dort aufgeführten Musicals. Oft schlich er sich über den Bühneneingang ins Theater, um alles ganz genau zu sehen. Später erwähnte er auch häufig das Erfolgsmusical *King Kong*, das von einem schwarzen Boxkämpfer handelt und dessen Melodien und Rhythmen ihn über viele Jahre hinweg verfolgten.

ALS FÜNFZEHNJÄHRIGER und nach den ersten Experimenten am heimischen Konzertflügel überredete er – unterstützt von seinem Bruder David – seinen Vater, ihm für acht Pfund eine billige Gitarre zu kaufen; das Gitarrengeschäft befand sich gleich um die Ecke vom *Moulin Rouge* in der Denmark Street. Natürlich waren es die Beatles, denen er nacheiferte. Auch Blues-Songs von Leadbelly wie „Goodnight Irene" und „Pick A Bale O' Cotton" gefielen ihm, außerdem die Stücke von John Lee Hooker, Muddy Waters, Nina Simone, Bob Dylan, Rufus Thomas, Peter I. Tschaikovsky und Maurice Ravel. Nur zu Donovan fehlte ihm der Zugang. Mit fünfzehn schrieb Steven seinen ersten Song, „Darling No", den er freilich nie veröffentlichte. Wie damals üblich, hielt er es für notwendig, eine Band zu gründen, und formierte deshalb die Gruppe JAS, die sich nach den Anfangsbuchstaben ihrer Mitglieder nannte. Jimmy spielte Tom Tom, Andrew Koritsas die Marakas und Steven die Gitarre. Später taufte sich die Gruppe in JAS-Trim (Trio) um. Der erste Auftritt fand im Juli 1964 im *Black Horse Public House*, Rathbone Place 6, gleich in der Nähe vom *Moulin Rouge* im Rahmen einer Folk-Nacht statt. Angeblich war es so schrecklich, dass Stevens die Geduld des Publikums bewunderte. Bald darauf löste sich das Trio auf – und Steven machte auf eigene Faust weiter. Er kaufte sich ein Gitarrenlehrbuch, brachte sich Griffe bei und hörte weiter Leadbelly, Dylan und die Beatles.

Die Fab Four hatten zu jener Zeit bereits gute Vorarbeit geleistet – viele junge Künstler erhielten eine Chance im Musikgeschäft. Die gesamte Gesellschaft der Roaring Sixties war im Wandel, es herrschte Aufbruchstimmung. Das Londoner Westend galt nicht von ungefähr als Zentrum für hungrige Intellektuelle aus Notting Hill, Chelsea und Bloomsbury. Steven Demetre Georgiou war genau zur richtigen Zeit am richtigen Ort. Und er hatte Talent – und Ideen. Für ihn stand fest, dass die Musik seine größte Chance war. Mutter Ingrid war weit weniger optimistisch, sie machte sich Sorgen über die Zukunft ihres Sohnes. Aber Steven war schon auf dem Weg. Eigentlich hatte er Folkmusiker werden wollen, wegen Dylan und Leadbelly, doch seine recht kommerziellen Songs passten besser in die Welt der Popmusik.

Es gab da allerdings noch ein kleines Problem: Er hatte nicht gerade den idealen Namen für einen Popstar: „Ich konnte mir nicht vorstellen, dass irgendwer in ein Plattengeschäft gehen und nach einem gewissen Steven Demetre Georgiou fragen würde." Deshalb nannte er sich zunächst Steve Adams. Der Name „Cat" kam erst ins Spiel, als eine Kommilitonin an der Kunstschule ihn eines Tages wegen seiner dunklen, katzenartigen Augen so nannte. Auch waren damals Filme wie *Cat Balou, What's New Pussycat* und der Song von Norma Tanega, „Walking My Cat Named Dog" (1966 ein Top-40-Hit in den britischen Charts), gerade angesagt. Steven Demetre selbst hingegen war – im Gegensatz zu seinem ersten Manager Mike Hurst, der den Namen liebte – von „Cat" nicht sonderlich begeistert und wollte lieber weiterhin Steve genannt werden. Also gab es schließlich einen Kompromiss: Der Vorname erhielt am Schluss ein kleines „s" und wurde zum Nachnamen, garniert mit dem griffigen „Cat". Irgendwie lag das auch im Trend, denn in den Sechzigern waren Tiernamen en vogue, sonst hätten sich die Animals, The Turtles, The Monkees und nicht zuletzt auch die

Beatles, die zu Beginn ihrer Karriere ja als „Beetles" (Käfer) auftraten, kaum so genannt. Cat Stevens – das klang doch ganz gut: „Die Leute mochten Katzenartiges, und ich dachte, ein klein wenig von dieser Liebe wird schon auf mich abfärben."

BEREITS 1965 NAHM CAT STEVENS im Regent Sounds Studio in der Denmark Street auf eigene Kosten ein Demoband mit den beiden Liedern „Back To The Good Old Times" und „Baby Take Me Back Home" auf und ließ davon einige Demo-Singles herstellen. Damals konnte er noch nicht ahnen, dass eine dieser Demo-Singles im April 2005 über eBay für 2.750 Pfund den Besitzer wechseln würde. „Back To The Good Old Times" verschwand schnell in den Archiven und erklang erst 2001 wieder – auf dem von A & M herausgebrachten Boxset *On The Road To Find Out*.

Sein Bruder David konnte schon wenige Wochen nach diesen Aufnahmen einen Verlagsvertrag für seinen Bruder aushandeln: Er unterzeichnete beim Musikverlag Ardmore & Beachwood, für den er in der folgenden Zeit einige Demos ablieferte, darunter auch eines von „The First Cut Is The Deepest". Pro Song bekam er dreißig Pfund. Bald darauf vermittelte David ihm einen Vertrag für eine Liveshow bei Radio Luxemburg, doch dieses Engagement war nur von kurzer Dauer. So folgten außer einigen kleinen Auftritten für je acht Pfund keine weiteren Aktivitäten und auch keine weiteren Plattenaufnahmen.

Für Cat Stevens war dies eine schlimme Durststrecke. Er hatte die Schule abgebrochen, noch keinen Erfolg im Popgeschäft – der Job im väterlichen Restaurant war sozusagen die einzige Konstante in seinem Leben. Sein Vater nahm die Musikambitionen seines Sprösslings zudem nicht allzu ernst. Erst als er seinen Sohn im Radio hörte, änderte er seine Meinung. Die Mutter war da zwar aufgeschlossener, aber auch sie machte sich Sorgen um Stevens Zukunft.

Bei seinen ersten Auftritten war Cat Stevens meist sehr nervös und somit nur selten mit sich zufrieden. Er konzentrierte sich deshalb lieber aufs Songschreiben. Dennoch dürfte sein Auftritt im Londoner *Marquee Club* in der Wardour Street nicht allzu schlecht gewesen sein, denn im *Marquee* spielte damals alles, was Rang und Namen hatte: Die Rolling Stones begannen dort als Vorgruppe von Alexis Korner – und auch The Who oder Manfred Mann nutzten den Club als Sprungbrett. Keine schlechte Ausgangsbasis für Cat Stevens.

Auf der Suche nach einem Plattenvertrag versuchten die Georgiou-Brüder es nicht nur bei NEMS, der Ex-Firma von Beatles-Manager Brian

Epstein, sondern auch bei Andrew Loog Oldham, dem ehemaligen Manager der Rolling Stones, sowie und bei Mickie Most, der Donovan und die Animals unter Vertrag hatte. Sie kassierten aber nur Absagen. Dann jedoch – am 6. Februar 1966 – hatten die beiden endlich Erfolg, denn an diesem Tag traf Cat Stevens seinen künftigen Promotor Mike Hurst, der sich an dieses Treffen noch lebhaft erinnert: „Er kam und fragte mich, ob er etwas vorspielen dürfe. Seine Gitarre Marke Framus hatte er dabei. Die ersten Songs waren nicht schlecht, aber das dritte Stück – ‚I Love My Dog'– war brillant." Im Text auf der Plattentasche der ersten LP, *Matthew & Son*, schreibt Hurst: „Ich brauchte nur zwei Minuten und einundzwanzig Sekunden – so lang war ‚I Love My Dog' – um zu erkennen, wie gut er ist und dass der Erfolg garantiert war."

MITTE DER SECHZIGERJAHRE spielte die Single noch die Hauptrolle im Popgeschäft. Umso wichtiger war es, einen guten Song zu haben – und man machte Verträge nach dem Motto „Try 'em, fly 'em and see if they buy 'em" (Versuch's, vertreib's und stell' fest, ob's gekauft wird). Zunächst jedoch war es wichtig, Jim Economides, den Chef von Mike Hurst, zu überzeugen – dem jedoch gefiel „I Love My Dog" überhaupt nicht. Die Chance auf den erhofften Plattenvertrag platzte wie eine Seifenblase. Economides gab einem anderen Musiker den Vorzug: Marc Bolan, wenig später der Glamrock-Superstar von T. Rex.

Cat Stevens aber hatte in Mike Hurst zumindest jemanden gefunden, der an ihn und seine Begabung glaubte und ihm wenig später tatsächlich die Türen ins Showbusiness öffnete. Hurst, der eigentlich Michael Longhurst-Pickworth hieß, wurde 1942 in Kilburn geboren. 1962 kam er zum Gesangstrio The Springfields, um dort Tim Field zu ersetzen. Dusty Springfield und ihr Bruder Tom hatten im Dezember 1962 mit „Island Of Dreams" und im März 1963 mit „Say, I Won't Be There" zwei Top-10-Hits in England. Dusty, die 1999 mit neunundfünfzig Jahren starb, war später auch als Solosängerin mit Songs wie „I Only Want To Be With You" (1963) und „Son Of A Preacher Man" (1968) sehr erfolgreich. Stark vom Varieté beeinflusst, arbeitet Mike Hurst etwa achtzehn Monate mit den Springfields, bevor diese sich trennten. Danach gründete er die Band The Method mit Albert Lee und Tony Ashton. Anschließend arbeitete er für kurze Zeit als DJ bei der BBC. Produktionstechnik lernte er bei Mickie Most und Andrew Loog Oldham. Ab 1965 war er dann bei Jim Economides als Hausproduzent beschäftigt.

Hurst glaubte nach wie vor an „I Love My Dog" und beschloss schließlich, das Lied auf eigenes Risiko aufzunehmen. Es gelang ihm,

Chris Brough, Sohn des damals bekannten Bauchredners Peter Brough, zu überreden, dreihundertfünfzig Pfund für die Aufnahme vorzustrekken. Hurst engagierte zwölf Musiker für jeweils zehn Pfund und buchte am 10. Juli 1966 bei Dick Rowe, dem A&R-Chef der Plattenfirma Decca, das Decca West Hampstead Studio und das Broadhurst Gardens Studio. Mit dabei waren Musiker, die später berühmt wurden: Nicky Hopkins am Piano, John Paul Jones am Bass, Andy White am Schlagzeug und Eric Ford an der Gitarre. Alan Tew kümmerte sich um das Arrangement, und Roy Thomas Baker, der später Queen produzierte, bediente die Aufnahmeregler. Nach der Aufnahme von „I Love My Dog" blieben nur noch zwanzig Minuten Studiozeit für die B-Seite. Cat Stevens entschied sich für das folkige Stück „Portobello Road", ein Lied über die Trödel- und Altwarenstraße in Notting Hill, da er hierfür nur Gesang und Gitarre aufnehmen musste.

Dick Rowe mochte die Songs – und was noch viel wichtiger war: auch der Boss von Decca, Sir Edward Lewis, war begeistert. Wenig später hatte Cat Stevens seinen ersten Vertrag bei Decca in der Tasche. Hurst richtete sich ein Büro ein und arbeitete fortan als Stevens' Manager und Produzent. Am 30. September 1966 erschien „I Love My Dog" schließlich auf dem neuen Decca-Label Deram (Deramic Sound System), bei dem damals auch bereits David Bowie und die Moody Blues unter Vertrag standen. Der Song kletterte im November 1966 in den britischen Charts bis auf Platz 28: Cat Stevens war plötzlich kein Unbekannter mehr. Für einen Popsong war „I Love My Dog" recht ungewöhnlich arrangiert – und das Wortspiel „Katze liebt Hund" sorgte für gute Schlagzeilen. Zum Erfolg trugen auch die zahlreichen Radioeinsätze bei den Piratensendern Radio Caroline und Radio London bei. Die Folge: Im Oktober 1966 hatte Stevens seinen ersten TV-Auftritt in der BBC-Sendung *Top of the Pops* vor über sechs Millionen Zuschauern.

Alles ging rasend schnell: Gerade erst achtzehn Jahre alt, war Cat Stevens plötzlich groß im Geschäft. Den schnellen Ruhm freilich konnte er nicht lange gut verkraften.

„Yes I'm going to
be a popstar,
yes I'm going to
be a popstar, now ...
oh mama,
mama see me,
mama, mama see me
I'm a popstar."

„Popstar" von *Mona Bone Jakon*, 1970

IM MARIONETTENTHEATER

IN MIKE HURST hatte Stevens einen Förderer, der seine Karriere zielstrebig vorantrieb. Er hatte Vertrauen zu ihm und fühlte sich bei ihm in den besten Händen. Doch Hurst versuchte im Rahmen seiner Arbeit für Cat Stevens auch vieles zu erreichen, was ihm selbst in seiner Musikerkarriere nicht gelungen war. Insofern produzierte er die Aufnahmen fast mehr für sich selbst als für Stevens. Cat Stevens konnte das aber recht sein, schließlich war der Erfolg unmittelbar mit seinem Namen verbunden. Und der Erfolg löste bei ihm überschwängliche Gefühle aus: Als er „I Love My Dog" das erste Mal im Radio hörte, rannte er mit dem Kofferradio in der Hand durch die Straßen, hielt jedem Passanten das Gerät ans Ohr und schrie: „Das bin ich, das ist mein Song!". Er konnte sein Glück kaum fassen und war seinem Manager sehr dankbar. Dem *Melody Maker* gab er im Januar 1967 Folgendes zu Protokoll: „Mike und ich brauchen uns gegenseitig. So wie Brian Epstein und die Beatles. Brian weiß auch immer genau, was die Leute mögen, und bringt es auf den Punkt." Und im *Rave Magazine* sagte er 1967: „Mike und ich verstehen uns so gut, dass wir unsere Ideen nicht im Detail bereden müssen. Ich könnte nicht so arbeiten, wäre Mike ein Konformist." Die Euphorie wegen Mike Hurst legte sich zwar bald, doch zunächst ging es den beiden darum, den Erfolg von „I Love My Dog" mit weiteren Hits zu untermauern und die Popularität von Cat Stevens weiter auszubauen.

Als zweite Single kam am 30. Dezember 1966 „Matthew & Son" (B-Seite: „Granny") auf den Markt – ein durchschlagender Erfolg und Platz 2 in den britischen Hitlisten. Was damals noch niemand wusste: Das war die beste Platzierung, die Cat Stevens je mit einer Single in seiner Heimat erreichen sollte. Den ersten Platz belegten damals die Monkees – für viele die Mutter aller Retorten-Boygroups – mit dem Neil-Diamond-Song „I'm A Believer". Stevens und Hurst hatten sich lange über das Arrangement für „Matthew & Son" beraten und dann in Alan Tew denjenigen gefunden, der ihre Ideen aufs Notenpapier brachte und mit Orchester umsetzte. Als Deram-Promotor Tony Hall erfuhr, dass an einem einzigen Tag neunzigtausend Platten verkauft worden waren, kannte sein Jubel keine Grenzen. Hurst arrangierte auch die Liveauftritte. Im November 1966 absolvierte Cat Stevens eine kurze Schottlandtour, Fernsehauftritte in Holland, Deutschland und Belgien folgten – und auch im Pariser Olympia hatte der junge Shooting-Star im Dezember 1966 drei Auftritte. Ab 26. Dezember 1966 spielte er für zwei Wochen im Vorprogramm von Georgie Fame im Saville Theatre in London *(Fame in 1967)*. Mit dabei waren auch Julie Felix und Sounds Incorporated.

Mit dem Erfolg konnte das Selbstbewusstsein von Cat Stevens freilich nicht mithalten: Auf der Bühne wirkte er als Sänger meist unsicher und schüchtern. Man spürte, dass er sich in seiner Rolle als Teenpop-Sänger nicht allzu wohl fühlte. Um seine Unsicherheit zu bekämpfen, rauchte er vierzig bis fünfzig Zigaretten der Marke Woodbines am Tag und griff zu harten Drinks. Nach zahlreichen TV-Auftritten, vor allem bei der BBC, und nach einzelnen Gigs in London *(Round House, Marquee Club)* folgte von Ende März 1967 bis Ende April 1967 eine fünfundzwanzig-tägige Tournee durch England mit jeweils zwei Auftritten pro Veranstaltungsort, die meist um 18 Uhr und um 21 Uhr stattfanden.

Neben den Walker Brothers, Engelbert Humperdinck und Jimi Hendrix war Stevens eine der Zugnummern. Später sagte er über die anstrengende und vom Programm her bunt gemischte Tournee, dass er damals von Engelbert viel über Port und Brandy und von Hendrix noch mehr über das Rauchen bestimmter Substanzen gelernt habe. Mit Jimi Hendrix verstand er sich sehr gut und besuchte daher oft nach der Show mit ihm viele Clubs und Discos. Nur bei der Programmabfolge gab es oft heftige Diskussionen, da keiner der „sanften" Sänger nach dem ebenso ungezügelten wie fesselnden Jimi Hendrix auf die Bühne woll-te. Zur selben Zeit, im März 1967, kam die erste LP von Cat Stevens auf den Markt: *Matthew & Son* sollte ursprünglich *Cats & Dogs* heißen und erreichte rasch Platz sieben in den britischen Charts.

AUCH ALS SONGLIEFERANT war Cat Stevens in jener Zeit schon sehr gefragt. Die Tremeloes erreichten mit seiner Komposition „Here Comes My Baby" Platz vier der britischen Charts; P. P. Arnold, früher Sängerin bei den Ikettes, kam mit „The First Cut Is The Deepest" auf Platz 18; Rod Stewart landete mit demselben Song zehn Jahre später, im April 1977, einen Nummer-1-Hit. Wie zeitlos dieses Stück von Cat Stevens ist, bewies Sheryl Crow mit ihrer Version im Jahr 2003.

Stevens selbst brachte am 24. März 1967 seine dritte Single – „I'm Gonna Get Me A Gun" (B-Seite: „School Is Out") – heraus und kam damit bis auf Platz 6. Eigentlich sollte der Titel ein Song in dem von Stevens geplanten Musical über Billy The Kid werden, das unter dem

Titel *A Mexican Flower* geplant war. Doch das Musical wurde nie fertig. Die Manager im Londoner West End konnten sich für diese Idee einfach nicht begeistern. Inhaltlich sollte es um einen jungen Rebellen gehen, der seine Familie verlässt und sich mexikanischen Banditen anschließt – eine Art Robin Hood inmitten vieler gewalttätiger Abenteuer. Stevens war damals vom alten Mexiko, seiner Landschaft und seiner Musik begeistert und flog im August 1967 für kurze Zeit tatsächlich dorthin. Um die Single zu promoten, wurden Fotos von ihm mit einem Gewehr oder einer Pistole veröffentlicht – eine Jugendsünde, von der er sich später distanzierte. Sie lässt sich auch kaum mit dem Bild des romantischen, auf Frieden, Liebe und Harmonie fixierten Cat Stevens zur Deckung bringen, der im Jahr 2004 als Yusuf Islam den „Man For Peace Award" erhielt.

DIE VIERTE SINGLE VON *MATTHEW & SON*, die am 28. Juli 1967 erschien, war ebenfalls noch recht erfolgreich: „A Bad Night" landete auf Platz 20 in den britischen Charts. Obwohl nicht einmal ein Jahr im Geschäft, war Stevens im Sommer 1967 bereits eine feste Größe im Pop-Business. Er verdiente wöchentlich gut tausend Pfund durch Tantiemen, Plattenverkäufe und Auftritte. Für die damalige Zeit, zumal für einen Teenager, ein beachtliches Einkommen.

Kurzfristig spielte er in jener Zeit sogar mit dem Gedanken, selbst Mode zu entwerfen – „Cat Design" – und träumte davon „Mädchen zu sehen, die meine Mode tragen, meine Lieder summen und meine Platten im Arm halten". Er war fest davon überzeugt, ganz genau zu wissen, was seine Fans wollten. Schließlich wohnte er selbst im Londoner Westend und lebte dort sozusagen mit seinen Fans zusammen. Die Carnaby Street war gleich um die Ecke, zum Leicester Square war es nur eine Minute. Für Künstler, die seine Songs aufnehmen wollten, gründete er im Mai 1967 die Produktionsfirma Cat Stevens Production Ltd., eine weitere Firma – Doric Productions Ltd. – sollte sich um das Management kümmern. Stevens produzierte für einen Jugendfreund, Peter Janes, den Song „Emperors And Armies" und für Sasha Caro „Ground 3, Section 2". Erfolge wurden das jedoch nicht.

Im *Melody Maker* vom 28. Januar 1967 meinte Stevens damals selbstbewusst: „Du musst du selbst sein, um im Musikgeschäft zu überleben. Du darfst nicht anderen glauben, was sie über dich sagen, sonst hast du Probleme." Wie recht er mit dieser Aussage hatte, zeigte sich bald. Stevens fühlte sich immer mehr wie eine Marionette, wie ein Erfüllungsgehilfe seines Managers – fremdbestimmt und stets in der Pflicht, am laufenden Band Auftritte, Interviews und Promotiongags zu absolvieren. Das behagte ihm von Tag zu Tag weniger. Vor den Aufnahmesessions hatte er schlaflose Nächte, weil er keine Lust zur Zusammenarbeit mit Musikern hatte, die seine Musik zwar technisch perfekt spielten, sich jedoch kaum damit identifizierten. Für sie war es nur ein Job wie jeder andere. Cat Stevens selbst durfte nicht einmal Gitarre spielen, auch das ließ Hurst durch bezahlte Studiomusiker erledigen. Er war, wie er später sang „just another bean in the star machine."

SO KAM DER PUNKT, wo das Gefühl für die Musik aus Stevens' Sicht verloren ging. Von seinen ursprünglichen Ideen blieb inmitten kommerzieller Arrangements meist nicht viel übrig, alles drehte sich nur noch um das Hitpotenzial der Songs und um die Chance, möglichst viele Fernsehauftritte auf die Reihe zu kriegen. Stevens aber ging es einzig und allein um seine Musik, so schön der Erfolg am Anfang auch gewesen war. Umringt von vielen Einflüsterern, kam er sich mit der Zeit ziemlich in die Ecke gedrängt vor. Die Arrangements seiner Songs waren meist derart überladen, dass Stevens die Lieder kaum wiedererkannte. Viel lieber hätte er sich nur mit Gitarre und Klavier begleitet, aber daran war nicht zu denken.

Kein Wunder, dass er auch auf der Bühne nicht er selbst sein konnte. Die Auftritte fielen ihm immer schwerer – ohne einen kräftigen Schluck aus der Flasche war gar nicht mehr daran zu denken: Und Cat Stevens war bei nahezu jedem Auftritt stoned. Er aß wenig, rauchte viel und hetzte von Termin zu Termin. Dabei hatte er den Eindruck, dass es den Geschäftspartnern ziemlich egal war, wie er sich fühlte – Hauptsache, die Kasse stimmte. Von diesem schwer verdienten Geld zogen noch die Manager, Agenturen und Verleger ihren Teil ab. Selbst die Anzeigen für seine Platten liefen auf seine Rechnung. Zwangsläufig kam es immer häufiger zu Spannungen zwischen ihm und seinem Manager Mike Hurst – und als Hurst eines Tages im Jahr 1967 vorschlug, Cat Stevens möge eine Pantomimenrolle als Buttons im Cinderella-Weihnachtsspiel übernehmen, war der Bogen endgültig überspannt.

Trotzdem wurde Stevens im Jahr 1967 in der Rangliste der erfolgreichsten männlichen Einzelkünstler in England auf Platz sieben gewählt und galt als „the brightest hope for 1968". Seine nächste Single „Kitty" erreichte im Oktober 1967 aber nur noch Platz 48 in den britischen Hitlisten, die darauf folgende – „Lovely City" – kam im Februar 1968 nicht einmal mehr unter die Top 50. Schon auf dem kurz zuvor im Dezember 1967 erschienenen Album *New Masters*, auf dem man übrigens erstmals Stevens eigene Version von „The First Cut Is The Deepest" hören konnte, spürte man förmlich die angespannte Stimmung, die zwischen Stevens, Hurst und dem Arrangeur Alan Tew herrschte.

Auch mit der Plattenfirma Decca gab es Reibereien, beispielsweise als Stevens sein zweites Album in einem einfacheren Tonstudio als ursprünglich vorgesehen aufnehmen musste. Bald darauf war die juristische Ebene erreicht. Stevens' Anwalt Oskar Beusalinck fand heraus, dass er bei Vertragsunterzeichnung noch nicht volljährig gewesen war – damals lag die Grenze bei einundzwanzig Jahren – und seine Eltern zudem keine Kenntnis vom Vertrag gehabt hatten. Klar, dass Decca inmitten dieser Querelen kein großes Interesse mehr hatte, das Album *New Masters* zu promoten. Charts? Fehlanzeige! Mit anderen Künstlern wie Ten Years After und den Moody Blues verdiente Decca ohnehin gut – und Mike Hurst hatte jede Menge mit seinen anderen Vertragskünstlern wie Manfred Mann, Paul & Barry Ryan und The Move zu tun.

Obwohl Cat Stevens oft unter Leuten war und viel in Clubs ging, fühlte er sich zu jener Zeit sehr einsam. Er war einfach nicht in der Lage, den frühen Erfolg zu verkraften und den damit verbundenen Druck auszuhalten. Decca brachte zwar in der Folgezeit auf Deram noch zwei Singles heraus, im Oktober 1968 „Here Comes My Baby" und im Juni 1969 „Where Are You", freilich ohne großen Erfolg. Zu zahlreichen Neuauflagen dieser Songs kam es erst später, als Stevens mit seinen auf dem Island-Label erschienenen Alben *Tea For The Tillerman* und *Teaser And The Firecat* weltberühmt geworden war.

MIKE HURST UND CAT STEVENS saßen letztmalig im April 1969 bei den Aufnahmen zu „Where Are You" zusammen, danach brach das Team auseinander. Hurst sollte Stevens erst 1976 zufällig in einem Londoner Restaurant wiedertreffen. Noch heute ist er stolz darauf, Cat Stevens zum Durchbruch verholfen zu haben, schließlich war sein damaliger Schützling 1967 neunundzwanzig Wochen in den britischen Charts. Im Juli 1971 meinte Cat Stevens über seine Zeit mit Hurst: „Sie ist wie ein alter Mantel, der einmal gepasst hat und jetzt nur noch Erinnerung ist."

Im März 1968 musste Cat Stevens seinem Lebenswandel, dem Nachtleben, Trinken und Kettenrauchen, Tribut zollen. Aus der Sucht nach Erfolg war eine ganz andere Sucht geworden, die ihn viel Substanz gekostet hatte: „Ich arbeitete so hart, dass ich den Körper vergaß." Das *King Edward VII Hospital* in Midhurst, Grafschaft Surrey, war die Endstation seines ersten Karriereabschnitts: Er schwebte in Lebensgefahr, ein Lungenflügel war kollabiert – Diagnose: TBC.

BEGONNEN HATTE ALLES mit starkem Husten, der nicht aufhören wollte. Vielleicht eine Lungenentzündung? Als es nicht besser wurde, ging Cat Stevens zum Arzt und ließ sich röntgen. Im Harley Street Nursing Home entdeckten die Ärzte schnell, dass er TBC hatte. Er musste für drei Monate ins Hospital in Midhurst und sich anschließend etwa ein halbes Jahr lang absolut schonen, um neue Kräfte zu sammeln. Angeblich war die Tuberkulose bereits so weit fortgeschritten, dass Stevens ohne ärztliche Behandlung nur noch wenige Wochen zu leben gehabt hätte. Dazu passt der Auszug aus einem Interview, das Cat Stevens schon im Januar 1967 dem *Melody Maker* gegeben hatte: „Ich rauche viel zu viel. Wenn ich morgens anfange, kann ich nicht mehr aufhören. Ich wage es nicht, zu zählen, wie viel ich am Tag rauche, und möchte auch nicht wissen, wie meine Lunge aussieht."

Nach außen hin hielt Stevens seine Krankheit geheim. Nicht einmal Mike Hurst wusste etwas. Besuchen durften ihn nur seine Familienmitglieder und engste Freunde, wie etwa Paul und Barry Ryan oder Jonathan King. Nach einigen Wochen im Krankenhaus war das Schlimmste überstanden. Das zeigte sich zum Leidwesen der Ärzte auch daran, dass Stevens wieder zu rauchen begann. Auch gegen die starren Spitalsregeln rebellierte er, vor allem das frühe Aufstehen fiel ihm nicht leicht. Andererseits hatte er im Krankenhaus zwangsläufig viel Zeit, um über sich selbst, seine Musik und seine Zukunft nachzudenken.

Stevens war klar, dass weniger für ihn mehr wäre und seine Songs ohne bombastische Orchesterbegleitung einfach besser klingen würden. Er hatte seinen kleinen Kassettenrecorder dabei und hing oft zu den Klängen von Johann Sebastian Bach seinen Gedanken nach. Im King Edward VII Hospital kam er endlich zur Ruhe, meditierte viel und las Bücher, die thematisch ins Bild passten. Den intensivsten Eindruck hinterließ ein Buch über den Buddhismus von Paul Brunton: *Der Weg nach innen (The Secret Path)*. Als äußeres Zeichen seiner inneren Einkehr verklebte er alle Spiegel mit Papier.

„Da war etwas wie eine dunkle Wolke über mir", sagte er später. „Aber eines Tages kam ein kleiner Schimmer, eine ganz kleine Eingebung, und ich wusste, da ist irgendwo Gott. Ich wusste aber auch, es wird ein langer Weg, ihn zu finden." Als er schließlich wieder in den Spiegel schaute, lachte ihm ein neuer Cat Stevens entgegen. Nicht nur innerlich hatte ihn die Konfrontation mit dem Tod verändert, auch das alte Carnaby-Street-Image war verschwunden: Stevens ging jetzt mit Bart, langen Engelslocken und legerer Kleidung durch die Welt.

Die Krankheit war für ihn eine Chance gewesen, sich selbst zu finden und völlig neu zu beginnen: „Es war, als hätte ich meine Augen verschlossen gehabt", meinte er später. Mit seinem bisherigen Stil wollte er keinesfalls ein Comeback starten. Von nun an wollte er nur noch seinem Herzen, seiner inneren Stimme, folgen.

ALS ER DAS KRANKENHAUS VERLASSEN KONNTE, bezog er wieder sein kleines Zimmer im ersten Stock oberhalb des elterlichen Restaurants, malte dort alle Wände rot an und nannte sein Domizil fortan „My little red room." Dort schrieb er ab Mitte 1968 rund 30 Songs, die die Grundlage für seine nächsten drei Alben, *Mona Bone Jakon*, *Tea For The Tillerman* und *Teaser And The Firecat*, bildeten und Stevens wenig später weltberühmt machten. Beeinflussen ließ er sich besonders von Bob Dylan, Joni Mitchell, Neil Young, James Taylor, Tim Hardin und Van Morrison. Statt sich in schwülstige Arrangements zu kleiden, klangen seine Lieder jetzt mehr wie Demoaufnahmen – Gitarre und Klavier spielten die Hauptrollen. Parallel dazu legte Cat Stevens mehr Wert auf die Bedeutung der Songs und somit auf den Text. Nachdem er mit Folkmusik begonnen hatte und sich dann unter dem Einfluss von Mike Hurst in der Zwangsjacke des Pop-Entertainers wiedergefunden hatte, kehrte er nun ganz bewusst zu seinen Anfängen zurück. Freilich war sein Verständnis von Folkmusik noch immer im Pop verankert und frei von politischen Tagesthemen. Dennoch: Aus dem Teen-Idol wurde rasch ein ernst zu nehmender Sänger und Songwriter mit tiefgründigen Texten und berührenden Melodien.

Schicksalsschläge sind eben oft auch eine Chance, dem Leben eine neue Richtung zu geben: „Ich bin glücklich, dass es so kam. So hatte ich die Chance, wieder ein Mensch zu werden", analysierte Cat Stevens im *Melody Maker* vom 28. September 1968 die Zeit seiner schweren Krankheit. Für ihn stand fest, dass er zurück ins Musikgeschäft wollte. Diesmal aber mit anderen Spielregeln und nur, wenn er klar die Richtung vorgeben konnte. Die Marionette Cat Stevens sollte es auf jeden Fall nicht mehr geben. Auf Grund seiner bisherigen Erfahrungen wusste er aber, dass es nicht leicht werden würde, damit im harten Popbusiness durchzukommen.

So startete Cat Stevens mit seinem ersten öffentlichen Auftritt nach seiner Krankheit – am 23. Februar 1969 im Vorprogramm von The Who beim „Chalk Farm Benefit Konzert" im Roundhouse in London – in eine neue Karriere. Und alle im Publikum begriffen schnell, dass hier ein anderer als früher auf der Bühne stand.

„So on and on I go,
the seconds tick
the time out,
there's so much
left to know,
and I'm on the
road to find out."

„On The Road To Find Out" von *Tea For The Tillerman*, 1970

AUF NEUEN SPIELPLÄTZEN

UM IN EINE ZWEITE KARRIERE zu starten, musste Stevens zunächst einen neuen Manager finden und seinen alten Vertrag mit Decca lösen. Hier spielte sein Anwalt Oscar Beusalinck eine wesentliche Rolle. Ihm gelang es nicht nur, den Vertrag bei Decca wegen Minderjährigkeit des Künstlers aufzuheben – er knüpfte auch den Kontakt zu Barry Krost, der für die nächsten Jahre Stevens' Manager und enger Vertrauter wurde. Er war kleiner als Cat Stevens und von etwas gedrungener Statur, hatte aber denselben Vollbart und bildete mit seinem Geschäftssinn die ideale Ergänzung zu Stevens. Einen Namen hatte sich Krost bereits im Theater- und Filmgeschäft als Manager der Schauspieler Jane Asher, Peter Finch und Michael Caine gemacht. Peter Asher, der Bruder von Jane Asher, war damals Teil des Musikduos Peter und Gordon und half Cat Stevens später, in den USA Fuß zu fassen.

Anfang der Siebziger waren gerade Musicals wie *Jesus Christ Superstar*, *Hair* und *Tommy* angesagt. Das passte, denn Stevens, der ja im Theaterviertel Londons aufgewachsen war, wollte damals ernsthafte Theatermusik schreiben. Er hatte die Idee, das Schicksal der Zarenfamilie Romanov als Thema für ein Musical mit dem Titel *Revolussia* – die Geschichte von Nicholas und Alexander – zu verarbeiten. Das Musical wurde zwar nie fertig, aber aus dem Fundus des dafür komponierten Materials stammten Lieder wie „Maybe You're Right" oder „Father And Son" – der Vater ist zufrieden mit seinem Schicksal als Bauer, der Sohn möchte sich unbedingt der Revolution anschließen.

Barry Krost gelang es, eine Verbindung zu Chris Blackwell, dem Chef der neu gegründeten Plattenfirma Island Records herzustellen. Island Records war offen für neue Stilrichtungen in der Musik und hatte bereits einige innovative Gruppen wie Free, Fairport Convention und King Crimson unter Vertrag. Über das Sublabel Chrysalis gehörte auch Jethro Tull zu Island. Blackwell mochte die Songs von Stevens, vor allem „Father And Son". Ein Vertrag mit besseren Bedingungen als bei Decca/Deram war nur noch Formsache. Stevens erhielt volle künstlerische Freiheit und das Recht, sich die mitwirkenden Musiker für seine Produktionen selbst auszusuchen. Über Chris Blackwell lernte er auch Paul Samwell-Smith kennen. Samwell-Smith, Jahrgang 1943, war

Bassist bei den Yardbirds und hatte bereits die Gruppen Renaissance und Amazing Blondel produziert – Arbeiten, mit denen Blackwell sehr zufrieden war. Er befürchtete zunächst, Stevens würde, wie bei seinen alten Aufnahmen, ein Hundert-Mann-Orchester verlangen, und wusste nicht, dass diese Angst völlig unbegründet war. Im Nu entstand eine Art Seelenverwandtschaft zwischen den beiden. Paul Samwell-Smith ging sehr klar und strukturiert an die Musik heran, Stevens eher nach Gehör und Gefühl. Für *Mona Bone Jakon,* seine erste LP bei Island, die Anfang 1970 im Olympic Studio entstand, engagierte Cat Stevens auf Vorschlag von Paul Samwell-Smith nur drei Musiker, die alle mit ihm auf gleicher Wellenlänge lagen: Alun Davies an der Gitarre, „der mir half, bei den kargen, minimalistischen Songs zu strahlen", John Ryan am Bass und Harvey Burns am Schlagzeug. Bei „Katmandu" glänzte zudem der damals noch unbekannte Peter Gabriel mit Flötentönen.

DIE BALLADE „LADY D'ARBANVILLE", die Cat Stevens seiner Ex-Freundin Patti D'Arbanville widmete, erschien im April 1970 als Single und erreichte Platz 8 in den britischen Charts sowie Platz 63 in den US-Charts. Diesen Erfolg hatte das im September 1970 veröffentlichte Album *Mona Bone Jakon* zunächst nicht. Es verfehlte knapp Platz 50 in Großbritannien, aber es überzeugte auf lange Sicht umso mehr mit schlichten und dennoch packenden Melodien, persönlichen Texten voller Selbstreflexionen und vor allem mit angenehm sparsamen Arrangements. Jeder konnte hören, dass Cat Stevens vor Kreativität sprühte und dabei erstmals auch in sich selbst ruhte. Seine sichere und ausdrucksvolle Stimme fühlte sich wohl inmitten dieser neuen Gelassenheit. Er war jetzt ambitionierter, und statt kommerzielle Hitsingles am laufenden Band zu produzieren, inszenierte er seine Alben als Gesamtkunstwerke. Jetzt hatte er den Überblick gewonnen, „The View From The Top" sozusagen.

Live ließ er erstmals wieder beim Plumpton Blues Festival am 6. bis 9. August 1970 von sich hören. Diesmal mit Gitarrist Alun Davies, der ihn übrigens bis zu seinem letzten Cat-Stevens-Album, *Back To Earth,* begleitete. Taliman Sluga, ein in Graz/Österreich lebender Festivalbesucher, hielt seine Eindrücke im Notizbuch fest: „Freundliche Musik, angenehme Abwechslung, ein netter, gut aufgelegter Mensch." Diesen Eindruck bestätigt das Bootleg von Stevens' Plumpton-Auftritt. Der Mann, der beinahe an TBC gestorben wäre, hatte sich freigespielt und seine Verklemmtheit im Gestern zurückgelassen. Mit Vollbart und langen Apollolocken avancierte er auch schnell zum Mädchenschwarm.

Seine Musik wurde zum Lebens-Soundtrack für all jene, die sich eine gewisse Empfindsamkeit bewahrt hatten: Das waren Songs, die einsamen Seelen Trost spendeten und ihnen über manche Enttäuschung hinweghalfen. Stevens wusste, wovon er sang: Er ließ seine Gefühle nicht außen vor, erzählte von verlorener Liebe und dem damit verbundenen Kummer, offenbarte aber niemals alles, was ihn nachhaltig interessant machte. Schon damals hatte Cat Stevens eine für sein Alter sehr reife, tiefe und ausdrucksstarke Stimme – und diese Stimme klang absolut vertrauenswürdig.

Unabhängig des Achtungserfolgs von *Mona Bone Jakon* in England kam das Album vor allem in Frankreich sehr gut an; auch im übrigen Europa wuchs mit der Zeit das Interesse an den Liedern des sanften Sängers mit den dunklen Augen. Um aber wirklich den Durchbruch zu schaffen, wollte Cat Stevens auf jeden Fall auch die USA erobern. Also flog Paul Samwell-Smith für Island Records nach New York, um für *Mona Bone Jakon* einen amerikanischen Vertriebspartner zu finden. Nach Absagen von Elektra und CBS war er schließlich an der Westküste erfolgreich: Jerry Moss von A & M Records (Alpert and Moss) erkannte das Potenzial von *Mona Bone Jakon* und war zur Zusammenarbeit bereit.

BEREITS IM OKTOBER 1970 erschien in den USA die Single „Wild World", die Platz elf der Charts eroberte – für Cat Stevens stand damit die Tür zum Erfolg in den Staaten weit offen. Unterstützung fand er vor allem bei Peter Asher, der damals bereits James Taylor und Linda Ronstadt managte, sowie bei dem New Yorker Anwalt Nat Wein, der schon mit Brian Epstein gearbeitet hatte. Auch in England war „Wild World" ein Hit und landete auf Platz 12 – allerdings nicht in der Version von Cat Stevens, sondern interpretiert von Jimmy Cliff, den freilich Stevens für Chris Blackwells Island Records produziert und am Klavier begleitet hatte. Um sich nicht selbst Konkurrenz zu machen, war Jimmy Cliffs Version in den Staaten gar nicht erst erhältlich. Wie das Leben so spielt: Auch Cliff konvertierte später – Jahre vor Stevens – zum muslimischen Glauben; beide trafen sich zufällig Anfang der Achtzigerjahre in Mekka wieder.

Mit einem fulminanten Konzert im Fillmore East in New York am 18. November 1970 etablierte sich Cat Stevens schließlich vollends in den Staaten. Nur von Alun Davies begleitet, spielte er im Vorprogramm von Steve Winwoods Gruppe Traffic. An diesem Abend schmeckte die Vorspeise vielen Besuchern besser als der Hauptgang – Stevens war der heimliche Star des Abends.

Nach Konzerten im New Yorker *Gaslight* in Greenwich Village – unter den Zuhörern waren auch James Taylor und Joni Mitchell – flog Stevens an die Ostküste und gab in Los Angeles im *Troubadour* mit Carly Simon im Vorprogramm Konzerte. Auch hier konnte er rasch das Publikum für sich, seine Lieder und seine Texte begeistern. Gute Kritiken und ein gezielter Radioeinsatz seiner Platten besiegelten schließlich den Erfolg in Amerika. Stevens war wieder im Geschäft. Doch diesmal nicht nur in England, sondern vor allem in den USA. Und im Unterschied zu seinem ersten Karriereabschnitt konnte er diesmal uneingeschränkt über seine Arbeit bestimmen. Statt opulenter Streicherarrangements gab's jetzt sparsame Instrumentierungen, statt Allerwelts-Weisheiten ungeschminkte, aber treffende Beobachtungen. Und es gab viele Plattenkäufer, die genau das hören wollten.

ES KAM NOCH BESSER: Auf *Mona Bone Jakon* folgte im November 1970 mit *Tea For The Tillerman* das vielleicht beste Album von Cat Stevens. Damals konnte er aus dem Vollen schöpfen, hatte er doch während seines Krankenhausaufenthalts einen bemerkenswerten Vorrat an Liedern komponiert. Mit Songs wie „Father And Son", „Sad Lisa" oder „Where Do The Children Play" gelang es ihm, „eine völlig neue Welt zu schaffen, an die man auch glauben kann", wie das *Los Angeles Magazine* seinerzeit feststellte. Cat Stevens musste nicht – wie beispielsweise Robert Plant von Led Zeppelin oder Mick Jagger von den Stones – laut schreien, um die Aufmerksamkeit auf sich zu lenken. Im Gegenteil: Er war der neue Meister der leisen Töne. Statt zum Protest aufzurufen, sang er über die heilende Kraft der Liebe.

Tea For The Tillerman war Cat Stevens' erstes Album bei A & M Records in den Vereinigten Staaten (*Mona Bone Jakon* wurde dort erst später veröffentlicht). Für die amerikanische Jugend, die auch auf Paul Simon und James Taylor hörte, war Cat Stevens ein neuer Prophet – und das zeigte sich auch an den Verkaufszahlen: *Tea For The Tillerman* stieg bis auf Platz 8 in den US-Charts – das bedeutete Gold. In Großbritannien hingegen war nur Platz 20 drin.

Zu jener Zeit lief bei Stevens alles perfekt. Er war kreativ, textete und komponierte am laufenden Band, war überaus fotogen – und seine Stimme klang fantastisch. Beste Voraussetzungen für eine große Karriere. Auf Vorschlag von Chris Blackwell malte er obendrein die Plattencovers selbst. Auch bei Island Records in Großbritannien merkten die Verantwortlichen langsam, welch großes Potenzial Cat Stevens mit sich brachte. Vorsorglich erhöhten sie das Erfolgshonorar des Sängers.

Produzent Paul Samwell-Smith sagte in einem Interview 1989: „Die kreativste und interessanteste Phase waren die Alben *Mona Bone Jakon*, *Tea For The Tillerman* und *Teaser And The Firecat*. Alle entstanden zwischen Januar 1970 und Sommer 1971. Noch heute denke ich gerne daran, welchen Spaß ich in der Zusammenarbeit mit Cat Stevens hatte und welch riesigen Beitrag er für die Sparte der Sänger-Songwriter leistete."

Im September 1971 kletterte *Teaser And The Firecat* in den USA bis auf Platz 2, in Großbritannien bis auf Platz 3 der Charts. „Peace Train" erschien als Single aus diesem Album nur in den USA und erreichte Platz 7. Mehr als dreißig Jahre später, 2003, nahm Cat Stevens – dann allerdings unter dem Namen Yusuf Islam – das Stück in einer A-Cappella-Version neu auf, unterstützt von einem südafrikanischen Chor.

FAST ZEITGLEICH mit der Veröffentlichung von *Teaser And The Firecat* startete Cat Stevens seine zweite US-Tournee, diesmal mit dem Gitarristen Alun Davies, dem Schlagzeuger Gerry Conway und dem Bassisten Larry Steele. Im November 1971 waren viele Hallen schon zu klein geworden, die Tickets Mangelware. *Teaser And The Firecat* untermauerte Stevens Erfolg eindrucksvoll: Das Album war randvoll mit unvergesslichen Melodien, darunter auch jene Ballade, die neben „Father And Son" Cat Stevens' bekanntestes Lied wurde: „Morning Has Broken" (Platz 6 in den USA, Platz 9 in Großbritannien), ursprünglich eine alte gälische Hymne, die Stevens beim Schmökern in einem Liederbuch entdeckt, und zu der die britische Kinderbuchautorin, Lyrikerin und Dramatikerin Eleanor Farjeon den Text geschrieben hatte. Stevens kleidete das Lied in ein neues ungekünsteltes Arrangement und traf damit den Nerv der Zeit. Bis heute ist das Lied übrigens eines der wenigen aus seinem hundertfünfunddreißig Stücke starken Repertoire, das er nicht selbst geschrieben hat. Nach den insgesamt doch recht introvertierten Songs auf *Tea For The Tillerman*, klang Cat Stevens auf *Teaser And The Firecat* weitaus optimistischer: „Yes, we all know it's better, yesterday is passed" sang er in „Changes IV" – seine Blickrichtung war jetzt nicht mehr so sehr rückwärtsgewandt. Und warum auch? Die Zukunft schien viele schöne Perspektiven zu bieten; der bewusst herbeigeführte Wandel barg unzählige Chancen. Entsprechend euphorisch und kraftvoll war die Grundstimmung auf dem ganzen Album.

Im Mai 1972 schrieb Cat Stevens zwei Lieder für den Film *Harold and Maude* des Regisseurs Hal Ashby: „Don't Be Shy" und „If You Want To Sing Out, Sing Out". Die tragikomische Geschichte, in der sich der von

Todessehnsucht getriebene achtzehnjährige Harold (gespielt von Bud Cort) in die lebenslustige, achtzigjährige Maude (Ruth Gordon) verliebt, war ganz nach seinem Geschmack und traf voll den damaligen Zeitgeist. Wer die Lieder seinerzeit hören wollte, musste freilich ins Kino gehen; erst 1984 waren sie erstmals auf dem Sampler *Footsteps In The Dark* erhältlich. Vignette am Rande: Wenn im Film die achtzigjährige Maude Klavier spielt, dann hört man in Wirklichkeit Cat Stevens. Der Film war ein famoser Werbeträger für seine Musik, denn der Soundtrack bestand auch aus vielen anderen Liedern von den Alben *Mona Bone Jakon*, *Tea For The Tillerman* und *Teaser And The Firecat*.

WAS FÜR EINE KREATIVITÄT: In nur 18 Monaten hatte Stevens drei Alben produziert – und auf keiner dieser Platten gab es irgendwelche Lückenfüller. Im Gegenteil: Jeder Song war hörenswert. *Mona Bone Jakon* repräsentierte seine von Krankheit geprägte Phase der Hoffnungslosigkeit und Dunkelheit, *Tea For The Tillerman* zeigt seine Situation und Einstellung nach dem erfolgreichen Überwinden der Krankheit, und *Teaser And The Firecat* spiegelt das Glück eines Künstlers wider, der voller Optimismus ist.

Von August 1972 bis November 1972 war Cat Stevens erneut „on the road". Die *Moonshadow-Tour* führte ihn nach Australien, Japan und wieder in die USA. In Sydney erhielt er vor seinem ersten Auftritt am 20. August 1972 sage und schreibe dreiundzwanzig Goldene LPs – der Erfolg kannte auch „down under" keine Grenzen.

Kurz vorher hatte Stevens ein Kinderbuch veröffentlicht, das ebenfalls *Teaser And The Firecat* hieß. Ausgangspunkt dafür war das Cover vom gleichnamigen Album gewesen, das einen fröhlichen Jungen mit einer roten Katze zeigt. Tatsächlich hatte sich Stevens dazu von seinem Neffen Bobby, der dieses runde, fröhliche Gesicht hatte und eine rotgelbe Katze besaß, inspirieren lassen. Das Buch erzählt die Geschichte vom Mond, der plötzlich auf die Erde in einen Heuschober fällt und den Teaser, die Feuerkatze und viele helfende Eulen nach einigen Abenteuern schließlich wieder zurück ans Firmament bringen.

Stevens illustrierte die Geschichte mit zwanzig Zeichnungen. Eigentlich war *Teaser And The Firecat* als Kinderbuch für Erwachsene gedacht, verlegt vom Galerieinhaber Bernhard Jacobsen und gedruckt von Hillingdone Press mit einem Foto von Stevens auf der Rückseite. Texte zu den einzelnen Zeichnungen sind in elf verschiedenen Sprachen beigefügt. In Amerika erschien das Buch 1973 bei Scholastic Magazines und fand auch in vielen Schulen Beachtung und Verwendung. Ben

Roberts machte im Auftrag von Stevens aus dem Buch einige Monate danach einen Zeichentrickfilm, der bei der *Moonshadow*-Tour lief, während Stevens dazu „Moonshadow" sang. Viele Jahre später diente dieser Trickfilm dann dazu, im Fernsehen die Veröffentlichung des Albums *The Very Best Of Cat Stevens* anzukündigen.

Noch nicht einmal zwei Jahre nach seinem Neustart hatte Stevens den Höhepunkt seiner Kreativität erreicht. Es war klar, dass er in diesem Tempo nicht auf Dauer weitermachen konnte; vielmehr galt es, einen Gang zurückzuschalten. In einem Interview mit der Zeitschrift *Australian Women's Weekly* sagte Stevens im Mai 2002 im Rückblick auf jene Jahre: „Nach *Tea For The Tillerman* wurden meine Lieder wie auch meine ganze Kreativität von vielen anderen Dingen, die um mich herum passierten, beeinflusst. Irgendwie fehlte seither ein wenig Cat in ihnen."

EIGENTLICH HÄTTE ER SICH jetzt auf seinen Lorbeeren ausruhen und sich mit den Tantiemen ein Leben im Luxus leisten können. Doch die Lust an der Musik trieb ihn weiter an, ließ ihm keine Zeit für Pausen und Entspannung. Stevens lebte gedanklich damals ständig in der Zukunft, statt im Hier und Jetzt seinen Erfolg zu genießen. Große Autos oder ein repräsentatives Haus mit Swimmingpool waren seine Sache nicht, er kaufte sich lieber ein zweistöckiges Terrassenhaus in der Walham Grove, nahe Fulham Street Market/Nord End Road im Südwesten von London, und zog aus der elterlichen Wohnung in der Shaftesbury Avenue um. Sein neues Domizil bewohnte er nur knapp vier Jahre, ehe er seinen Wohnsitz aus steuerlichen Gründen nach Brasilien verlegte. Im Keller des Hauses richtete er ein kleines Achtspur-Tonstudio ein, das ab Februar 1972 für die rasche Aufnahme von Demos diente. Im Erdgeschoss ließ er alle Zwischenwände entfernen, installierte eine opulente HiFi-Anlage und ein großes beleuchtetes Aquarium mit tropischen Fischen, den Boden legte er mit unzähligen Kissen aus. Im ersten Stock dominierte die Farbe weiß, für Stevens war das „my little white room" (in Anlehnung an seinen „little red room" in der Shaftesbury Avenue).

Abgesehen von einem über wenige Stufen erreichbaren Bett und einem Klavier stellte er keine Möbel in die Zimmer des ersten Stocks. Im Hinterhof gab es dafür einen zen-inspirierten Garten mit fließendem Wasser, Goldfischen, Teichen und Felsen sowie einer Bambuswand. Dorthin lud er oft Musikjournalisten ein und gab Interviews. Rosie Samwell-Smith, die Frau seines Produzenten, berichtet, dass das Haus nicht gerade gemütlich war: „Er hatte zwar Geld fürs Paradies, schuf sich aber ein recht steriles Zuhause."

AUF NEUEN SPIELPLÄTZEN

CAT STEVENS FÜHRTE zu jener Zeit ein eher beschauliches, einfaches Leben; er ging abends ins *Speakeasy*, gehörte zu den Stammgästen in den Cafés der Nord End Road und war doch meist mit sich allein. Die Arbeit hielt ihn unter Strom: „Ich stehe jeden Morgen auf und schreibe. Das ist etwas, was ich früher nie tat. Ohne Arbeit wäre ich leer und unnütz." Oft traf er sich in dieser Phase seines Lebens mit seinem Manager Barry Krost und seinem Verleger Tony Brainsby, um neue Projekte zu besprechen. Innerlich war er bereits überzeugt, dass er eigentlich nach etwas ganz anderem suchte als nach der nächsten Idee für einen guten Song. Je dicker sein Bankkonto wurde, desto dünner wurde er selbst. Cat Stevens kasteite sich, übte Yoga und gab sogar Nicholas, dem zweijährigen Sohn von Alun Davies, Yogatipps. Er beschäftigte sich mit Zen-Buddhismus, Hinduismus, fernöstlicher Mystik und Pythagoras, und er versuchte es mit I-Ging, Astrologie und Sufismus.

DEM BRITISCHEN MAGAZIN *Mojo* sagte er im Oktober 1995: „Ich hatte eine Hasenpfote als Glücksbringer in der Tasche, ich würfelte und hatte I-Ging-Stäbchen. Ich sah mir das Horoskop in der Zeitung an, ging ab und zu in eine Kirche und meditierte manchmal. Ich glaubte fest an den Unsichtbaren, aber wusste nicht, wie ich ihn verstehen sollte." Der intensive Wunsch, den Bereich geistig höherer Welten zu betreten, so viel wie möglich über den Sinn des Daseins zu erfahren und die ihm auf Erden gegebene Zeit nicht nur zum Schlafen, Essen und Vergnügen zu nutzen, überlagerte immer mehr den musikalisch-geschäftlichen Bereich. Doch noch lebte Stevens stark im Hier und Jetzt und somit in der materiellen Welt, wo vor allem die Anziehungskraft des Geldes nach wie vor eine große Rolle für ihn spielte. Da machte sich die Prägung durch seinen Vater Stavros bemerkbar, für den Geldangelegenheiten immer besonders wichtig gewesen waren.

Schon kurz nach dem Start in seine Karriere – Anfang 1967 – hatte Cat Stevens in einem Interview mit dem Magazin *Disc & Echo* bekannt: „Ich habe zwei Welten. Die Welt der Musik und die Welt des Geldes. Ich liebe es zu wissen, wo mein Geld ist und was mit meinem Geld geschieht." 1971 klang das schon etwas anders: „Ich habe immer gespart und versucht, Ausgaben zu vermeiden. Das hat viel verdorben. Meine Musiker waren oft unterbezahlt, jetzt bezahle ich sie weit besser." Noch einmal zwei Jahre später war er zu der Einsicht gelangt, dass Geld eine schwere Last sein kann. Ohne Geld sei es leichter, sich zu entspannen. Trotzdem wollte er damals noch nicht auf seine reichlich fließenden Tantiemen verzichten. Geld verdienen – das war für ihn gleichbedeutend mit der Sympathie, die ihm seine Fangemeinde entgegenbrachte, indem sie seine Konzerte besuchte und seine Platten kaufte. Letztlich war das Popgeschäft für ihn ein Spiel, das er freilich möglichst erfolgreich spielen wollte – auch in finanzieller Hinsicht. Seine Haltung zum Geld ändert Cat Stevens später aber rabiat: Als Yusuf Islam spendete er für verschiedene Wohltätigkeitseinrichtungen, so zum Beispiel für das von ihm gegründete „Small Kindness"-Projekt zur Unterstützung von Kriegswaisen, große Summen. Der Großteil seiner Spenden, angeblich rund 2,5 Millionen Pfund, ging an seine islamischen Schulen in London.

Das Gefühl, in zwei Welten – der materiellen und der spirituellen – zu leben und sich für eine der beiden entscheiden zu müssen, quälte Cat Stevens noch einige Jahre lang. Erst als er später den Koran las und sich Ende 1977 offiziell zum Islam bekannte, hatte die geistig religiöse Stimme in ihm gesiegt – und der Konflikt war gelöst. Doch bis dahin dauerte es noch fünf Jahre.

„Oh I can't
keep it in,
I've gotta let it out,
I've gotta show
the world,
world's gotta see,
see all the love,
love that's in me."

„Can't Keep It In" von *Catch Bull At Four*, 1972

MIT DEM BULLEN IN DIE FREMDE

IM SEPTEMBER 1972 veröffentlichte Cat Stevens sein viertes Album bei Island Records: *Catch Bull At Four*. Der Titel stammt aus dem Buch *Zehn Stufen zur Erleuchtung* – und die Stufe 4 gibt die Anweisung, man solle den Stier bei den Hörnern packen. Ab sofort war Keyboarder Jean Roussel festes Mitglied der Begleitgruppe, die aus Alun Davies (Gitarre), Gerry Conway (Schlagzeug) und Alan James (Bass) bestand. Roussel machte die Songs klavierlastiger und komplexer, die folkigen Gitarrensounds traten mehr in den Hintergrund. Die Single „Sitting" erreichte Platz 16 in den US-Charts, in Großbritannien erschien „Can't Keep It In" als Auskopplung (Platz 13). Das Album selbst wurde, was die Platzierung in den Hitlisten anbelangt, die erfolgreichste LP von Cat Stevens: Es eroberte die Spitzenposition in den Staaten und kam in Großbritannien bis auf Platz 2. Stevens, der so stolz darauf war, frei zu sein und sich keinem Diktat der Plattenbosse unterwerfen zu müssen, spürte jetzt aber langsam einen anderen Druck – den seiner großen globalen Fangemeinde, die ständig ungeduldig auf seine nächsten Platten wartete. Selbstverständlich war jedes seiner Konzerte in Windeseile ausverkauft. Er selbst meinte dazu: „Die Leute sehen ein Image und nicht mich. Ich bin kein Musikgott, aber ich freue mich, wenn das Publikum Göttliches in mir sieht."

Da jede Vorhersehbarkeit nicht nur für das Geschäft schlecht, sondern für Stevens mit Stillstand und Langeweile verbunden war, versuchte er schließlich, ungewohnte Wege zu gehen. Dem *Rock Magazine* sagt er im Januar 1973: „Erfolg bedeutet, es ist Zeit, neu anzufangen." Im März 1973 begann er deshalb mit neuen Musikern in einer neuen Umgebung die Aufnahmen zu seinem Album *Foreigner* in den Dynamic Studios in Kingston, Jamaika. Weder sein Produzent Paul Samwell-Smith noch seine bisherigen Musiker – mit Ausnahme von Jean Roussel – waren in die Produktion eingebunden. Die Aufnahmen dauerten drei Wochen und brachten als Resultat ein Album, das mit seinem Bläserarrangements dem Titel *Foreigner* (Fremder) mehr als gerecht wurde. Vom alten Cat Stevens, wie ihn die Fans von *Tea For The Tillerman* und *Teaser And The Firecat* kannten, war nichts mehr übrig. Schon die Struktur des Albums war ungewohnt: Es enthielt nur fünf Songs; das Titelstück „Foreigner

Suite", eine patchworkartige Abfolge musikalischer Ideen von unterschiedlicher Qualität, dauerte allein über achtzehn Minuten und belegte damals die ganze erste Plattenseite. *Foreigner* erschien im Juni 1973 und kam sowohl in den Staaten als auch in Großbritannien bis auf Platz 3 in den Charts. Aber die Kritiken waren schlecht. Auch Paul Samwell-Smith konnte mit der neuen Musik nur wenig anfangen, was Cat Stevens sehr kränkte. Die Single „The Hurt" schaffte es im Juni 1973 dann nur noch bis auf Platz 31 der US-Charts. Dass Stevens trotzdem weiterhin ein Superstar war, zeigte das am 9. November 1973 für den Fernsehsender ABC aufgezeichnete „Moon And Star"-Konzert – ein neunzigminütiger Auftritt im Aquarium Theater in Los Angeles. Die „Foreigner Suite" war in voller Länge zu hören (und zu sehen). Dafür musste sich ABC aber vorher damit einverstanden erklären, auf Werbeunterbrechungen zu verzichten.

Foreigner stellte ohne Zweifel einen Wendepunkt in der Karriere von Cat Stevens dar: Seine Musik war komplexer und damit auch komplizierter geworden, die Leichtigkeit des Neuanfangs aus den Tagen von *Mona Bone Jakon* war verschwunden. Der Sänger erfüllte nicht mehr die in ihn gesetzten Erwartungen, wurde stattdessen immer spiritueller und machte es selbst engen Vertrauten schwer, seinen Gedankensprüngen zu folgen. Die vielen Tourneen und Termine belasteten ihn – und er zog sich immer mehr in sein persönliches Schneckenhaus zurück.

TROTZDEM ENTSCHLOSS SICH Cat Stevens, nach *Foreigner* wieder mit seiner bewährten Begleitgruppe und mit Paul Samwell-Smith zusammenzuarbeiten. Das Ergebnis – *Buddha And The Chocolate Box* – war im März 1974 auf Anhieb ein Erfolg (USA: Platz 2, Großbritannien: Platz 3). Der Titel der Platte war kennzeichnend für Stevens' Leben in zwei Welten. Er fühlte sich zum spirituellen Leben – dem Buddha – hingezogen, liebte aber gleichzeitig die süßen Verlockungen der materiellen Welt. Das Problem, beide Welten zu vereinen, löst er auf dem Cover bildlich durch eine Buddhafigur aus Schokolade. Eingefallen war ihm der Titel zur Platte im Flugzeug von Japan nach Florida, als er über einen möglichen Flugzeugabsturz nachdachte. Er hatte nur seinen kleinen Reisebegleiter – eine Buddhafigur – in der Hand und die von der Stewardess verteilten Süßigkeiten. Beide Dinge erhielten im Hinblick auf ein mögliches plötzliches Lebensende eine völlig andere Bedeutung.

Die Musik auf *Buddha And The Chocolate Box*, wenn auch straffer und kraftvoller arrangiert, war wieder mehr vom altbekannten Stil geprägt.

Die Fans waren glücklich – „Oh Very Young" wurde nicht von ungefähr in den Staaten und in Großbritannien ein Top-10-Hit. Das Lied erinnert ganz an die *Tea For The Tillerman*-Zeiten und hat wie bei „Father And Son" wieder das Thema Alt und Jung zum Inhalt.

Beflügelt durch den neuerlichen Erfolg startete Cat Stevens am 19. März 1974 in Glasgow seine nächste große Tournee, die *Bamboozle Tour 1974*. Sie führte ihn über Kopenhagen, Frankfurt, Paris und Rom nach Amerika, Kanada und Honolulu, später nach Australien und Japan, und endete am 17. Juli 1974 vor einem ausverkauften Haus im New Yorker Madison Square Garden. Insgesamt gab Stevens fünfundvierzig Konzerte vor Zehntausenden von Zuhörern in den großen Hallen der Welt. Der Name der Tour – *Bamboozle* – steht übrigens für „beschwindeln, verwirren" und erinnert nicht ohne Grund auch an „Bambus", denn Stevens hatte in seinem Haus in Fulham einen japanischen Garten mit viel Bambus angelegt. Dementsprechend spielte Bambusrohr auch im Bühnendesign eine auffällige Rolle. Für Stevens war es ein Sinnbild, wie der Mensch seinen Weg gehen soll – zielgerichtet und gleichzeitig biegsam, also flexibel, um besser mit den Wechselfällen des Lebens zurechtzukommen.

IM ZUGE DER *BAMBOOZLE TOUR* enstand auch *Saturnight*, das erste und einzige offizielle Live-Album von Cat Stevens, sieht man von der erst im Jahr 2005 veröffentlichten Live-CD *Majikat* ab. Der Mitschnitt erfolgte am 21. und 22. Juni 1974 in Japan beim Konzert in der Sun Plaza Hall in Tokyo. Dieses Album – von A & M Records im August 1974 veröffentlicht – ist seinerzeit nur in Japan erschienen und unter europäischen Fans deshalb noch heute ein heiß begehrtes Sammlerstück. Die Tantiemen aus der LP *Saturnight* und die Einnahmen aus dem Konzert im New Yorker Madison Square Garden vom 17. Juli 1974 spendete Stevens übrigens UNICEF, dem Kinderhilfswerk der Vereinten Nationen.

Nach der *Bamboozle Tour* war der Sänger derart erschöpft, dass er knapp vor einem erneuten Zusammenbruch stand. Er schwor, künftig nicht mehr auf Tournee zu gehen, brach dieses Gelöbnis aber schon anderthalb Jahre später für seine letzte große *Majikat Earth Tour*. Aufgrund der immens hohen Steuersätze in England kehrte er – inspiriert durch den Besuch des Karnevals in Rio – seiner Heimat den Rücken, um ab Herbst 1974 in Brasilien zu leben.

Ebenfalls aus Steuergründen durfte Stevens sich fortan pro Jahr nur dreißig Tage in England aufhalten. Brasilien war dadurch fast so etwas wie ein Exil, wobei ihm vor allem die Trennung von seiner Familie sehr zu schaffen machte. Sein Apartment in Rio war fast unmöbliert und angeblich genauso ungemütlich wie sein Haus in Fulham – und Stevens konnte nicht einmal mit seiner Haushälterin sprechen, da sie nur Portugiesisch verstand. Kein Wunder, dass er sich in Rio schnell einsam fühlte.

Immerhin hatte er in Südamerika den Kopf frei für andere Dinge. Keine Tournee, keine Plattenaufnahmen – das nutzte er, um sich intensiv mit fernöstlichen Religionen, der Astrologie und der griechischen Mythologie zu beschäftigen. Zudem war Rio Auslöser für viele kreative Impulse, vor allem mit dem Rhythmus, der an jeder Straßenecke zu hören ist: „Brasilien ist Rhythmus pur. Ich habe mir sogar ein Schlagzeug gekauft und entdecke völlig neue Seiten an mir. Der Rhythmus dieses Landes ist wie Pulsschlag."

SEINE NÄCHSTEN LIEDER waren daher stark rhythmusbetont – Entfaltungsspielraum für Balladen wie „Father And Son" oder „Morning Has Broken" gab es kaum noch. Solche sanften Lieder waren für ihn damals schon – so sagte er – wie alte Fotos, wie Erinnerungen an vergangene Zeiten.

Auch in Äthiopien sammelte Cat Stevens damals neue Eindrücke. Dort arbeitete er für UNICEF und lernte, die Welt mit anderen Augen zu sehen. Spontan spendete er der Organisation hunderttausend Dollar. Reisen erweiterte auch seinen Horizont – er wollte auf diese Weise ein besseres Verständnis für seine Mitmenschen entwickeln und sich musikalisch weiter verbessern. „Wer viel reist, beginnt die Welt mehr als Einheit zu sehen", stellte er später fest.

Über Weihnachten 1974/1975 tauscht Cat Stevens das sonnige Rio gegen eine kleine Almhütte im Ort Spina, etwa sechzehn Kilometer von Davos in den Schweizer Bergen gelegen, die der Europa-Koordinator seiner Plattenfirma, Peter Zumsteg, für ihn reserviert hatte. Er wollte einfach seine Ruhe; der Jetset von Davos interessierte ihn weniger. An Weihnachten besuchten ihn seine Mutter, seine Schwester Anita mit Schwager Alex Zolas und auch Alun Davies. Die meiste Zeit verbrachte er jedoch allein mit Lesen, Komponieren und Malen. Besonders intensiv beschäftigte er sich mit der Zahlenmystik – er sah sie als ein Weg zur Wahrheit, den ihm eine Frau namens Hestia Lovejoy während einer Australien-Tournee aufgezeigt hatte. Musikalisch verarbeitete er diese Erfahrung auf seinem nächsten Album, *Numbers*, womit er sich quasi als Esoteriker outete. Stevens' Hang zur Numerologie, sein fester Glaube an die Existenz von UFOs, der Name seiner letzten Tournee – *Majikat* =

Magier – sowie die 33, die für die Zahl der Lebensjahre Christi steht, als höchster Grad im Logensystem des Schottischen Ritus gilt und unübersehbar auf seinem T-Shirt prangt, all das waren Kennzeichen für seine innere Einstellung.

Was UFOs anbelangt, so hatte er im Lauf seiner Karriere schon öfter behauptet, dass er Botschaften aus dem All empfange und im Schlaf von einer UFO-Besatzung in ein Raumschiff entführt worden sei. Auch spüre er manchmal UFOs in seiner unmittelbaren Umgebung: „Ich lag im Bett, als ein UFO über mir am Himmel stoppte. Es saugte mich hoch, und als es mich wieder hinunter ließ, wachte ich im Bett auf. Das war kein Traum, das war echt", hatte er dem *Star Magazine* schon 1973 gebeichtet. Kaum verwunderlich, dass drei seiner Lieder sich mit dem Thema UFOs beschäftigen: „It's A Super (Dupa) Life", „Longer Boats" und „Freezing Steel".

Auch der holländische Maler Hieronymus Bosch hatte es Stevens angetan. Wie kein anderer konnte Bosch in seinen rauschhaften Bildern Ängste, Träume und Phantasien darstellen. Jeder Betrachter hat eine andere Vorstellung von Bosch, und kaum jemand weiß, wer Bosch wirklich war. Stevens wünschte Ähnliches auch für sich und seine Musik. Jeder sollte sich seine eigenen Vorstellungen dazu machen können.

IMMER DEUTLICHER SAH ER SEIN LEBEN als vorherbestimmt an und war überzeugt, dass es seine Aufgabe war, dieser Vorherbestimmung zu ihrem Ziel zu verhelfen. Stevens glaubte, dass er für seine Lieder nur noch ein Medium sei: „In dem Moment, in dem du glaubst, du selbst bist mehr Schöpfer als der Geschöpfte, verlierst du die Verbindung zur Wahrheit." Der Mensch ist also nur das bescheidene Werkzeug eines höheren Schöpfers – eine Sicht, die jener des Islams entspricht.

Als äußeres Zeichen seiner Wandlung schnitt er sich die Haare kurz und rasierte den Bart ab. Stevens blieb ein Suchender ohne feste Wurzeln: Nach dem Monat in der schneebedeckten Schweizer Bergwelt verbrachte er zunächst einige Zeit in Nassau auf den Bahamas und mietete im März/April 1975 schließlich in Kanada mitten im Wald ein Studio an: „Le Studio – Quebec Laurentian Mountains". Dort entstand in den darauf folgenden Wochen das sehr eigene Album *Numbers*, das er in New York, Kopenhagen, Los Angeles und London fertigstellte. Danach flog er wieder zurück in seine Wahlheimat Brasilien.

In der Zwischenzeit hatten Einbrecher seinem unbewohnten Haus in Fulham einen ungebetenen Besuch abgestattet. Neben einer Revox-Tonbandmaschine war seine geliebte schwarze Gitarre – eine Gibson

180 Modell Everly Brothers/Double pick guard – verschwunden. Auch wenn er diese Gitarre nicht mehr benutzte: Der ideelle Verlust schmerzte ihn sehr, da er viele Lieder auf ihr geschrieben hatte. Gleichzeitig sah er den Diebstahl aber als Aufforderung, nicht so sehr an materiellen Dingen zu hängen.

Seine Plattenfirma brachte im Juli 1975 das *Greatest Hits*-Album von Cat Stevens auf den Markt. Es verkaufte weltweit enorme Stückzahlen, natürlich auch in den USA (Platz 6) und in Großbritannien (Platz 2) – und es enthielt einen neuen, bis zu jenem Zeitpunkt unveröffentlichten Song: „Two Fine People", der – als Single ausgekoppelt – allerdings nur wenig Beachtung fand. Stevens selbst hatte ein eher gespaltenes Verhältnis zu seinem *Greatest Hits*-Album, da er seine Lieder wie Kinder betrachtete, die er alle gleichermaßen schätzte.

UNTERDESSEN DAUERTE seine Selbstfindungsphase an. Über die Zeit zwischen 1973 und 1975 sagte er später: „Ich wusste noch immer nicht, wer ich war, und meine Erdenzeit schmolz dahin. Je mehr Erfolg ich hatte, desto größer wurde meine Angst, jenes mysteriöse Licht aus den Augen zu verlieren, das mich auf den unsichtbaren Weg führte." Das von Stevens erwähnte Licht freilich sollte schon bald kräftig für ihn leuchten: Beim Baden am Strand von Malibu wäre er beinahe ertrunken, hätte ihn nicht eine göttliche Fügung gerettet.

Mit Jerry Moss, neben dem Trompeter Herb Alpert Chef der US-Plattenfirma A & M Records, hatte sich Cat Stevens stets gut verstanden. Er lehnte sogar einen besser dotierten Vertrag bei Atlantic Records ab, den sein Manager Barry Krost ausgehandelt hatte. Als Stevens eines Tages im Juni 1975 bei Jerry Moss in Malibu zu Gast war, ging er abends noch für kurze Zeit im Pazifik baden, freilich ohne jemandem etwas davon zu sagen. Er schwamm weit hinaus, weil er etwas im Meer gesehen hatte, das er näher anschauen wollte. Tatsächlich war das aber nur Seetang. Er war sich nicht bewusst, dass der Zeitpunkt zum Schwimmen gefährlich war, und es fiel ihm auch nicht auf, dass sonst niemand mehr im Wasser war. Als er zurück zum Strand wollte, kam er nicht mehr vorwärts. Eine Strömung hatte ihn gepackt und trieb ihn immer weiter ins offene Meer hinaus. Wie er später erzählte, hatten seine Kräfte inzwischen derart nachgelassen, dass nur Gott noch helfen konnte: „Ich spürte, dass Gott da war, und rief verzweifelt: ‚Wenn Du mich rettest, werde ich für Dich arbeiten!'". Im nächsten Augenblick kam eine große Welle und trug ihn in Richtung Strand, den er dann mit letzter Kraft erreichte.

Klar: Das kann alles auch reiner Zufall oder einfach nur perfektes Timing zwischen Gebet und Rettung gewesen sein. Für Stevens jedoch war es ein Augenblick der Wahrheit, eine Art Wiedergeburt. In vielen Interviews gab er zu bedenken, dass es auf einem sinkenden Schiff nie Ungläubige gibt und dass – wenn es um Leben und Tod geht – eine glückliche Wendung nie nur ein Zufall sein kann. Auf welche Art und Weise er künftig sein Versprechen einlösen und für Gott arbeiten sollte, wusste er damals noch nicht; der Koran war ihm noch unbekannt. Aber die Weichen für ein neues, ein anderes Leben waren gestellt.

OBWOHL ER EIGENTLICH keine weitere Tournee mehr machen wollte, ließ sich Cat Stevens schließlich doch dazu überreden und erarbeitete ein Konzept für eine neue Liveshow. Die *Majikat Earth Tour* sollte ein Gesamtkunstwerk werden: eine Zaubershow mit lebenden Tieren und einem Stevens, der zu Beginn von Magiern in Würfeln auf die Bühne getragen wird und vor den Augen des Publikums aus den zusammengesetzten Würfeln die Bühne betritt. Seit Mai 2004 ist dieses Spektakel auch auf DVD erhältlich; es erschien achtundzwanzig Jahre nach dem Mitschnitt der Show am 22. Februar 1976 in Williamsburg, Virginia. Die DVD enthält mehr als zwei Stunden Konzert mit dem kompletten Auftritt, altes Archivmaterial und ein Interview mit Yusuf Islam. Man sieht einen vor Energie strotzenden Stevens, der mit kräftiger Stimme rastlos seine Lieder vorträgt – begleitet von einer siebenköpfigen Band mit drei Backgroundsängerinnen.

Die *Majikat Earth Tour* startete am 30. November 1975 in Göteborg, Schweden, und führte über Termine in der Londoner Royal Albert Hall (15. Dezember 1975) sowie im Londoner Hammersmith Odeon (20. Dezember 1975) nach Paris, New York, Chicago und in zahlreiche andere amerikanische Städte und schließlich bis nach Kanada. Der Auftritt im Hammersmith Odeon war übrigens Cat Stevens' letztes Konzert in England, sieht man vom Auftritt beim „Year Of The Child"-Konzert am 22. November 1979 einmal ab. Im März und April 1976 war die *Earth Tour* wieder in Europa, mit drei Konzerten auch in Österreich (Wien, Linz und Innsbruck) sowie mit zahlreichen Terminen in Deutschland (unter anderem in Frankfurt, Köln, Berlin und Stuttgart). Der europäische Teil der Tour stand jedoch unter keinem guten Stern. Als Stevens am 26. Mai 1976 nach einem Konzert in Barcelona allzu schwungvoll eine Hoteltreppe hinuntersprang, brach er sich den linken Fuß. Unter dem Motto „the show must go on" spielte er mit Schmerzen und in einem Spezialverband weiter. Am 2. Juni 1976 machte die Tour in Athen

Halt. Stevens nutzte die Zeit und ging ins Mittelmeer baden, um seine Schmerzen im Fuß zu lindern. Die Übung verlief wenig erfolgreich, denn im Meer kam er mit einer Qualle in Berührung – und sein Fuß schmerzte mehr als zuvor.

Das Konzert im Athener Karaiskaki-Stadion, für das wegen der am nächsten Tag bevorstehenden Schulabschlussprüfungen ohnehin nur wenig Karten verkauft worden waren, konnte deshalb nicht stattfinden. Cat Stevens spielte am 5. und 6. Juni 1976 aber noch zwei Konzerte in Thessaloniki. Den zweiten Auftritt in Thessaloniki in der fast leeren Alexandreon-Athleticon-Halle – am gleichen Tag war das Fußball-länderspiel England gegen Griechenland – brach er nach etwa Dreiviertel der Show, unmittelbar nach dem Lied „Father And Son", ab; dem Veranstalter gab er das Geld zurück. Stevens und die Band waren nach sieben Monaten Tour ausgepowert und wollten heim zu ihren Familien. Die Ausfallkosten der Mammutproduktion, rund dreihunderttausend Pfund, zahlte Stevens aus eigener Tasche. Das war sein letzter Auftritt.

RECHTZEITIG ZUR *EARTH*-TOUR war im November 1975 das Album *Numbers* erschienen, fand aber beim Publikum wegen des ziemlich verschrobenen Konzepts nur wenig Beachtung (Platz 13 in den Staaten, keine Platzierung in Großbritannien). Die im März 1976 für den US-Markt ausgekoppelte Single „Banapple Gas" brachte es immerhin bis auf Platz 41. Stevens' Plattenfirma hoffte derweilen auf ein baldiges Ende der Identitätskrise ihres Schützlings. Und Stevens selbst sagte: „Ich fühle mich wie ein Affe, der von Ast zu Ast springt." Alles war für ihn so groß geworden, dass er sich verloren vorkam. Immerhin war ihm mittlerweile klar, dass er seine Erfüllung nicht im Musikbusiness finden würde.

„Oh the trees grow
higher than
the mountains
in the land of free
love and goodbye ...
and the God I love
loves me."

„Land O' Free Love & Goodbye" von *Numbers*, 1975

HIMMEL AUF ERDEN

ENDLICH – DIE TOURNEEN WAREN VORBEI und Terminpläne für Plattenaufnahmen gab es auch keine. Cat Stevens war somit offen für Neues und bekam das richtige Zeichen zur richtigen Zeit von seinem Bruder David. David hatte in Jerusalem die Al-Aqsa-Moschee besucht. Er war von der Stille und der friedlichen Atmosphäre sehr beeindruckt gewesen – und er nahm sich vor, für seinen Bruder schon bald das heilige Buch des Islam, den Koran, zu kaufen. Seinen Plan setzte er in London beim Islam-Festival um: Er schenkte Stevens zu dessen 28. Geburtstag am 21. Juli 1976 den Koran. Über dieses Buch entdeckte Cat Stevens eine neue Welt, die über seine bisherigen westlichen Vorstellungen hinausging: „Der Koran war so anders als alle Bücher, die ich kannte. Trotzdem kamen mir die Worte irgendwie bekannt vor. Ich las und dachte, das kann kein Mensch geschrieben haben. Ich entdeckte plötzlich die Wahrheit."

Nach einem Jahr Koran-Studium war ihm klar, dass er mit etwas konfrontiert war, das er in dieser Größe nicht erwartet hatte. In seinem Lieblingsbuchgeschäft „Bodhi Tree" in Los Angeles hatte er oft das Bücherregal mit den islamischen Büchern gesehen, es aber nie näher beachtet. Vorurteile, die ihre Wurzeln in der Ablehnung seines Vater gegenüber allem Türkisch-Islamistischen hatten, waren einem klaren Blick nicht gerade förderlich. Eine Begegnung mit dem Islam im Jahr 1972 war Stevens aber in Erinnerung geblieben. Er war damals in Marrakesch in Marokko gewesen und hatte dort einem Sänger zugehört. Seine Frage, um welchen Stil es sich handele, fand eine einfache Antwort: „Es ist Musik für Gott." Das war damals neu für ihn gewesen. Musik für Gott? Musik für Applaus, Musik für Geld ... ja. Aber Musik, die keine materielle Belohnung suchte und nur für Gott bestimmt war – das klang ungewohnt.

Jedenfalls brachte der Koran in Stevens mehr als eine Saite zum Klingen. Das Buch zeigte ihm seine Schwächen und Fehler und ließ ihm bewusst werden, dass man seinen Weg leichter findet, wenn man sich vom eigenen Ego ein wenig löst. Wenig später sah Stevens klar: „Gott weiß, wie schwach wir sind. Wir brauchen uns nur zu unterwerfen. Ab diesem Zeitpunkt konnte ich zurückblicken und über mich lachen." Der

Koran wurde von nun an Stevens' ständiger Reisebegleiter. Er lernte Arabisch und arbeitete nach wie vor an seiner Musik, die er jedoch für seine Gebete unterbrach. So entstand das nächste Album, *Izitso*, Schritt für Schritt rund um die Welt in Massachusetts, Alabama und Dänemark. Stevens lebte in Hotels und reiste mit seinem „mobile vegetarian flight case" von Land zu Land.

Zu jener Zeit nahm er für seinen Bruder David Gordon im Relight Studio in Hilvarenbeek, Holland, das Konzeptalbum *Alpha And Omega* auf. Er singt darauf erstmals den von seinem Bruder und von Paul Travis geschriebenen Song „Child For A Day", der dann im Mai 1977 auch auf *Izitso* erschien – einer Platte, die stark vom Leben in Brasilien beeinflusst ist und auch eine gewisse Unentschlossenheit ausdrückt: „Ist es wirklich so?" Immerhin erreichte das Album Platz 7 in den Staaten und Platz 18 in Großbritannien. Die Single „(Remember The Days Of The) Old Schoolyard" war hingegen nur wenig erfolgreich und schaffte es in den USA mit Ach und Krach in die Top-40. Vielleicht lag es daran, dass Stevens von vornherein ein gespaltenes Verhältnis zu der Arbeit hatte, die mit dem Album verbunden war: „Ich denke mit Entsetzen an den ganzen Aufwand, der mit der neuen LP *Izitso* verbunden ist. Ich sehe mich schon wieder von einem Empfang zum anderen hetzen", unkte er schon frühzeitig.

CAT STEVENS LAS NUN DEN KORAN regelmäßig und intensiv. Und noch 1977 flog er – wie vorher schon sein Bruder – nach Jerusalem, um die Al-Aqsa-Moschee zu besuchen. Der Veranstalter des europäischen Teils der *Majikat Earth Tour*, Marcel Avram, fuhr ihn vom Flughafen zur Moschee und wartete im Auto – in der Hoffnung Stevens möge „geläutert" zurückkehren. Stevens aber hörte sich mit viel Zeit und Ruhe die Prediger an und verfolgte das Geschehen in der Moschee. Auf die Frage, was er hier tue und wer er sei, antwortete er spontan: „Ich bin ein Muslim." Es war das erste Mal, dass er sich offiziell als Muslim ausgab. Da Muslime die Gemeinschaft brauchen und er seinen Glauben bisher ganz allein ausgeübt hatte, ging er am 23. Dezember 1977 (dem 16. Muharram des Jahres 1398) in die Regent-Park-Moschee in London und teilte dem dortigen Imam mit, dass er dem Islam beitreten wolle.

Cat Stevens wollte endlich mit Gott in Verbindung treten, wie er es ja schon zuvor versprochen hatte, als er im Meer zu weit hinausgeschwommen war. Zwei Fragen musste er vor dem Imam beantworten: Ob er an einen Gott, also an Allah, glaube und ob Mohammed dessen Prophet sei. Er bejahte beide Fragen und war fortan offiziell Muslim.

Seine muslimischen Brüder wussten nichts von seinem bisherigen Leben als Popstar und waren überrascht, als sie davon erfuhren.

Was die Musik anging, war Cat Stevens 1978 abermals für UNICEF tätig. Er trat – wie schon 1970 – gemeinsam mit Alun Davies auf: wieder nur zwei Musiker mit ihren Gitarren und ohne großes technisches Brimborium. Sie spielten beim Kulturfestival in Rangamati/Bangla Desh, am 21. März 1978 auch ganz spontan in Rangpur, ebenfalls in Bangla Desh. In Alexandria in Ägypten gaben Stevens und Davies zudem ein Konzert für ein Waisenhaus.

Am 4. Juli 1978 – sinnigerweise also am amerikanischen Unabhängigkeitstag – war es dann soweit: Steven Demetre Georgiou alias Cat Stevens änderte seinen Namen in Yusuf Islam. Yusuf (Josef) – weil ihn jene Sure im Koran, die über Josef und dessen Verkauf in die Sklaverei durch die eigenen Brüder berichtet, so tief beeindruckt hatte. Stevens fand, dass diese Geschichte auch seine eigene Entwicklung spiegelte. Denn genau wie Josef hatte auch er sich auf dem (Platten-) Markt verkaufen müssen. Als er Muslim geworden war, wurde ihm schnell bewusst, dass er jetzt seinen inneren Frieden gefunden hatte.

Den Familiennamen Islam wählte er, da dieser für ihn am deutlichsten sein neues religiöses Bekenntnis dokumentierte. Für künftige Reisen in die USA sollte dieser Name freilich nicht von Vorteil sein: Im September 2004 verweigerten die Vereinigten Staaten ihm die Einreise mit der Begründung, sein Name stehe – angeblich wegen Terrorverdacht – auf der Watchlist. Vielleicht lag auch nur eine Verwechslung vor. Wie auch immer: Yusuf Islam musste damals draußen bleiben.

DOCH ZURÜCK INS JAHR 1978: Die Namensänderung in Yusuf Islam änderte nichts daran, dass Cat Stevens laut Vertrag mit Island Records noch etwas für die materielle Welt tun musste, nämlich eine letzte neue Platte abliefern. Also trommelte er seine alte Crew rund um Paul Samwell-Smith und Alun Davies zusammen, um sein letztes Album, *Back To Earth,* aufzunehmen. Die Sessions musste jedoch immer wieder unterbrochen werden – durch die fünf täglichen Gebete, die Yusuf Islam sehr wichtig waren. Jeder wusste, dass er ganz offensichtlich zum letzten Mal mit dem Künstler namens Cat Stevens im Studio stand, die Stimmung war entsprechend melancholisch. Yusuf wollte nicht länger Cat Stevens sein, er war längst der Starhülle entwachsen. Ohne große Promotion und ohne die Unterstützung durch eine Tournee konnte das Album denn auch kaum in den Charts glänzen.

Yusuf Islam war das jedoch ziemlich egal, er änderte sein Leben vollkommen. Er rauchte nicht mehr, verzichtete auf Alkohol, gab seine Jeans zur Altkleidersammlung und lebte auch sonst enthaltsam. Die Popmusikzeit erschien ihm im Nachhinein wie ein langjähriges Herantasten an sein wahres Ich, wie *Footsteps In The Dark* (so auch der Titel einer Greatest-Hits-Platte, die 1984 erschien): „Als ich den Islam fand, war es, als ob jemand das Licht eingeschaltet hätte", konstatierte der neugeborene Yusuf. Und zum Genuss von Drogen stellte er im Mai 2004 in einem Interview mit der *Süddeutschen Zeitung* rückblickend fest: „Ich hatte vor harten Drogen und dem ganzen anhängenden Markt eine erhebliche Paranoia. Wir haben ja damals alle unsere Erfahrungen mit Drogen gemacht, es waren ja die Sechziger. Mich machten Drogen lethargisch, nicht kreativ. Drogen machen dich zufrieden, obwohl du keinen Grund dazu hast, zufrieden zu sein. Ich wollte immer weiterkommen – und ich habe Drogen dabei als etwas wahrgenommen, das mich davon abhält, weiterzukommen. Das Timothy-Leary-Prinzip lautete ja: Aufhellung durch Drogen. Ich aber empfand Drogen nicht als aufhellend, sondern als isolierend, als verdunkelnd. Also hab ich es schließlich gelassen."

Die Eltern von Yusuf Islam waren von seinem Wandel zunächst überrascht. Besonders Vater Stavros mit seiner griechisch-orthodoxen Herkunft glaubte an einen vorübergehenden Spleen. Doch er akzeptierte die Entscheidung seines Sohnes, die auch viele positive Aspekte mit sich brachte. Nachhaltig änderte sich dessen Persönlichkeit: Yusuf Islam verhielt sich weit rücksichtsvoller gegenüber den Eltern als Cat Stevens. Als seine Eltern dann die Tiefe des inneren Wandels ihres Sohnes erkannten, waren sie rundum glücklich über die Entscheidung. Vater Stavros bekannte sogar zwei Tage vor seinem Tod im Dezember 1978, dass es nur einen Gott gebe – Allah. Auch Yusuf Islams Mutter Ingrid, sein Bruder und sein Neffe konvertierten später zum Islam.

Es passt ins Bild, dass Yusuf Islam im Frühjahr 1979 sein Steuerexil in Rio beendete, sich ein neues Haus in London kaufte und zurück in die Nähe seiner Mutter, nach Hampstead Gardens, zog.

VON SEINEM MANAGER BARRY KROST hatte er sich schon vorher getrennt. Krost war nach Kalifornien gezogen und wollte von Stevens ohnehin nichts mehr wissen, da dieser sich in seinen Augen zu sehr mit der Religion beschäftigte. Wie er verstanden viele frühere Freunde von Yusuf Islam dessen Entscheidung nicht. Doch der junge Muslim ließ sich nicht beirren: „Nur wer mich so mag, wie ich bin, ist ein echter

Freund. Deshalb muss ich viele Wechsel in meinen Freundschaften hinnehmen, da mich viele Leute nicht so akzeptieren wollen, wie ich wirklich bin", sagte er im März 1998 dem britischen *Guardian*.

Obwohl ihn die UNICEF Anfang 1979 zur Teilnahme am „Year Of The Child"-Konzert im UNO Hauptgebäude in New York einlud, lehnte Yusuf Islam ab und überließ die Bühne anderen Gruppen und Sängern wie Abba, Rod Stewart und den Bee Gees. Er war dennoch unvergessen, wurde von der Bühne aus begrüßt und als Yusuf Islam vorgestellt. NBC zeigte diese Szene bei der Übertragung des Konzerts jedoch nicht. Als das „Year Of The Child"-Konzert elf Monate später, am 22. November 1979, erneut – diesmal in London, Wembley Empire Pool – stattfand, war Yusufs Hilfe abermals gefragt, denn der Vorverkauf für das Konzert lief schlecht – trotz Stars wie David Essex, Wishbone Ash, Real Thing und Gary Numan. Yusuf Islam ließ sich im Interesse der guten Sache überreden und sagte zu. Die Nachricht, dass Cat Stevens „back to earth" sei, verbreitete sich wie ein Lauffeuer – und die Show war binnen zwei Stunden ausverkauft. Es war sein erster großer Live-Auftritt seit fast vier Jahren, und es war auch der letzte Auftritt von Cat Stevens, der sich zu jener Zeit schon ganz und gar als Yusuf Islam fühlte und später über das Konzert sagte: „Ich genoss es zwar – aber mein Herz war bei Allah."

BEREITS ZWEI MONATE VORHER, am 7. September 1979, hatte Yusuf Islam die zwanzigjährige Türkin Ali Fouzia geheiratet. Es war die tausendste Hochzeit, die nach islamischem Ritus in der Regent-Park-Moschee stattfand. Er gründete eine Familie und hat mittlerweile fünf Kinder: einen Sohn und vier Töchter im Alter zwischen achtzehn und sechsundzwanzig Jahren. Hasanah, Asmaa, Muhammed, Maymanah und Aminah. Ein weiterer Sohn, Abd al Ahad, starb an einem Herzfehler im Alter von nur zwei Wochen – und Yusuf Islam fand Trost im Glauben: „Das war Gottes Entscheidung. Aber Kinder kommen direkt ins Paradies."

Vorbei waren die Zeiten, als ihn die Presse nach seiner Einstellung zu Frauen oder einer Liaison befragte. Bereits 1966, als Achtzehnjähriger, hatte sich Cat Stevens in einem Interview überzeugt gezeigt, dass er später nicht lange nach einer Partnerin werde suchen müssen. „Sie wird dann einfach vor mir stehen mit einem Gewehr." Widerstand zwecklos. Tatsächlich hatte sie kein Gewehr: Yusuf Islam lernte seine Frau einfach über deren Eltern in der Moschee kennen und hielt dann ganz offiziell um ihre Hand an. Er mochte die Familie und die Kochkünste seiner zukünftigen Frau. Auch seine Mutter war von Ali Fouzia angetan, weit mehr als von einer jungen Dame namens Lucy Johnson, die Cat Stevens 1976 in New York kennen gelernt hatte und mit der er einige Zeit liiert war. Sie wohnte 1979 einen Monat lang bei ihm und besuchte auch seine Mutter Ingrid. Als Stevens aber von der Vergangenheit seiner Flamme erfuhr, sie war in Boston als Stripperin unter dem Künstlernamen Princess Cheyenne tätig gewesen, gab er ihr den Laufpass.

Der Tradition, arrangierte Hochzeiten zu schließen, folgte übrigens später auch Yusufs älteste Tochter Hasanah, als sie 2001 mit einundzwanzig Jahren heiratete. Nach dem Fest meinte Yusuf Islam bedeutsam zur *Sunday Times*: „Heirat ist nicht nur ein Vertrag zwischen zwei Leuten, die sich zufällig in der Disco treffen, sondern ein Vertrag fürs Leben zwischen zwei Familien, die etwas mitzureden haben."

Die Fähigkeit, langfristige Bindungen einzugehen, war bei Yusuf Islam jedenfalls viel ausgeprägter als bei Cat Stevens in den Siebzigerjahren. Der wollte damals all seine Kraft und Energie der künstlerischen Karriere widmen, zudem waren seine ständigen Wohnsitzwechsel einer Partnerschaft nicht sehr förderlich. Noch 1976 hatte er gesagt: „Musik bedeutet für mich alles. Mehr noch als Liebe. Liebesaffären haben einen schlechten Einfluss auf mich. Musik und Liebe passen nicht zueinander. Eine Liebesaffäre hat kein Happy End – Liebe tut weh, sie verletzt." Dabei glaubte er „an diese romantische Illusion von der blonden, hübschen Schwedin, die alles erfüllt, was eine Frau haben soll." In den Jugendzeitschriften der Jahre 1967 und 1968 finden sich zaghafte Andeutungen über seine erste Liebe: Er war fünfzehn und sie bereits neunzehn, blond und eine Deutsche. Sie hieß Elke und sah auch noch aus wie die Filmschauspielerin Elke Sommer. Kennen gelernt hatten sich die beiden am Campingplatz an einem Badesee in Österreich. Sie spielte Tischtennis neben Stevens' Zelt, und er fragte sie, ob sie nicht lieber mit ihm Kartenspielen wolle. Die Urlaubsromanze dauerte aber etwa eine Woche.

Stevens war, wie im Showbusiness üblich, bis zu seiner religiösen Wandlung und Heirat jedenfalls kein Kostverächter – deshalb sind auch viele seiner Lieder voll amouröser Anspielungen. Beispielsweise „Peace Train", das nicht nur die Friedensbotschaft transportiert, sondern auch manch Persönliches. An Frauen, die ihn anhimmelten und für die er Lieder schrieb, hat es sicher nicht gemangelt. Besonders bekannt wurden seine Verbindungen zur Schauspielerin Patti D'Arbanville und zur Sängerin Carly Simon, mit der er Ende 1970 im *Troubadour* in Los

Angeles auf der Bühne stand. Ihr Hit „You're So Vain" soll angeblich auf den damals eitlen Cat Stevens gemünzt sein. Anderen Berichten zufolge könnten aber auch Mick Jagger, Warren Beatty oder Kris Kristofferson gemeint sein – bei Carly Simon gibt es da ja bekanntlich viele Möglichkeiten. Jedenfalls hütet sie ihr Geheimnis bis heute. Cat Stevens vertrat 1973 gar die Ansicht, Carly hätte das Lied über sich selbst geschrieben, da sie im Text das Wort „Spiegel" erwähnt. Auch Carly Simons Songs „Legend In Your Own Time" und „Anticipation" haben angeblich mit Cat Stevens zu tun – und der wiederum soll für Carly Simon den Song „Sweet Scarlet" geschrieben haben. Ein seliges Geben und Nehmen also.

Trotz vieler Affären war sich Stevens schon früh sicher: „Ich werde später vermutlich doch eine Britin heiraten." Jedenfalls müsste sie eine eigenständige Frau mit eigenen Ansichten sein („Hard-Headed Woman") und Interesse am Musikgeschäft haben. Sie solle hinter ihm stehen und Kinder lieben, da er sich später zwei Söhne wünsche. Was wie eine Notiz vom Wunschzettel klang, war in jenen Tagen allerdings noch Zukunftsmusik, denn Stevens wusste: „Wenn du heiratest, musst du einen Teil deiner Identität aufgeben. Ich bin aber Individualist und schaffe das im Moment nicht. Ich glaube, ich werde mit dreißig heiraten, dann ist das eine ganz andere Sache." Fast schon prophetisch, denn Yusuf Islam war einunddreißig, als er Ali heiratete.

CAT STEVENS GIBT ES NICHT MEHR – aber die rund hundertvierzig Lieder, die er zwischen 1966 und 1978 auf elf Alben und zahlreichen Singles veröffentlichte, gibt es nach wie vor. Es gibt auch das Kinderbuch *Teaser And The Firecat* – und es gibt seine im naiven Stil gehaltenen Malereien auf den Plattenhüllen. Von seinen vielen Live-Auftritten sind leider nur wenige gute Mitschnitte erhältlich. Erwähnenswert sind die 2004 erschienene DVD *Majikat Earth Tour 1976*, die gleichnamige Audio-CD von 2005, der Mitschnitt des BBC-Konzerts vom 27. November 1971 und der Mitschnitt vom 8. Juni 1971 des Senders KCET in Los Angeles (Video: „Tea For The Tillerman"). Nach wie vor erscheinen erfolgreich Coverversionen von seinen Hits, da seine Musik zeitlos ist.

Der Koran selbst sagt nichts direkt über die Musik aus und verbietet sie auch nicht. Es heißt, dass der Prophet Mohammed der Musik gegenüber aufgeschlossen gewesen sein soll; er wird mit den Worten zitiert: „Lasst sie ihr Fest feiern." Unter bestimmten Umständen ist es Muslims also sehr wohl erlaubt, Musik zu hören und zu spielen. Der Koran verbietet aber Alkohol, falsche Idole, Selbstsucht und Streit – alles Faktoren, die im Musikgeschäft eine nicht geringe Rolle spielen. Yusuf Islam fühlte, dass er im Musikgeschäft ständig von diesen negativen Dingen umgeben war – keine gute Basis für sein spirituelles Fortkommen. Wenn auch der Islam die Musik nicht ausdrücklich verbietet, so galt für Stevens doch das Prinzip: „Sei frei von Sünde und jeder Form von Verboten."

Sein Imam empfahl ihm sogar, auch als Muslim weiter Musik zu machen, wenn auch nur im Studio und nicht mehr auf der Bühne. Aber Yusuf Islam war zu sehr damit beschäftigt, sich selbst spirituell weiterzubringen. Jetzt hatten die Religion und seine neu gegründete Familie absolute Priorität: „Ich wollte ehrlich zu den Fans sein. Die Musik hatte mich nicht dorthin gebracht, wo mein Herz wirklich hinwollte, sie ebnete zwar den Weg, wies mir aber nicht die richtige Richtung. Ich suchte die großen Antworten und Wahrheiten – und fand sie nicht", bekannte Yusuf Islam im Mai 2004 im Gespräch mit der *Süddeutschen Zeitung*. Es sei zwar nichts Falsches daran, dass sich Menschen bei einem Popkonzert ein wenig entspannen. Es sei auch völlig in Ordnung, „der Mann zu sein, der vorne im Licht steht und für diese Entspannung sorgt. Es hat nur nichts mit dem zu tun, was wir das Leben nennen."

Obwohl er gute Gründe hatte – seine Fans konnten den raschen Ausstieg aus dem Popgeschäft nicht verstehen: Cat Stevens war von einem Tag auf den anderen abgetaucht. Dieses plötzliche Verschwinden gab natürlich zu allerlei Spekulationen Anlass. Die Medien versuchten schnell, das Vakuum mit scheinbaren Sensationen zu füllen – an denen jedoch kaum etwas dran war. Yusuf Islam fühlte sich fortan wie auf der berühmtem „Cloud Nine", frei schwebend, ohne Sorgen: „Meine Musik war wie eine Kerze, die ich in der Hand hielt. Doch dann ist auf einmal die Sonne aufgegangen – was sollte ich da noch mit meiner Kerze? Jetzt ist eine gute Zeit für mich, und ich bin zufrieden. Ich habe fast alles bekommen, was ich wollte."

An der Endgültigkeit seiner Entscheidung zweifelte er nicht – obwohl er den Leuten, die den Koran nicht verstanden, die Schönheit und Bedeutung seiner religiösen Entdeckung nicht erklären konnte. Für die Medien war er fortan „ein Mönch, der ins Kloster ging" oder „ein Bettler, der im Iran lebt". Im Jahr 1989 machte die Berichterstattung aus ihm sogar einen radikalen Muslim, der angeblich die Fatwa unterstützte und somit die Aufforderung zur Hinrichtung des Schriftstellers Salman Rushdie.

„I never wanted
to be a star,
I never wanted
to travel far,
I only wanted
a little bit of love
so I could put a little
love in my heart."

„(I Never Wanted) To Be A Star" von *Izitso*, 1977

DIE SCHULE DES LEBENS

BEREITS MITTE DER SIEBZIGERJAHRE waren Cat Stevens' Lieder immer spiritueller geworden. Das Album *Buddha And The Chocolate Box* ließ daran keinen Zweifel. Seine Fans nahmen diese Entwicklung zur Kenntnis, glaubten aber nicht daran, dass Stevens deshalb der Musik abschwören würde. Wie auch bereits zuvor bei den Beatles und deren spirituellen Erfahrungen in Indien, hielten viele die Entwicklung von Cat Stevens für ein metaphysisches Intermezzo. Doch so war es ganz und gar nicht. Im Gegenteil: Stevens entfernte sich immer mehr von seinem Publikum und fand schließlich eine neue Gemeinschaft, die muslimische Gemeinde Londons. Er vertrat die Ansicht, dass die, die glauben, nicht die Ungläubigen, sondern die Gläubigen als Brüder haben.

Wenn man seine Songtexte genauer betrachtet, wird schnell deutlich, dass Yusuf Islam sich bereits lange bevor er zum Islam übertrat als Muslim fühlt. „Islam" kommt von „Salam" und heißt „Friede". Stevens schrieb den Song „Peace Train" und Textzeilen wie „Pick up a good book and kick out the devil's sin" (aus „On The Road To Find Out"), „There's a way, I know, I have to go" (aus „Father And Son") oder „I wish, I knew, what makes me, me, what makes you, you" (aus „I Wish, I Wish"). All diese Lieder enthalten bereits Indizien für den spirituellen Weg, der ihn letztlich zum Islam führte. Originalton Yusuf Islam: „Als ich den Koran gefunden hatte, war ich angekommen. Alle meine Lieder beschrieben meine Suche. Doch erst jetzt ergeben alle Worte und Gedanken einen Sinn."

Als Cat Stevens hatte er sich mit vielen Religionen auseinandergesetzt, vom Christentum bis zum Buddhismus, doch nicht gefunden, was er suchte. Er forschte nach Antworten in der östlichen Mystik, beim Zen, I-Ging, Tarot, in der Kabbala, Numerologie und in der Astrologie. Aber das alles warf nur noch mehr Fragen auf. Erst der Kontakt mit dem Koran veränderte Stevens' Sichtweise: „Der Koran erklärte alles. Den Sinn des Lebens, woher ich kam, dass Seele und Körper nicht getrennt sind, und das Wichtigste – dass man dem Willen Gottes folgen soll. Ich verlor meinen Stolz, da ich bisher geglaubt hatte, ich sei aufgrund meiner eigenen Größe hier auf Erden. Dabei hat Gott alles erschaffen, und alles gehört Gott."

DIE SCHULE DES LEBENS

Wenn es um den Glauben geht, ist Yusuf Islam um Worte nicht verlegen: „Die Stärke des Islam ist, dass er nicht möchte, dass du Sonne, Mond oder sonst etwas verehrst, sondern nur denjenigen, der alles geschaffen hat", betont er. Und weiter: „Die Menschheit ist wie eine Familie, die Propheten Moses, Jesus und Mohammed sind dem Koran gemäß Brüder mit ein und derselben Botschaft." Als Yusuf Islam im Jahr 1980 die für Muslime obligatorische Reise nach Mekka unternahm, staunte er nicht schlecht, als er zufällig seinen alten Musikerfreund aus der „Wild World"- Zeit, Jimmy Cliff, wieder traf, der inzwischen auch Muslim geworden war.

Um seine endgültige Trennung vom Musikgeschäft deutlich zu machen, ließ Yusuf Islam schließlich am 6. Juni 1981 seine Musikinstrumente, goldenen Schallplatten und Partituren beim Londoner Auktionshaus Bonham versteigern. Nur seinen Steinway-Flügel nahm er wegen des geringen Auktionsgebotes wieder zurück. Den Erlös der Versteigerung – über 30.500 Euro – spendete er an „Help the aged" und die Help-Initiative von Capital Radio für Londoner Kinder.

Als Multimillionär, der noch dazu mit hohen Tantiemenzahlungen rechnen konnte, hätte er sich ein komfortables Leben leisten können. Aber Yusuf Islam vertrat von Anfang an die Ansicht, dass ein Poet das leben muss, was er predigt, und sein Leben im Einklang mit Gott führen sollte. Zu lange hatte er über das Leben nur gesungen. Jetzt war es an der Zeit, es auch tatsächlich zu leben.

ZUNÄCHST STANDEN FÜR IHN Familie und Kinder im Mittelpunkt. Für seine erstgeborene Tochter Hasanah textete und sang er bereits 1981 a-capella das erst 2001 auf CD und als Buch veröffentlichte Lied „A Is For Allah" und vermittelte damit sozusagen spielerisch das arabische Alphabet und arabische Glaubensbegriffe. 1981 stand er auch erstmals als Vortragender in Sachen Religion auf der Bühne und sprach über „My path to surrender" (mein Weg zur Hingabe).

Yusuf Islam wollte für seine Kinder eine Schule finden, die in allen Facetten – spirituell, emotional und physisch – ihren Erziehungsauftrag ausübte. Aus einer Kindergartengruppe von dreizehn Kindern, unter ihnen seine beiden Töchter Hasanah und Asmaa, entstand so 1983 die erste private islamische Schule – die Islamia Primary School für Kinder zwischen vier und zehn Jahren – im Bezirk Brent/Kilburn im Brondesbury Park, die bald vierunddreißig Schüler aus Staaten wie Ägypten, Marokko und Saudi-Arabien hatte. Ziel der Schule war es, die gleiche Ausbildung wie an einer englischen Ganztagsschule zu garantieren und zusätzlich noch Unterricht in islamischer Religion und arabischer Sprache anzubieten. Dieser Aspekt war Yusuf Islam sehr wichtig, um die Kultur der Muslime zu bewahren und die eigenen moralischen, religiösen Wertvorstellungen zu lehren. Die Räumlichkeiten, ein altes Haus im viktorianischen Baustil, spendete Yusuf. Schon 1973 hatte er im Magazin *Disc* davon gesprochen, dass er eine Schule an einem See oder auf einem Berg gründen wolle.

Die nächsten Jahre kämpfte Yusuf Islam für den „Voluntary Aided Status", für die staatliche Anerkennung, die mit finanzieller Förderung verbunden ist, seiner Schule, die 1987 bereits siebenundachtzig Schüler und zehn angestellte Lehrer hatte – mit fünfhundertsechzig Schülern auf der Warteliste. Es ging Yusuf Islam um die Gleichstellung seiner islamischen Privatschule mit den anderen konfessionellen Privatschulen Englands wie etwa den katholischen oder jüdischen Schulen. England hatte damals etwa achttausend konfessionelle Schulen, aber noch keine staatlich geförderte islamische Schule. Im Hinblick auf die in England lebenden steuerzahlenden 1,4 Millionen muslimischen Bürger war das eine Ungleichbehandlung; immerhin kostete die Eltern ein Schulplatz in der Privatschule 2.200 Pfund jährlich. Wird einer Schule der „Voluntary Aided Status", das Öffentlichkeitsrecht, verliehen, so bedeutet dies, dass die öffentliche Hand bei Einhaltung bestimmter staatlicher Auflagen fünfundachtzig Prozent der Schulkosten trägt. Die britische Regierung war aber lange Zeit sehr zurückhaltend und befürchtete eine Ungleichbehandlung von Mädchen und Jungen im schulischen Bereich.

Vierzehn Jahre mit vielen Gesprächen, unzähligen Argumentationen und enormer Ausdauer waren notwendig, ehe Yusuf Islam 1997 vom Bildungsminister David Blunkett endlich das Öffentlichkeitsrecht für seine Schule erhielt, die heute als erste staatlich geförderte islamische Schule in Großbritannien gilt. Sogar Prince Charles besuchte am 10. Mai 2000 die „Islamia" und signalisierte damit seine Wertschätzung. Heute besuchen zweihundertzehn Schülerinnen und Schüler die „Islamia Primary" – und weitere zweitausend Kinder stehen auf der Warteliste.

BEREITS 1989 HATTE YUSUF ISLAM eine weitere Schule für Schülerinnen im Alter von elf bis sechzehn Jahren gegründet: Die Islamia Girls' Secondary School bietet seitdem zusätzlich zum üblichen Lehrplan Unterricht in arabischer Sprache und im Koran an. Sie verfügt über einen eigenen Imam sowie über einen eigenen Gebetsraum und wird derzeit von hundertfünfundzwanzig Schülerinnen besucht. Sowohl

Kinder als auch Lehrer erhalten ihre Freitagsgebete in den Londoner Moscheen. Besonders stolz ist die Schule auf ihr ausgezeichnetes Ranking. Mit hundert Prozent positiven Abschlüssen in den Jahren 2001 und 2004 erreichte sie den ersten Platz beim staatlichen Vergleich der erbrachten schulischen Leistungen.

Eine dritte Schule gründete Yusuf Islam im Jahr 1996. Sie nennt sich Brondesbury College For Boys und unterrichtet Knaben im Alter von elf bis sechzehn Jahren. Im Jahr 2005 erreichte auch diese Schule den ersten Platz beim staatlichen Schulranking mit einem Prüfungserfolg von hundert Prozent. Bedenkt man, dass der durchschnittliche Prüfungserfolg in England 52,9 Prozent beträgt, so kann man Yusuf Islams Schulen getrost als Eliteschulen bezeichnen.

Insgesamt hat Yusuf Islam somit ein beachtliches Schulzentrum aufgebaut. Auch heute noch engagiert er sich in der Schulverwaltung, etwa als Vorsitzender des islamischen Schulausschusses, und spendet reichlich Geld für die Schulen – bis 1996 waren es angeblich rund 2,5 Millionen Pfund.

OBWOHL ER ALS MUSLIM andere Prioritäten in seinem Leben setzte, spielte die Musik auch weiterhin eine Rolle in seinem Leben, wenn auch keine so dominante mehr. Immerhin: Als die Sowjets 1979 in Afghanistan einmarschierten, schrieb der einstige Popstar das nachdenkliche Lied „Afghanistan": „Our people are dying, they are willing to give every drop of their blood for the freedom to live". Er konnte nicht ahnen, dass die Taliban dieses Lied später zu ihrer Hymne machen würden. Yusuf Islam war alles andere als erfreut darüber, da er die extremistische Haltung der Taliban bis heute streng verurteilt.

Schrieb er früher Lieder für eine bessere Welt, so engagierte er sich jetzt verstärkt durch Taten, um Missstände zu lindern: 1985 reiste Yusuf Islam in den Sudan, um in den Medien auf die dort herrschende Hungersnot aufmerksam zu machen. Er begann auch wieder verstärkt öffentlich aufzutreten, vor allem in Form von Lesungen an Universitäten. Und bald war er auch unter dem Namen Cat Stevens wieder im Gespräch: Island Records hatte schon im September 1984 das Album *Footsteps In The Dark* veröffentlicht – erneut ein Greatest-Hits-Album, aber mit zwei bis zu jenem Zeitpunkt auf Platte unveröffentlichten Songs, den beiden eigens für den Film *Harold und Maude* geschriebenen Liedern „Don't Be Shy" und „If You Want To Sing Out, Sing Out." Enthalten war auch „I Want To Live In A Wigwam", früher die B-Seite der Single „Morning Has Broken".

Um ein Haar wäre es 1985 auch zu Yusuf Islams erstem Auftritt nach fast sechs Jahren Bühnenabstinenz gekommen. Als er erfuhr, dass für den 13. Juli 1985 das „Live Aid"-Konzert in Wembley geplant sei, bot er spontan seine Unterstützung an. Sein Auftritt war direkt nach Elton John eingeplant, und Yusuf Islam hatte sich „eine Art A-Cappella-Song" mit dem Titel „The End" ausgedacht, der – wie er später einmal sagte – „wahrscheinlich auch das Ende gewesen wäre". Dass es nicht zum Auftritt kam, lag an den Skrupeln der Veranstalter, die fürchteten, er würde seine Bühnenpräsenz für eine religiöse Botschaft missbrauchen. Also ließen sie Elton John einfach etwas länger spielen und baten Stevens um Entschuldigung, dass für ihn keine Zeit mehr blieb. „Es war Gottes Wille", sagte Yusuf Islam rückblickend. Und er fügte hinzu: „Ganz davon abgesehen war ich ziemlich erleichtert."

Zwei Jahre später, als Yusuf Islam bei einem Besuch eines Flüchtlingslagers in Peshewar in Pakistan das Lied „A Is For Allah" sang, ließ ein Fan heimlich einen Rekorder mitlaufen. Die Aufnahme breitete sich rasch im Nahen Osten aus und wurde sozusagen das erste muslimische Bootleg. Auf CD erschien „A Is For Allah" offiziell erst im Jahr 2000, bei Yusuf Islams eigener Vertriebsfirma MOL, die er bereits 1994 gegründet hatte, um eine Plattform zur Verbreitung von islamischen Medien zu schaffen. MOL steht für „Mountain Of Light" und damit für den Berg „Jabal al-Nur" in der Nähe von Mekka, auf dem der Erzengel Gabriel Mohammed das Wort Gottes offenbarte.

1989 STAND YUSUF ISLAM DANN plötzlich in einem ganz anderen Zusammenhang wieder im grellen Rampenlicht der Öffentlichkeit. Begonnen hatte alles mit einer Aussage Islams über den Schriftsteller Salman Rushdie, der mit seinem Buch „Die Satanischen Verse" weltweit für viel Diskussion gesorgt hatte. Der damalige weltliche und geistige Herrscher des Iran, Ayatollah Khomeini, hatte Rushdies Buch bekanntlich – da angeblich im Widerspruch zum Koran – für blasphemisch erklärt und die Fatwa (Todesstrafe) über Rushdie ausgerufen.

Als Yusuf Islam am 21. Februar 1989 mit Studenten der Kingston Polytechnic über die Haltung des Islam in Bezug auf Salman Rushdie diskutierte, vertrat er die Meinung, dass aus Sicht des Koran und der islamischen Rechtssprechung jeder, der gotteslästernde Schriften verbreite, die Todesstrafe verdiene. Das Echo in der Presse war enorm – und eindeutig: „Cat Stevens fordert: Tötet Rushdie", prangte in großen Lettern auf den Titelseiten. Viele Fans waren bitter enttäuscht und schrieben erboste Protestbriefe an Yusuf Islam, weil sie es nicht fassen konnten, dass der Mann, der als Cat Stevens stets von Frieden, Freundschaft und Liebe gesungen hatte, zu einem solchen Aufruf fähig war.

In Los Angeles zermalmte der Moderator der örtlichen Radiostation KFI 630, Tom Leykis, sogar demonstrativ mit einer Dampfwalze zweitausend Alben von Cat Stevens. Die Aktion erinnerte an die Verbrennung der Beatles-Platten durch fanatische Christen, als John Lennon 1966 behauptet hatte, die Beatles seien bedeutender als Jesus. Ein New Yorker Radiosender rief sogar dazu auf, alte Cat-Stevens-Platten gegen ein Gratisexemplar von Rushdies Buch einzutauschen.

Im Kreuzfeuer der öffentlichen Meinung hatte Yusuf Islam alle Hände voll zu tun, um die massiven Vorwürfe zu entkräften und das Bild, das sich die Öffentlichkeit von ihm gemacht hatte, wieder geradezurücken. Er betonte immer wieder, er sei falsch verstanden und seine Äußerung aus dem Zusammenhang gerissen worden. Keinesfalls wollte er zum Töten eines Menschen aufrufen oder gar Leute zum Gesetzesbruch oder zur Selbstjustiz ermutigen. Er habe nur eines der Prinzipien des Korans zitiert. Auch nach islamischem Recht müssten die Leute die Gesetze des Landes, in dem sie leben, einhalten, sofern ihnen dieses Land die Ausübung ihrer Religion gestatte. Er habe lediglich den islamischen Standpunkt betonen wollen, wie dies doch die Pflicht eines jeden Muslims sei. Der Koran sage ganz klar: „Wer den Propheten diffamiert, der muss sterben." Yusuf Islam versuchte, seine Haltung mit einem Vergleich verständlich zu machen: „Wenn jemand im 20. Jahrhundert für die Einhaltung der Zehn Gebote plädierte und dann für diese Aussage verfolgt würde, dann wäre doch irgendetwas nicht in Ordnung!" Er fühlte sich damals gründlich missverstanden und bekam auch später noch die Auswirkungen des Eklats zu spüren.

So konfrontierte man ihn noch im Februar 1996, als die Gruppe Boyzone mit „Father And Son" einen Nummer-1-Hit hatte, mit dem Vorwurf, er würde mit den Tantiemen indirekt die Fatwa finanzieren. Yusuf Islam dementierte zwar neuerlich und verwies auf die umfangreichen Spenden für seine islamischen Schulen, denen er fast alle seine Tantiemen zukommen ließ. Trotzdem konnte er das friedliebende Image, das er als Cat Stevens hatte, nicht mehr vollends zurückgewinnen.

Am 14. Juli 1990, als Yusuf Islam mit seinem damals achtjährigen Sohn Mohammed nach Israel flog, wurde er in Tel Aviv bei der Passkontrolle am Flughafen festgehalten – sein Name stand auf der Watchlist der in Israel nicht willkommenen Ausländer, weil Yusuf Islam angeblich die radikale Palästinenserorganisation Hamas finanziell unterstützte. Tatsächlich wollte er Waisenkindern und Witwen in Hebron helfen. Zehn Jahre später, im Juli 2000, verweigerte ihm Israel erneut die Einreise, als er zu Dreharbeiten für das Porträt *Behind the Music – Eine wahre Geschichte* einreisen wollte. Geplant waren Aufnahmen in Jerusalem in der Al-Aqsa-Moschee. Doch Yusuf Islam kam im Ben-Gurion-Flughafen in Tel Aviv nur bis zum Zoll; schon wenig später saß er in einer Maschine, die ihn nach Frankfurt brachte, weil die Israelis nach wie vor davon überzeugt waren, dass er der radikalen Hamas nahestand. Yusuf Islam konnte sich dem nur beugen: „Du kannst die Israelis nicht wegen Fehlinformation anklagen, sonst wären sie gezwungen, ihre Geschichte neu zu schreiben. Ich kam mit einem Deostick, einer Zahnbürste und einem Gewand. Wie sollte ich damit ernsthaft die nationale Sicherheit gefährden?"

Dass er sich zwar dem Islam verbunden fühlt, Fanatismus jeglicher Art aber verurteilt, unterstrich Yusuf Islam auch während des ersten Golfkriegs, als er 1991 bei der Befreiung von Geiseln als Vermittler fungiert – es gelang ihm, acht britische Geiseln aus dem Irak zu schleusen. Nicht so erfolgreich war seine Hilfe bei der Geiselnahme des Briten Kenneth Bigley im Irak: Yusuf Islam forderte im September 2004 in einer Protestnote die islamischen Terroristen auf, Bigley „namens des guten Rufes des Islam und im Einklang mit der Botschaft Allahs im Koran" freizulassen. Doch Bigley wurde brutal enthauptet.

TROTZ SEINES BEWUSST DISTANZIERTEN Verhältnisses zur Musik, das er nach der Konvertierung zum muslimischen Glauben immer wieder beteuerte, ließ Yusuf Islam siebzehn Jahre nach *Back To Earth*, seiner letzten Platte als Cat Stevens, wieder von sich hören: Anfang 1995 präsentierte er der Öffentlichkeit ein neues Album – im Kaufhaus Harrods in London. Die Doppel-CD heißt *The Life Of The Last Prophet* und soll laut Yusuf Islam die Wahrheit über den Islam und den Propheten Mohammed verbreiten. Wer neue sanfte Songs erwartete, wurde enttäuscht. Denn Yusuf Islam singt auf der CD zunächst nicht, er spricht sechsundsechzig Minuten lang über das Leben des Propheten. Immerhin singt er zum Schluss auch drei Lieder (darunter „Tala'a Al Badru' Alayna"), die freilich nichts mehr mit seinem Stil von früher zu tun haben. Auch die Arrangements sind betont karg – im Hintergrund hört man nur Trommeln, sonst nichts. *The Life Of The Last Prophet*, übrigens die erste CD, die auf Islams eigenen Label „Mountain Of Light" erschien, rief nur ein sehr verhaltenes Echo hervor, gab aber zu sarkastischen Kommentaren Anlass. So nannte der *Rolling Stone* im Januar 1995

Yusuf Islam in einem Atemzug mit dem mehrfachen Mörder Charles Manson, statt sich intensiv mit der Musik auseinanderzusetzen. Von Manson war zur selben Zeit eine CD mit Liedern erschienen, die er im Gefängnis aufgenommen hatte. Yusuf Islams Fans sind nicht mehr dieselben wie früher: Im Westen weitgehend ignoriert, erreichte *The Life Of The Last Prophet* in der Türkei die Spitze der Hitliste.

Als 1997 in Bosnien Krieg herrschte, zeigte sich Yusuf Islam von der Reaktion der Vereinten Nationen enttäuscht. Wenige Jahre zuvor hatte die UNO noch alles unternommen, um gegen Saddam Hussein im Irak vorzugehen, als dieser in Kuwait einmarschiert war. In Bosnien jedoch sieht die UNO tatenlos zu – statt unschuldigen Opfern zu helfen, verhängt sie lediglich ein Waffenembargo gegen ganz Jugoslawien und somit auch über die Bosnier und die Muslims. Am 16. November 1997 machte Yusuf Islam deshalb den Mund auf und sang – begleitet von einem bosnischen Jugendchor – vor sechstausend Zuhörern im Kulturzentrum Skenderija in Sarajewo drei A-Capella-Lieder. Der *Daily Mail* gegenüber bekannte er im März des darauf folgenden Jahres: „Als Cat Stevens hatte ich immer eine Band, die mich unterstützte. Jetzt war ich allein und sehr nervös. Aber alles lief gut, bis auf den Umstand, dass das Publikum applaudierte, was der Islam nicht vorsieht."

IM DEZEMBER DESSELBEN JAHRES kam die CD *I Have No Cannons That Roar* auf den Markt, benannt nach einem Lied des ehemaligen bosnischen Außenministers und Arztes Dr. Irfan Lubjianjić. Der Verkaufserlös des Albums kam nach dem Willen von Yusuf Islam Kriegsopfern zugute. Bereits 1995 hatte ihm Lubjianjić in London eine Kassette mit einer Demoaufnahme des Lieds „I Have No Cannons That Roar" übergeben. Als Yusuf erfuhr, dass Ljubijankic kurz darauf von einer serbischen Rakete in seinem Helikopter abgeschossen und getötet worden war, empfand er es als seine Pflicht, etwas mit dem ihm anvertrauten Stück zu anzufangen. Deshalb stellte er gemeinsam mit Abd Al-Lateef Whiteman eine CD mit Liedern von bosnischen Künstlern wie Dino Merlin, Aziz Alili und Senad Podojak zusammen (mehr zu diesem Album auf Seite 206) und steuerte auch zwei eigene Songs bei: „Mother, Father, Sister, Brother", interpretiert von seinem Freund Deef Whiteman, und „The Little Ones", mit dem er selbst den grausamen Mord an unschuldigen Kinder in Sarajewo und im schottischen Dunblane anklagt: „Ich wollte die Leute daran erinnern, dass Kinder immer ein Symbol für Hoffnung sind."

DIE SCHULE DES LEBENS

VOR ALLEM SEIT DEM ANSCHLAG auf das World Trade Center am 11. September 2001 schreibt, produziert und wirbt Yusuf Islam für ein besseres Verhältnis zwischen Islam und dem Westen: „Ich sehe mich als Brücke zwischen dem Westen und der islamischen Welt." Er betont immer wieder, dass die Anschläge nichts mit dem Islam als Religion zu tun haben – ganz im Gegenteil: „Kein wahrer Anhänger des Islam könnte solch eine Aktion rechtfertigen. Für den Koran ist der Mord an einer unschuldigen Person gleichbedeutend mit dem Mord an der gesamten Menschheit. Der Islam ist ein vereinender Glaube, eine spirituelle Realität, die weit von der Zerstörung und Gewalt in New York entfernt liegt." Trotzdem mussten die islamischen Schulen in London wegen der antimuslimischen Stimmung damals vorbeugend einige Tage schließen. Umso wichtiger ist es für Yusuf Islam nach dem 11. September, dass die Menschen mehr über den Islam erfahren. Er, der das Leben aus beiden Blickwinkeln – von Osten und von Westen her – kennt, fühlt sich dazu berufen, Vorurteile abzubauen. „Versteht man die Religion des Menschen, dann versteht man auch die Menschen besser", bekennt er voller Überzeugung. Der Islam sei – was Werte und Personen anbelange – nicht weit vom Christentum entfernt. Vielmehr würden im Koran auch Jesus, wenn auch aus einem anderen Blickwinkel, Moses und Abraham erwähnt. Yusuf Islams Wissen über die islamische Welt und seine Aktivitäten als Brückenbauer zwischen westlicher und östlicher Wertehaltung waren auch später – im Zuge der Bombenanschläge auf die Londoner U-Bahn am 7. Juli 2005 – wieder gefragt: Die britische Regierung berief ihn damals in ein Beraterteam zur Bekämpfung des islamischen Extremismus.

Für Yusuf Islam steht jedenfalls fest, dass die Terroristen nicht nur Leben zerstört, sondern auch die muslimische Religion, den Islam, in Geiselhaft genommen und Brüder und Schwestern entzweit haben: „They have hijacked my religion", sagte er wenige Wochen nach dem Anschlag, „sie haben meine Religion als Geisel genommen." Als Zeichen seiner Verbundenheit mit den Opfern des Terrorakts spendete er die US-Einkünfte seiner Ende Oktober 2001 erschienenen Vier-CD-Box für den „WTC-Fund" und nahm – ebenfalls im Oktober 2001 – an einem Wohltätigkeitskonzert in New York teil, wo er „Peace Train" a capella sang. Seltsamerweise waren „Peace Train" und auch „Morning Has Broken" kurz zuvor von der stramm christlich-konservativ orientierten Senderkette Clear Channel Communication auf eine Liste mit hundertfünfzig Songs gesetzt worden, deren Ausstrahlung künftig unterbleiben sollte.

Mag der Mann, der in den Siebzigerjahren so viele zeitlose Lieder geschrieben hat, auch Namen und Glauben geändert sowie eine gewisse Distanz zur Musik aufgebaut haben – er bleibt doch stets mit ihr verbunden. Im Oktober 2003 moderierte Yusuf Islam in der Londoner Royal Albert Hall das Jubiläumsfest für das zwanzigjährige Bestehen seiner islamischen Schule und sang dabei fünf Lieder, darunter sogar „Peace Train". Glücklicherweise wurde dieses Ereignis auf einer Doppel-CD mit dem Titel *Night Of Remembrance* festgehalten, die seit 2004 auf dem Markt ist.

Wenig später, im November 2003, wirkte Yusuf Islam gemeinsam mit Bands wie Queen, U2 und den Eurythmics beim „Nelson Mandela 46664 Aids Konzert" in Kapstadt mit und sang im Duett mit Peter Gabriel seinen Hit „Wild World". Fast parallel dazu feierte ein guter Bekannter aus seinem früheren Leben erneut Charterfolge: *The Very Best Of Cat Stevens* klettert bis auf Platz 10 in den britischen Charts. Neben einer Zusammenstellung seiner bekanntesten Erfolge enthielt das Set auch eine DVD mit vier Liveaufnahmen aus dem Jahre 1971 und dem 1977 produzierten Promotionfilm *Days Of The Old Schoolyard*.

YUSUF ISLAM SELBST VERÖFFENTLICHTE Anfang 2004 auf dem MOL-Label eine CD mit Musik für Kinder und dem selbst komponierten Titellied „I Look, I See". Im Oktober 2004 schließlich erschien eine neue Version von „Father And Son", diesmal als Duett mit Ex-Boyzone-Sänger Ronan Keating, der die Rolle des Sohnes übernahm, während Yusuf Islam jetzt die Ansichten des Vaters vertrat. Die Bühne betrat er erneut am 9. Dezember 2004 – unangekündigt und erstmals nach fünfundzwanzig Jahren wieder mit Gitarre in der Royal Albert Hall in London. Weitere Mitwirkende waren die schottische Gruppe Franz Ferdinand und Mick Hucknall, die Stimme von Simply Red. Der Erlös des Konzerts ging an die Flüchtlinge im Sudan. Im Dezember 2004 nahm Yusuf Islam in einem Londoner Tonstudio – unterstützt von Martin Allcock am Kontrabass, der früher in der Gruppe Fairport Convention spielte – neue, von Rick Nowels produzierte Songs auf. Seit 1979 hatte Yusuf Islam keine Gitarre mehr gespielt und seine zwischenzeitlich nur sporadisch veröffentlichten Songs lediglich von Chorstimmen oder Trommeln untermalen lassen. Als er 2004 mit seiner Familie in Dubai Urlaub machte, ließ sein Sohn eines Morgens seine Gitarre auf dem Sofa liegen. Yusuf Islam konnte nicht widerstehen und nahm sie zur Hand. Voller Freude stellte er fest, dass er die Griffe und Akkorde nicht verlernt hatte. Von da an änderte er seine radikale Einstellung, dass er nie mehr ein Melodieinstrument verwenden wolle. In einem Interview mit der BBC verwies er im Mai 2006 auf die historische Tatsache, dass die Gitarre eigentlich von den Arabern stammt und vor vielen Jahrhunderten über Spanien nach Europa kam. Jedenfalls hatte ihn, sehr zur Freude der vielen Fans, die Musik wieder in den Bann gezogen.

Auch auf einer anderen Ebene machte Yusuf Islam von sich reden: Michail Gorbatschow überreichte ihm im Oktober 2003 in Hamburg den „World Social Award" als Anerkennung für seinen humanitären Einsatz für Kinder und Kriegsopfer – und im November 2004 erhielt er in Rom, abermals von Gorbatschow, den „Man For Peace Award 2004" für seine engagierte Tätigkeit als Vorsitzender zahlreicher Wohltätigkeitsorganisationen. Im selben Jahr konnte Yusuf Islam als Vorsitzender der privaten Hilfsorganisation „Small Kindness" in Budapest den „Humanitarian Award 2004" der „World Association of Non-Governmental Organizations" entgegennehmen.

UNGLAUBLICH, ABER WAHR: Noch wenige Wochen vorher – im September 2004 – hatten ihm die Vereinigten Staaten die Einreise wegen Terrorverdachts untersagt. Der Flug 919 von London nach Washington – Yusuf Islam wollte zu Studioaufnahmen mit Dolly Parton nach Nashville weiterfliegen – wurde mit 249 Passagieren an Bord, darunter auch seine einundzwanzigjährige Tochter Maymanah, kurzerhand nach Bangor im Bundesstaat Maine umgeleitet. Dort mussten Islam und seine Tochter die Maschine verlassen. Beim Verhör durch Sicherheitsbeamte versuchte man zunächst zu klären, ob eine Verwechslung vorliegt. Doch die US-Behörden blieben stur und schoben Yusuf Islam als unerwünschte Person nach London ab. Da scherte es auch niemanden, dass er sich erst wenige Monate zuvor – im Mai 2004 – in den Staaten aufgehalten hatte, um seine DVD *Majikat* vorzustellen. Enttäuscht gab Islam zu Protokoll: „Ich hätte nie gedacht, dass derartige Dinge im Land der großen Freiheit möglich sind – aber es ist so geschehen. Das Verblüffende ist, dass ich bis jetzt keine Erklärung für die Ausweisung erhalten habe. Man hat mir lediglich mitgeteilt, die Weisung sei von ganz oben gekommen."

Damit jedoch wollte sich Yusuf Islam nicht zufrieden geben: Er leitete deshalb rechtliche Schritte gegen die US-Behörden ein. Sogar der britische Außenminister Jack Straw kritisierte in der Folge die Vorgehensweise der USA und teilte seinem US-Amtskollegen Colin Powell mit, dass die Aktion unnötig und falsch gewesen sei. Doch die US-Regierung ließ sich zu keiner Stellungnahme herab. Immerhin entschuldigten sich die britischen Zeitungen *The Sun* und *The Sunday Times* im Februar 2005 bei Yusuf Islam für ihre Berichterstattung im Zusammenhang mit dem Einreiseverbot und leisteten eine finanzielle Abgeltung. Das Geld spendete er für Tsunami-Opfer in Südostasien. Und das war nicht das einzige, was er für die Flutopfer tat: Anfang 2005 spielte der Mann, der in den Siebzigerjahren unter dem Namen Cat Stevens Weltruhm erlangte, bei einem Benefizkonzert in Jakarta und komponierte dafür sogar einen neuen Song mit dem Titel „Indian Ocean".

Eine Weltpremiere für die Musikwelt fand im rheinischen Neuss am 28. Mai 2005 statt. Bei der von Sir Paul McCartney und dessen Frau Heather Mills initiierten Benefizgala für die Opfer von Landminen sang der Ex-Beatle erstmals mit Yusuf Islam im Duett. Die beiden stimmten vor rund achthundert Galagästen im Neusser Swiss-Hotel die alten Beatles-Hits „Let It Be" und „All You Need Is Love" an, Yusuf Islam spielte Gitarre und wurde – wie in alten Zeiten – von Alun Davies begleitet. Er sang „Peace Train", „Where Do The Children Play" und „Little Ones", das er den im Bosnien-Krieg ums Leben gekommenen Kindern widmete. Und auch ein neuer Song feierte Premiere: „Maybe There Is A World" – die Vision einer Welt ohne Waffen, ohne Krieg und ohne Landminen. Yusuf Islam kam mit seiner Frau und drei seiner Töchter zur Gala. Der Erlös der Veranstaltung, an der auch Robin Gibb, Marius Müller-Westernhagen, Bonnie Tyler und die Weather Girls teilnahmen, ging an „Adopt-A-Minefield": 650.000 Euro kamen zur Unterstützung des internationalen Kampfes gegen Landminen zusammen.

Vielleicht war Yusuf Islams Auftritt mit Paul McCartney nicht nur ein sinnvoller Beitrag für einen guten Zweck, sondern auch ein Zeichen dafür, dass der Popstar von einst wieder zurück auf die Popbühne will. Gerüchte, dass er ersthaft daran denke, wieder eine CD mit neuen Popsongs zu veröffentlichen, erhielten neue Nahrung. So meldete das amerikanische Branchenmagazin *Billboard* im März 2006, das von Rick Nowels produzierte Album solle im Herbst 2006 erscheinen – achtundzwanzig Jahre nach *Back To Earth*. Nowels hat schon für Rod Stewart, Madonna und zuletzt für Dido sehr erfolgreich gearbeitet. Angeblich hatte Yusuf Islam im Mai 2006 sämtliche Songs bereits aufgenommen – zum Teil in einem Studio ganz in der Nähe seines Wohnsitzes in Kilburn im Nordwesten von London und außerdem in den Vereinigten Staaten, noch in der Zeit vor dem Einreiseverbot. Es hieß, neben dem bereits veröffentlichten Stück „Indian Ocean" werde das Album Songs enthalten, die im Stil von *Teaser And The Firecat* geschrieben und arrangiert sind –

und es sei sogar denkbar, dass die CD unter dem Namen Cat Stevens' auf den Markt kommen werde. Bis zum Juni 2006 wurden nur kurze Hörproben von zwei Songs aus dem neuen Album vorgestellt. Beide Stücke – „Maybe There's A World" und „One Day At Time" – klingen wie die gefühlvollen Balladen aus der guten alten Cat-Stevens-Zeit. Bei „Maybe There's A World" dürfte Yusuf Islam seine schlechten Erlebnisse mit der amerikanischen Einreisebehörde verarbeitet haben. Denn er singt von einer offenen Welt ohne Grenzen, in der sich jeder frei bewegen kann: „I have dreamt of an open world, borderless and wide / Where people move from place to place, where nobody's taking side" (mir träumte von einer offenen Welt ohne Grenzen, in der sich die Menschen frei bewegen können und wo niemand gegen den anderen Position bezieht). Mehr von dem Comeback-Album war zum November 2006 zu erwarten; denn das ist das vierzigjährige Jubiläum des Erscheinens von Cat Stevens' erster Platte, „I Love My Dog". Dass die Plattenfirma Polydor dieses Jubiläum für die weltweite Vermarktung des neuen Albums nutzen werde, war wenige Monate vorher selbstverständlich.

Auf die Frage, warum Yusuf Islam nunmehr doch wieder zur Musik gefunden hat, antwortete er im britischen *Independent* im Mai 2006 folgendermaßen: „Es gab hundert Gründe, der Musikindustrie den Rücken zu kehren. Nicht zuletzt auch, weil ich in spiritueller Hinsicht das gefunden hatte, wonach ich jahrelang auf der Suche gewesen war. Heute gibt es hundertundeins gute Gründe, warum ich es richtig finde, wieder Musik zu machen und wieder über das Leben in dieser zerbrechlichen Welt zu singen. Vieles hat sich geändert. Aber heute bin ich in der einmaligen Lage, als Spiegel zu fungieren; Muslime können den Westen in mir erkennen; der Westen kann durch mich über den Islam lernen."

Den Segen seiner islamischen Gemeinde hat Yusuf Islam für diese Hinwendung zum Weltlichen freilich nicht erhalten. Der Vorsitzende des muslimischen Rates in Großbritannien, Scheich Ibrahim Mogra, verkündete schon im September 2005 in der *Sunday Times*: „Meiner Meinung nach sollten nur Gesang und Trommeln in der Musik zugelassen sein. Ich glaube nicht, dass die Elektrogitarre für Muslime akzeptabel ist. Moderne Musik hat viel mit Tanz, Nacktheit und Drogen zu tun; mit Dingen, die nicht erlaubt sind."

Ganz abgesehen vom neuem Album könnte auch ein Musical ein wahres Cat-Stevens-Revival auslösen. *Moonshadow* – so der vorläufige Arbeitstitel im Sommer 2006 – soll ausschließlich auf Cat Stevens'

Musik, nicht jedoch auf seiner Biographie basieren. Die Premiere war im Londoner Westend geplant, vorher sollten aber erste Probeshows in Deutschland über die Bühne gehen. Wann, das wusste freilich noch keiner so genau. Fest stand jedoch, dass *Moonshadow* vom schwedischen Theater- und TV-Regisseur Anders Albien produziert werden sollte – und dass Yusuf Islam Ronan Keating für die Hauptrolle gewinnen wollte.

YUSUF ISLAM, der übrigens seit dem 4. November 2005 Ehrendoktor der Universität von Gloucestershire ist, sah sich im Jahr 2006 mehr denn je als kreativen Muslim – im Einklang mit seiner Vergangenheit als Cat Stevens. Das war nicht immer so, denn vor allem in den Achtzigerjahren hatte er von seiner Karriere als Popsänger nichts mehr wissen wollen und sich bewusst unattraktiv gemacht, um jede Form von Fankult bereits im Ansatz zu ersticken. Nach außen wirkte er damals wie ein humorloser Dogmatiker, der die Freuden des Lebens aus religiösen Gründen ablehnte und jeden Kontakt zu den Medien scheute (was ihn freilich nur noch interessanter machte). Höhepunkt dieser Entwicklung war sicherlich sein angeblicher Aufruf, die über Salman Rushdie verhängte Fatwa zu unterstützen. Erst in den Neunzigern öffnete sich Yusuf Islam wieder den Medien und versöhnte sich mit seinem Alter Ego Cat Stevens. Seine Aktivitäten für Bildung und Erziehung, wie etwa die Produktion von Lehr-CDs, Videos und Büchern mit religiösem Inhalt haben seitdem deutlich zugenommen (*A Is For Allah*, *Life Of The Last Prophet* und viele mehr), aber auch die neuerliche Vermarktung der Cat-Stevens-Songs auf „Greatest Hits"- und „Very Best Of"-CDs, die Neuaufnahme von „Peace Train" und die Veröffentlichung der *Majikat*-DVD im Mai 2004 rückten ihn wieder wirkungsvoll ins Licht der Öffentlichkeit.

„Rückblickend und im Hinblick darauf, was die Musik für meine Fans bedeutet, verstehe ich, wie sie fühlten. Es tut mir leid, dass wir die Verbindung verloren haben. Aber ich glaube, es gibt sie wieder. Ich bin nach wie vor sehr stark mit Cat Stevens beschäftigt, und es überrascht mich, wie stark er nach wie vor ist. Ich bin kein Anti-Cat-Stevens", sagte Yusuf Islam im Mai 2002 der Zeitschrift *Australian Women's Weekly*.

Cat Stevens liegt Yusuf Islam also heute wieder sehr am Herzen. Selbst seine Kinder hören hin und wieder *Tea For The Tillerman* oder *Teaser And The Firecat*. Und der Vater toleriert's: „Wie könnte ich meine Lieder leugnen, die Teil meines Lebens waren und mir halfen, mich dorthin zu führen, wo ich jetzt bin? Irgendwie müssen sie wohl gut sein." Sein ehemaliger Manager Barry Krost hat seinen Schützling im

Mai 2006 in einem BBC-Interview sehr treffend beschrieben: „Ich traf jemand mit drei Persönlichkeiten. Einen jungen Teenager mit einem Traum, der zum Superstar Cat Stevens wurde. Daraus wurde dann ein Mann, der heute Yusuf Islam heißt und einen ganz anderen Zugang zu den Menschen hat. Vielleicht hat er jetzt einen größeren Einfluss auf viele Menschen als früher mit seiner Musik. Ich bin schon gespannt, wie das vierte Kapitel in dieser Geschichte verlaufen wird."

Wer hätte das für möglich gehalten: Yusuf Islam und Cat Stevens sind im neuen Jahrtausend wieder die besten Freunde geworden, obwohl der Moslem vor zu großen Hoffnungen warnt: „Erwarten Sie nicht, die beiden gemeinsam auf der Bühne zu sehen." Wir wollen es nicht übertreiben. Aber vielleicht kehrt Cat Stevens alleine zurück. Seinen Fans und all jenen, die bei ihrer Suche nach Wahrheit und Erkenntnis in ihm einen wertvollen Mitsuchenden gefunden haben, wäre es zu wünschen.

© WOLFGANG GAUBE

Das ehemalige *Moulin Rouge* in der Londoner Shaftesbury Avenue 245:
Hier wohnte Cat Stevens bis Anfang der Siebzigerjahre

© GEORGE BROWN

Eine alte Aufnahme des *Moulin Rouge* aus dem Blickwinkel der Kreuzung
Shaftesbury Avenue/New Oxford Street: Der inzwischen abgetragene
Brunnen steht noch; die Telefonzellen sind auch im Booklet zum Boxset
On The Road To Find Out (2001) abgebildet

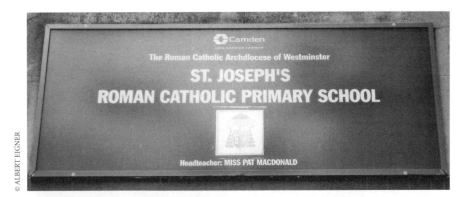

Die katholische Privatschule St. Josef in der Macklin Street, Ecke Drury
Lane: Steven Demetre Georgiou besuchte sie Mitte der Fünfzigerjahre –
der Name Josef (Yusuf) spielte also schon damals eine Rolle

Selbstportrait: Es zeigt das Harley
Street Spital, Stevens mit kranker
Lunge, den Firmenchef, der auf
vertragliche Pflichten pocht, und
Venedig, wohin Cat Stevens im
Sommer 1968 einen Abstecher
machte (aus *Record Mirror*,
12. Oktober 1968)

Das Pub *The Black Horse*, Rathbone Place 6, in London (oben):
Im ersten Stock, wo jetzt Billardtische stehen (unten), hatte Cat Stevens
im Juli 1964 seinen ersten Konzertauftritt

Eines von vielen Promotionfotos des achtzehnjährigen Cat Stevens anlässlich der Veröffentlichung seiner ersten Single „I Love My Dog" (1966): „Katze" Stevens posierte nicht nur mit dem Hund, sondern auch mit Katzen und anderem Getier

Das Regent Sounds Studio in der Denmark Street, nur wenige Meter vom *Moulin Rouge* entfernt: Hier nahm Stevens 1965 seine ersten Demosongs auf – „Back To The Good Old Times" und „Baby, Take Me Back Home"

Die Denmark Street in London: eine kleine Straße mit unzähligen Musikgeschäften – und dem Regent Sounds Studio

Tierisch gut drauf: „Katze"
Stevens auf dem Titel der
englischen Zeitschrift *Fab 208*
und in der deutschen *Bravo*

Die Portobello Road in Notting Hill: Von Londons berühmter Trödel- und Altwarenstraße erzählt Cat Stevens auf seiner ersten Single

Portobello Road: einer der typischen Trödelläden

Cat Stevens 1967: mit einem Wellensittich, der ganz offensichtlich keine
Angst vor Katzen hatte

Cat Stevens (im Hintergrund) mit Julie Felix und Georgie Fame: Anfang 1967 spielte Stevens für zwei Wochen im Vorprogramm der beiden im Londoner Saville Theatre in der Shaftesbury Avenue

Promotionfoto für die dritte Single, „I'm Gonna Get Me A Gun" (1967):
Der spätere Friedensaktivist wirkte als Revolverheld nicht gerade
glaubwürdig

Cat Stevens im Swinging London, 1967: große Sprünge vor dem
bekannten Modegeschäft Lord John in der Carnaby Street

Auf gemeinsamer Englandtournee im April 1967: Jimi Hendrix, Cat Stevens, John Maus (Walker Brothers) und Engelbert Humperdinck (von links nach rechts)

Cat Stevens mit Rolls-Royce (ca. 1968): Anfang der Siebzigerjahre schenkte er seinem Manager Barry Krost einen Wagen als Dank dafür, dass er die Nummer eins in den Charts erreicht hatte.

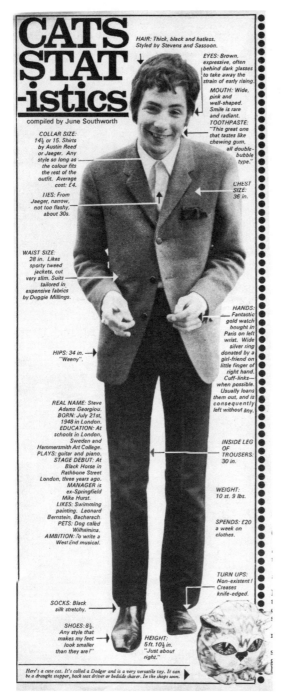

CATS STAT -istics

compiled by June Southworth

HAIR: Thick, black and hatless. Styled by Stevens and Sassoon.

EYES: Brown, expressive, often behind dark glasses to take away the strain of early rising.

MOUTH: Wide, pink and well-shaped. Smile is rare and radiant.

TOOTHPASTE: "This great one that tastes like chewing gum, all double-bubble type."

COLLAR SIZE: 14½ or 15. Shirts by Austin Reed or Jaeger. Any style so long as the colour fits the rest of the outfit. Average cost: £4.

TIES: From Jaeger, narrow, not too flashy, about 30s.

CHEST SIZE: 36 in.

WAIST SIZE: 28 in. Likes sporty tweed jackets, cut very slim. Suits tailored in expensive fabrics by Duggie Millings.

HANDS: Fantastic gold watch bought in Paris on left wrist. Wide silver ring donated by a girl-friend on little finger of right hand. Cuff-links—when possible. Usually loans them out, and is consequently left without any.

HIPS: 34 in. "Weeny".

REAL NAME: Steve Adams Georgiou. **BORN:** July 21st, 1948 in London. **EDUCATION:** At schools in London, Sweden and Hammersmith Art College. **PLAYS:** guitar and piano. **STAGE DEBUT:** At Black Horse in Rathbone Street London, three years ago. **MANAGER** is ex-Springfield Mike Hurst. **LIKES:** Swimming painting. Leonard Bernstein, Bacharach. **PETS:** Dog called Wilhimina. **AMBITION:** To write a West End musical.

INSIDE LEG OF TROUSERS: 30 in.

WEIGHT: 10 st. 9 lbs.

SPENDS: £20 a week on clothes.

TURN UPS: Non-existent! Creases knife-edged.

SOCKS: Black silk stretchy.

SHOES: 8½. Any style that makes my feet look smaller than they are!"

HEIGHT: 5 ft. 10½ in. "Just about right."

Here's a cute cat. It's called a Dodger and is a very versatile toy. It can be a draught stopper, back seat driver or bedside sharer. In the shops soon.

Das Popbusiness hatte Stevens fest im Griff: Von der Kragenweite bis zur Schuhgröße erfuhren die Fans alles über den Newcomer (aus *Fab 208* vom 10. Juni 1967)

Gefragter Jungstar: Cat Stevens, 1967

Notenedition der Single
„Matthew And Son":
Der Musikverlag hieß
Cat Music Ltd

Introvertiert: der Künstler Anfang der Siebzigerjahre

Jung und (noch) unbeschwert: Cat Stevens am Beginn seiner Karriere in den Sechzigern

Cat Stevens mit Band Anfang der Siebzigerjahre (von links):
Alun Davies, Gerry Conway (verdeckt) und Stevens

Seltene Situation: Cat Stevens, entspannt, mit Gitarre (1968)

Romantisch und modebewusst: Cat Stevens zur Zeit von *Tea For The Tillerman* im Jahr 1970

Die Schauspielerin und ehemalige Cat-Stevens-Freundin Patti D'Arbanville-Quinn mit ihren Kindern Alexandra, Emmelyn und Liam (von links nach rechts) im Jahr 1995: Ihr widmete Stevens die Ballade „Lady D'Arbanville", die ihm 1970 sein Comeback verschaffte

Walham Grove im Londoner Stadtteil Fulham: In dieser Straße lebte Stevens von 1970 bis ungefähr 1975

Zu Besuch: der Autor vor dem ehemaligen Haus von Stevens in der Walham Grove

2

NOTENLINIEN

„I listen to my words,
but they fall
far below,
I let my music
take me
where my heart
wants to go."

„The Wind" von *Teaser And The Firecat*, 1971

AUS DER KLANGWERKSTATT

ÜBER MUSIK ZU SCHREIBEN schreiben, ist etwa so, als würde man versuchen, einem Blinden die Farben zu erklären. Musik muss man hören, spüren und selbst erleben. Nach Cat Stevens' Ansicht sollte ein Lied „Erinnerungen wecken und Stimmungen schaffen" – „bring back memory, create a mood". Das ist ihm bei den rund hundertvierzig Songs, die er im Lauf seiner Karriere geschrieben hat, auch meist gelungen. Wenn man der *Los Angeles Free Press* Glauben schenken darf, dann brachte er mit einigen seiner Songs sogar das Kunststück fertig, „eine völlig neue Welt zu kreieren, an die man glauben kann." Tatsache ist, dass ein Album von Cat Stevens auch heute noch wie eine Seelenmassage wirken kann. Zudem gibt der Sänger zumindest in seinen wichtigsten Songs keine Platitüden von sich, was bereits zu seiner aktiven Zeit eher die Ausnahme als die Regel war – aus gutem Grund ist das Zwiegespräch zwischen „Father And Son" nach wie vor eines der spannendsten Rollenspiele der Popmusik, das zwischen verschiedenen Blickwinkeln oszilliert. Auch die optimistische Perspektive, mit der Stevens „Oh Very Young" in die Zukunft schauen lässt und die im Verlauf des Songs an ihre Grenzen stößt, hat eine zeitlose Qualität. Sehr häufig geht es einfach um den richtigen Weg, den jeder für sich im Leben finden muss – ob in „Miles From Nowhere", „On The Road To Find Out", „Wild World" oder auch in „The Wind". Eigentlich nicht erstaunlich, dass Cat Stevens damit bei der Jugend noch immer auf offene Ohren stößt.

Nicht nur, was er sang – auch wie er es sang, trug viel zu seinem Erfolg bei: Stevens' Stimme klang derart glaubwürdig und gutmütig, dass kaum jemand an den Aussagen des Sängers zweifeln konnte. Dabei war er zur Zeit seiner größten Erfolge gerade mal zweiundzwanzig Jahre alt. Im Alter von dreißig – im Jahr 1978 – hatte er sich vom Musikgeschäft bereits verabschiedet. Aber nicht nur die Stimme, auch die Fotos auf den Plattencovers täuschten über sein wahres Alter hinweg: Der vollbärtige, bedächtige Cat Stevens hatte das Zeug zum Vorsänger seiner und der nachfolgenden Generation, es schien, als habe er schon alle Höhen und Tiefen des Lebens erkundet. Und in gewisser Weise stimmte das ja auch.

Die Ruhe und Gelassenheit auf der einen Seite, die kraftvolle Stimme und die Impulsivität seiner Songs auf der anderen Seite verleihen seiner Musik bis heute eine eigene Spannung. Als Sohn eines Griechen hatte Stevens oft die Musik des Heimatlandes seines Vaters bei Hochzeiten und Feiern gehört und war durch deren Emotion stark beeinflusst. Ungewöhnliche Tempi und überraschende Wendungen haben vermutlich ihre Wurzeln in dieser frühen musikalischen Prägung – die Songs „Rubylove" (Siebenachteltakt) oder „Katmandu" (Zweivierteltakt) sind da schöne Beispiele. Hinzu kamen spanische Stilelemente (beispielsweise bei „Lady D'Arbanville") und lateinamerikanische Einsprengsel. Auch die russische Musik hat ihre Spuren in Stevens' Kompositionen hinterlassen: „Ich mag die russische Musik – vielleicht war ich in einem anderen Leben dort."

JEDENFALLS HATTE CAT STEVENS die Gabe, komplexe Rhythmen mit scheinbar leichten Melodien zu kombinieren und mit einfachen Worten viel auszusagen. Freilich klang er dabei nie so depressiv und introvertiert wie Leonard Cohen und schon gar nicht politisch – das überließ er lieber Bob Dylan. Stattdessen pflegte er sein Image als Einzelgänger, als Troubadour der Großstadt, der einsamen Leuten mit Geschichten Mut macht und unbeschwerte Lieder für fröhliche Leute singt.

Stilistisch ist Stevens weder im Folk, wie man ihn von Donovan und Dylan kennt, noch im Softrock zu Hause. Anfang der Siebzigerjahre bildete seine Musik vielmehr eine neue, ganz eigene musikalische Dimension. Seine zwischen 1970 und 1971 entstandenen Alben *Mona Bone Jakon*, *Tea For The Tillerman* und *Teaser And The Firecat* sind auch fünfunddreißig Jahre nach ihrer Veröffentlichung noch Musterbeispiele dafür, dass weniger oft mehr sein kann. Hier stehen die akustischen Instrumente klar im Vordergrund und müssen nicht gegen technischen Firlefanz anspielen.

Und was die Melodien angeht – die sprudelten in der Anfangszeit nur so aus Cat Stevens heraus. Komponieren war wie Atmen für ihn, es geschah einfach. Intuitiv und unbefangen setzte Stevens Lieder in die Welt und war sich über deren Größe gar nicht recht im Klaren. Er wusste lediglich, dass „alle Lieder kleine Projektionen von mir sind und einen speziellen Punkt in meinem persönlichen Entwicklungstagebuch markieren." Erstaunlich, wie jemand dermaßen intensive Songs schreiben konnte, dabei aber stets eine gewisse Distanz wahrte. Vielleicht liegt darin das Geheimnis begründet, dass viele Lieder von Cat Stevens so zeitlos sind und deshalb immer wieder neu interpretiert werden. Rod

Stewart kam 1977 mit „The First Cut Is The Deepest" bis auf Platz 1 in Großbritannien, Sheryl Crow war 2003 ebenfalls recht erfolgreich mit ihrer Aufnahme des Songs. „Wild World" tauchte sowohl in der Fassung von Maxi Priest (1988) als auch im Arrangement von Mr. Big (1993) erneut in den Hitlisten auf – und „Father And Son" war nicht nur 1995 mit Boyzone ein Riesenhit, sondern auch einige Jahre später, als Ronan Keating den Song mit Yusuf Islam im Duett sang.

Trotz der großen Zahl an Coverversionen war Stevens überzeugt, nur für sich selbst und nicht für andere Interpreten Lieder schreiben zu können. Ja, er war sogar vom Resultat mancher Coversongs enttäuscht und sagte, dass viele Interpreten gar nicht begriffen hätten, was er mit dem Lied eigentlich sagen wollte. Möglicherweise war deren Blick schon von den Erfahrungen des Lebens verstellt. Cat Stevens aber wollte die Welt mit den Augen eines Kindes betrachten und das damit verbundene Gefühl sozusagen vertonen: „Genau dieses Gefühl war es, das meinen Liedern innewohnte. Ein Gefühl, das ich mein ganzes Leben versucht habe, lebendig zu halten", sagte Yusuf Islam 2004 in *Athens Takhydhromos*.

ALS DER JUNGE STEVEN DEMETRE GEORGIOU Anfang der Sechzigerjahre die ersten Griffe auf seiner Gitarre erlernte und wenig später seine ersten Songs schrieb, da beherrschten Interpreten wie Cliff Richard und die Shadows, Gerry And The Pacemakers, die Beatles und die Searchers die britischen Popcharts. Und unmittelbar vor Stevens Haustüre gab es Musicaltheater in Hülle und Fülle, die *West Side Story*, *South Pacific* und *King Kong* spielten. Kein Wunder, dass die „Erstlingswerke" des späteren Cat Stevens davon beeinflusst waren. Der junge Musiker fühlte sich in der Folkszene nicht allzu wohl – das klang ihm zu seicht oder war ihm zu politisch. Rückblickend fasste er die Erinnerungen an seine Gründertage einmal so zusammen: „Der erste Song, den du komponierst, besteht aus einer einfachen Melodie. Du kennst die Akkorde dazu nicht, aber du hörst sie irgendwie. Du spielst sozusagen mit einem Finger Piano, was aber langweilig wird. Du sagst dir, du solltest ein Instrument lernen. Also habe ich mir eine Gitarre besorgt und drei Grundakkorde – A, D und E – gelernt. Das war's. Alles was ich damals schrieb, ging auf diese drei Akkorde zurück. Verminderte Akkorde kannte ich nicht; Septimakkorde hielt ich für Jazz."

Sein erstes selbst geschriebenes Lied nannte Stevens „Darling Mary" oder „Darling No", er weiß es selbst nicht mehr genau. Es handelte von der Schwester eines Freundes und davon, wie er zuerst den Freund besucht und dann aber immer öfter bei dessen Schwester bleibt, ohne dem Freund davon zu erzählen. Stevens komponierte das Lied noch vor seiner Gitarrenzeit am Flügel im Wohnzimmer seiner Eltern – mit zwei Fingern; er war damals fünfzehn Jahre alt. Erst mit sechzehn, als Kunststudent, begann er mit Hilfe der Gitarre Lieder zu schreiben. Eigene Songs zu komponieren war für ihn wichtig, da er es nicht mochte, fremde Lieder nachzuspielen, und einfach den intensiven Wunsch hatte, sich selbst auszudrücken. Um ja nicht von fremder Musik beeinflusst zu werden oder gar unbewusst von anderen Songs abzuschreiben, versuchte er möglichst wenig Radio zu hören. Ganz gelang ihm dies zu Beginn seiner Karriere jedoch nicht. Das tragende Gitarrenmotiv seines Songs „I Love My Dog" war vom Jazz-Musiker Yusuf Lateef abgekupfert. Die Plattenfirma war wenig erfreut, als sie davon erfuhr. Stevens einigte sich mit dem Komponisten über die Tantiemenauszahlung und konnte dadurch die leidige Angelegenheit aus der Welt schaffen. Immerhin bleibt festzuhalten, dass bereits an der ersten Stevens-Single ein „Yusuf" beteiligt war.

ZUM FACHBLATT *MELODY MAKER* sagte Stevens am 21. Januar 1967, dass er nur dann gute Lieder schreiben könne, wenn er das Gefühl der Verletztheit in sich spüre und Schreiben ihm helfen würde, von Depressionen wegzukommen: „Ich schreibe nicht viele lustige Lieder. Du wirst ernsthaft deprimiert sein, wenn du meine Platte gehört hast. Aber kaufe sie wenigstens, bevor du dich erschießt", witzelte er in einem Interview.

Anlässe, sich enttäuscht und verletzt zurückzuziehen, gab es reichlich. Die Eltern waren geschieden, Hektik, Lärm und Neonreklame begleiteten den tristen Alltag. Stevens beklagte oft, dass er im Herzen der Metropole London keine Bäume und Tiere sehen konnte und dass Fahrradfahren viel zu gefährlich war. Was lag somit näher, als im eigenen Zimmer seinen Träumen nachzuhängen und auf der Gitarre zu klimpern. 1971 sagte er: „Wäre ich kein Stadtkind, hätte ich ganz andere Lieder geschrieben. Auf dem Land ist alles viel einfacher. Ich suche immer ein friedliches Ziel, ein Lied, das dich sanft hinaufträgt und sanft wieder fallen lässt. Von diesem Frieden träumen die Städter."

Für einen Teenager ist Musik ein gutes Mittel, um mit den eigenen Gefühlen klarzukommen. Viele Hörer fühlten sich deshalb von Stevens' Songtexten angesprochen, da sie selbst auch aus zerbrochenen Familien kamen und ähnliche Erfahrungen wie der Sänger gemacht hatten. Hören als Therapie. Stevens sagte mehrfach, dass er Lieder schreibe, um sich selbst zu spiegeln und um zu beobachten, wie man sich weiterentwickelt. Jedenfalls sollte der Komponist sich und seine Gefühle kennen, denn: „Schreiben ist eine Beziehung zu dir selbst, und du musst fähig sein, mit dir samt all deiner Schwächen klarzukommen."

Lieder warten demnach nur darauf, geschrieben zu werden. Sie kommen ganz einfach; aber man kann sie nicht durch Denken oder Kontrolle herbeirufen. Ein solches Vorhaben würde den Eingebungsprozess sofort stoppen: „Jeder Song ist wie eine Wolke. Sie kann bereits fort sein, wenn du noch mal hinsiehst. Schön wäre es, wenn eine Maschine alle Träume aufzeichnen könnte und man am nächsten Tag den Film samt Musik anschauen könnte. Ich singe die ganze Zeit, selbst wenn ich schlafe. Ich schrieb im Traum einen guten Song und stand um vier Uhr früh auf, um ihn mit dem Cassettenrekorder aufzunehmen", sagte Stevens 1967.

Im *Circus Magazine* betonte er im Juli 1971: „Ich schreibe ein Lied über ein spezielles Thema, und dann ändert sich meine Idee wieder. Es kommt eine ganz neue Idee durch Inspiration dazu. Das erste Lied wird dadurch nie fertig. Du kommst an einen Punkt, und du steigst darüber hinaus. In dem Moment, in dem du wieder nachdenkst, wo du bist, hört die Inspiration auf. Intellektuell kann man kein Lied schreiben. Die Inspiration kommt, wenn ich nicht denke, nur dahintreibe und einfach nur bin. Ich nehme meine Gitarre und bin durch sie. Meist kommt eine Melodie und Worte fließen dazu. Ich schaffe nicht – als Schöpfer müsstest du etwas schaffen, das selbst atmet – ich nehme nur etwas, was es schon gibt, benutze es und gebe es neu heraus." In „Tuesday's Dead" heißt es dazu: „If I make a mark in time, I can't say the mark is mine. I'm only the underline of the word."

DIE IDEEN UND BILDER FÜR SEINE SONGS fand Cat Stevens überall. Das Bremsgeräusch eines Lkw konnte schon Anstoß für eine gute Idee sein. Ein Bericht im Fernsehen oder irgendetwas Emotionales wie Alleinsein oder Trauer genügten, um eine Melodie zu summen. Dann verfolgte er – einem hypnotischen Vorgang gleich – diese Melodie, und so entstanden unzählige Lieder.

Durch das Schreiben entdeckte Stevens in erster Linie sich selbst. Die Songs sind Bestandsaufnahmen seines eigenen Lebens und kapseln die Emotionen bestimmter Lebensabschnitte ein. Ein Cat-Stevens-Album ist folglich nichts anderes als ein klingender Ausschnitt aus seinem Tagebuch. Es passt ins Bild, dass das Songschreiben für Stevens keine besondere Bedeutung mehr hatte, nachdem der Koran im Mittelpunkt seines Lebens stand: „Ich war auf der spirituellen Suche. Als ich das fand, was ich suchte, war die Motivation, Songs zu schreiben, nicht mehr da", gab Yusuf Islam später der *Financial Times* zu Protokoll.

Das Songschreibertalent von Cat Stevens besteht größtenteils darin, den Hörern genau das zu geben, was sie wollen. Die Songs sollen dabei auch nach dreimaligem Hören nicht langweilig werden. Um direkten Zugang zu den Hörern zu finden, sind die Lieder sehr persönlich, lassen aber genügend Freiraum, damit der Hörer sie selbst mit Farbe füllen kann. Cat Stevens hat die Gabe, für jene weibliche Sensibilität zu schreiben, die es auch im Mann gibt. Er kann mit Worten Bilder malen und kombiniert Zerbrechlichkeit mit Stärke und manchmal etwas Mystik. Diese Mischung macht ihn interessant für männliche, aber vor allem für weibliche Fans.

FÜR STEVENS SIND SEINE ALBEN WIE KINDER (wenn man die ersten beiden mal außen vor lässt): „Jedes hat etwas anderes zu sagen, und alle sind gleich viel wert. Alles ist Teil meiner Geschichte, meiner Sicht des Lebens und des Lebensstils meiner Generation. Dass mein Sohn meine Platten hört und sie schätzt, beweist, dass sie doch etwas wert waren. Einige der Botschaften sind zeitlos," so zitiert *Rolling Stone* den Künstler im Jahr 2000. Allzu große Worte über sein Schaffen wollte Stevens jedoch nicht machen. So sagte er im Magazin *Musiknacht* vom April 1975: „Für mich ist es nur ein Glücksfall, diesen oder jenen Hit geschrieben zu haben. Weshalb mir dieses Glück zuteil wurde, weiß ich nicht. Es kommt mir oft vor wie bei einem Würfelspiel: Wie konnte ich nur so häufig drei Sechser werfen?"

Seien wir froh, dass Stevens dem „Glücksspiel" zwölf Jahre, nämlich von 1966 bis 1978, treu geblieben ist und in dieser Zeit elf Alben aufgenommen hat. Nicht immer, aber vor allem bei *Tea For The Tillerman*, *Teaser And The Firecat* und *Catch Bull At Four* konnte Stevens gleich am laufenden Band drei Sechser werfen.

Die Lizenzen an Yusuf Islams gesamtem Songkatalog mit bisher über fünfzig Millionen verkaufter Alben erwarb übrigens im April 2005 der Musikverlag EMI Music Publishing von Sony/ATV Music. Über den Kaufpreis ist zwar nichts bekannt, aber es war mit Sicherheit ein millionenschweres Geschäft. Jedenfalls dürfte Yusuf Islam diesmal etwas mehr erhalten haben als die dreißig Pfund, die einige Musikverlage im Jahr 1966 für die Rechte an „The First Cut Is The Deepest" zahlen wollten.

ALLE PLATTEN, ALLE SONGS

INSGESAMT HAT CAT STEVENS elf Studioalben aufgenommen, davon zwei während seiner Zeit bei Deram/Decca und neun in jenen Jahren, als er bei Island Records unter Vertrag war. Alles Wissenswerte zu diesen Alben steht auf den folgenden Seiten – jeder Song wird ausführlich besprochen. Außerdem ist jedes Album mit Sternen bewertet; sechs Sterne stellen die Höchstwertung dar. Die genannten Bestellnummern beziehen sich auf die Originalausgaben.

DIE DERAM-ZEIT

TITEL: *Matthew & Son*
LABEL: Deram SML 1004,
Deram Des18005
VÖ: März 1967
PRODUZENT: Mike Hurst
CHARTS: 8 (UK)

01 Matthew & Son
02 I Love My Dog
03 Here Comes My Baby
04 Bring Another Bottle Baby
05 Portobello Road
06 I've Found A Love
07 I See A Road
08 Baby Get Your Head Screwed On
09 Granny
10 When I Speak To The Flowers
11 The Tramp
12 Come On And Dance
13 Hummingbird
14 Lady
15 School is Out
16 I'm Gonna Get Me A Gun

MATTHEW & SON

AUF DEN HUND GEKOMMEN – MIT ERFOLG

DAS ERSTE ALBUM von Cat Stevens erschien in zwei Versionen – nicht untypisch in jener Zeit. Während die Zusammenstellung für den britischen Markt auch die B-Seiten der 1966 veröffentlichten Singles „I Love My Dog/Portobello Road" und „Matthew & Son/Granny" enthielt, mussten sich die Amerikaner mit zwölf Songs begnügen. „Portobello Road", „Granny", „The Tramp" und „Come On And Dance" fehlten hier, dafür gab's zusätzlich „I'm Gonna Get Me A Gun" und „School Is Out". Heute finden sich alle 16 Titel auf der CD.

Eigentlich sollte das Album, das Deram im März 1967 aufgrund der zuvor veröffentlichten Singles „I Love My Dog" (Platz 28) und „Matthew & Son" (Platz 2) auf den Markt brachte, *Cats And Dogs* heißen, denn der zum Zeitpunkt der Veröffentlichung erst achtzehnjährige Sänger liebte Hunde über alles. Aber schließlich fiel die Entscheidung doch zugunsten von *Matthew & Son*. Stevens kam dieser Titel in den Sinn, nachdem ihm eines Tages beim Verlassen der U-Bahnstation South Kensington das Firmenschild eines Möbelhändlers mit Namen „Matthew" aufgefallen war.

Der junge Cat Stevens beweist bereits auf seinem ersten Album eindrucksvoll, dass er kurze, eingängige Songs mit Hitpotenzial schreiben kann. Kein Titel ist über drei Minuten lang, viele erreichen nur knapp die Zweiminutenmarke. Auffällig sind die aufwendigen Arrangements. Die klassische Beatbesetzung kann sich inmitten von Streichern, Bläsern und verschiedenen Perkussionsinstrumenten kaum entfalten – und das war eigentlich gar nicht nach Stevens' Gusto. Andererseits passte dieses schwülstige Make-up in die Zeit – und der Erfolg gab dem Produzenten Mike Hurst letztlich recht. Wäre es nach Cat Stevens gegangen, dann hätten die Songs weit sparsamer und einfacher geklungen, so wie sein erklärter Lieblingstitel dieses Albums – „The Tramp".

MEIST GEHT ES auf *Matthew & Son* beschwingt zu – und fast alle Lieder drehen sich um die Liebe. Dass hier ein achtzehn Jahre alter Newcomer singt, glaubt man kaum – die Stimme klingt weit reifer, wenn ihr auch noch nicht jene Ruhe und Kraft innewohnt, die sie später auszeichnete. Sämtliche Titel des Albums hat Stevens selbst getextet und komponiert, nur für „Portobello Road" schrieb Kim Fowley den Text. Der Zeitgeist des Jahres 1967 ist perfekt eingefangen. Man sieht direkt das pulsierende London mit seiner Carnaby Street und den im Rüschenhemd und Sakko bekleideten Stevens vor dem geistigen Auge. So lebte und so sang die damalige Beat-Generation.

MATTHEW & SON

Als Einstieg ein Hit! Das Riff für „Matthew & Son" hatte Stevens eigentlich zunächst für ein anderes seiner Lieder – „Baby Take Me Back Home" – verwenden wollen, doch dann passte es einfach besser zu diesem Song, der sich Mühe gibt, die Situation der Fabrikarbeiter im England der Sechzigerjahre sozialkritisch zu beleuchten. Stevens hatte damals eine Freundin, die ziemlich unter ihrem rücksichtslosen Arbeitgeber litt – sicherlich mit ein Auslöser für dieses Lied. Wahrscheinlich wurde Stevens auch von der Arbeitssituation im väterlichen Restaurant *Moulin Rouge* inspiriert, denn sein Vater Stavros lebte nur für sein Restaurant und gönnte sich selbst und seiner Familie so gut wie gar nichts.

I LOVE MY DOG

Den zentralen Gitarrenpart hatte Stevens von Yusuf Lateefs Komposition „Plum Blossom" abgekupfert – die späteren urheberrechtlichen Probleme schaffte er durch entsprechende Tantiemenzahlungen aus der Welt. Die Idee zum Song kam ihm angeblich, nachdem sein Vater ihm verboten hatte, einen Hund namens Columbus in der *Moulin Rouge* zu halten. Aus Hygienegründen musste er das Tier wieder verkaufen. Für Cat Stevens wurde das Lied zur Eintrittskarte ins Musikbusiness, denn es war – mit „Portobello Road" als B-Seite – seine erste Single und mit Hilfe von Mike Hurst sein Sprungbrett zu einem Plattenvertrag bei Deram. Mehr als dreißig Jahre später diente der Song sogar als Untermalung für einen Werbespot im Fernsehen, der für den Kauf von Hundefutter warb.

HERE COMES MY BABY

Ein unbeschwerter Song, den bereits die Tremeloes vorher erfolgreich veröffentlicht hatten und der dazu beitrug, Cat Stevens' Popularität in seiner Heimat weiter zu steigern. Beschwingt singt er über eine unerfüllte Liebe und macht aus lediglich drei einfachen Akkorden einen eingängigen Popsong.

BRING ANOTHER BOTTLE BABY

Gute Laune im Bossa-Nova-Stil, garniert mit Flötentönen und Streichern. Arrangeur Alan Tew hat hier sozusagen ganze Arbeit geleistet – voll auf der Linie von Produzent Mike Hurst. Immerhin spürt man pure Lebenslust. Hätte nicht Henry Mancini bereits den Soundtrack für die zur etwa gleichen Zeit produzierte Filmkomödie *Der Partyschreck* geschrieben, Cat Stevens wäre mit diesem Stück die passende Filmuntermalung gelungen. Der ideale Song für Schickeria-Partys – wenn man Cat Stevens hören und Bossa Nova tanzen will.

PORTOBELLO ROAD

Der einzige Song des Albums, für den nicht Cat Stevens, sondern Kim Fowley den Text schrieb. Fowley und Stevens waren damals beim selben Musikverlag unter Vertrag. Als B-Seite der Single „I Love My Dog" war „Portobello Road" eher eine Verlegenheitslösung. Nach der aufwendigen Session von „I Love My Dog" musste das Stück in den fünfundzwanzig Minuten verbleibender Studiozeit aufgenommen werden – und das gelang in zwei Aufnahmetakes. Sparsam, nur von einer Gitarre begleitet, erzählt Stevens vom bunten Treiben auf Londons berühmter Trödel- und Altwarenstraße in Notting Hill.

I'VE FOUND A LOVE

Hat einen spanischen, boleroartigen Einfluss. Leider wechseln sich im Song zu viele verschiedene Themen ab, sodass alles unterm Strich ziemlich konstruiert klingt. Und wieder singt ein unglücklich verliebter Cat Stevens über die vielen Gedanken, die ihm auf der Seele liegen. Vielleicht hätte er sie in diesem Fall für sich behalten sollen.

I SEE A ROAD

Cat Stevens übertrifft sich hier im Zusammenfügen möglichst vieler kurzer einzelner Musikteile (was übrigens auch kennzeichnend für seine Spätphase ist). Der Song ist somit ein verzichtbares Puzzle aus Versatzstücken. Und nach Country klingt's auch noch. Merkwürdig.

BABY GET YOUR HEAD SCREWED ON

Ein unübliches Arrangement mit fernöstlichem, chinesischem Einfluss hebt den Song vom Rest des Albums ab und verleiht ihm ein eigenes Profil. Skurril der Text: Stevens rät dringend, auch dann klaren Kopf zu bewahren, wenn man kurz zuvor einen Psychiater geküsst hat.

GRANNY

Cat Stevens bittet seine Großmutter um Rat, wie er mit seiner neuen Eroberung umgehen soll. Denn diesmal geht es um eine Frau, die ihn wirklich aus den Socken gehauen hat. Das gelungene Arrangement lässt spüren, dass diese Frau offenbar genau weiß, was sie will. Später nannte Cat Stevens solche Frauen „Hard Headed Women".

WHEN I SPEAK TO THE FLOWERS

Es kommt nicht viel dabei heraus, wenn Cat Stevens mit den Blumen spricht, bloß die Erkenntnis, dass er seiner Liebsten am besten den Laufpass geben sollte. Das Gitarrengeschrammel ist unerträglich, im Hintergrund zirpen ein paar Geigen und die Bläsersätze erinnern an die Krimiserien der Sechzigerjahre. Der Toningenieur hatte zudem ein Faible für Halleffekte. Eigentlich geht es in diesem Song um einen Verrückten. Stevens dazu 1967 in der BBC: „Manchmal glaube ich, ich werde verrückt – was in diesem Geschäft ja schnell geht." Verzichtbar.

THE TRAMP

Hier kann man hören, wie Cat Stevens seinerzeit geklungen hätte – wäre er nicht so fremdbestimmt gewesen. Ein sehr atmosphärischer Song über den trostlosen Alltag der einsamen Landstreicher. Gesang, Gitarre, Bass und ein Trompetensolo: Das reicht vollends, um „The Tramp" zu einem der Höhepunkte des Albums zu machen.

COME ON AND DANCE

Eine flotte und ausgelassene Beatnummer, die wie unverschnittener Traubenzucker in die Beine fährt und ganz schnell gute Laune verbreitet: Cat Stevens sang „Come On And Dance" auch bei einem seiner Auftritte in Radio Bremens legendärem *Beat-Club* – leicht unsicher zwar, aber dafür mit weißem Rüschenhemd, weißen Schuhen und weinrotem Anzug bekleidet. Und mit einem untypischen Bart nur Oberlippe und Kinn. Diese Folge des *Beat-Club* vom 23. September 1967 war übrigens die erste in Farbe ausgestrahlte Sendung.

HUMMINGBIRD

Ein etwas einfach gestrickter Rückblick auf ein Leben, verbunden mit der Erkenntnis, dass der Tod doch nur eine Zwischenstation ist. Trotz der insgesamt traurigen Thematik ist das Stück deshalb durchaus fröhlich arrangiert, wenngleich die etwas bemühten Orchesterarrangements insgesamt mehr stören als nützen.

LADY

Ein Lied, das aus einem Musical stammen könnte und gemächlich voranschreitet. Betont lyrisch und hingebungsvoll, von Streichern umhüllt – insgesamt eine schwülstige Ode an die Liebe, gesungen aus der Perspektive eines jungen Mannes, der die meisten Träume noch nicht ausgeträumt hat. Man spürt deutlich den starken Einfluss, den die Theaterszene im Londoner Westend auf Stevens damals ausübte.

SCHOOL IS OUT

Irgendwie schafft es Cat Stevens mit diesem Song, das unbändige Gefühl von Freiheit wiederzugeben, das zwangsläufig am Ende der Schulzeit aufkeimt: „We're so happy to be alive, it's gonna be the best day of our lives" – „Wir sind glücklich zu leben; das werden die besten Tage unseres Lebens". Im Hintergrund tröten jubilierend die Hörner, während Stevens sich die Zukunft in den schönsten Farben ausmalt. Im Vergleich mit Alice Cooper, der 1972 das Thema erneut aufgriff, klingen Stevens' Erkenntnisse allerdings wie die eines Sextaners.

I'M GONNA GET ME A GUN

Dieser Song würde tatsächlich in ein Westernmusical passen. Überladene Stakkatostreicher wechseln sich mit üppigen Bläsersätzen ab. Die Single mit „School Is Out" auf der B-Seite – kam im April 1967 immerhin bis Platz 6 in den britischen Charts. Der direkte Aufruf zur Gewalt und das Outfit, das Stevens zu jener Zeit auf den Fotos trug – Cowboyhut und Pistole – passten zwar nicht zum späteren Fahrgast des „Peace Trains", doch daran dachte 1967 ja noch niemand.

INSGESAMT ALSO EIN RECHT GELUNGENER EINSTIEG: Das Album trägt stark den Stempel des swingenden London der Sechzigerjahre. An vielen Stellen spürt man die positive Aufbruchstimmung und Experimentierfreude jener Zeit – und man hört, dass der junge Cat Stevens mit viel Ehrgeiz daran arbeitet, sich schnell einen Namen in der Welt des Pop zu machen. Schade, dass das Album auch einige Lückenfüller enthält und vor aufwendigen Arrangements aus allen Nähten platzt. Als Dokument der Musik der Sechzigerjahre hat sich *Matthew & Son* jedenfalls einen Platz in der britischen Popgeschichte verdient.

DIE DERAM-ZEIT

TITEL: New Masters
LABEL: Deram SML 1018,
Deram Des 18010
VÖ: Dezember 1967
PRODUZENTEN: Mike Hurst (1-12, 18, 19)
Noel Walker/Stevens (13, 14)
Cat Stevens (15, 16, 17)
CHARTS: –

01 Kitty
02 I'm So Sleepy
03 Northern Wind
04 The Laughing Apple
05 Smash Your Heart
06 Moonstone
07 The First Cut Is The Deepest
08 I'm Gonna Be A King
09 Ceylon City
10 Blackness Of The Night
11 Come On Baby (Shift That Log)
12 I Love Them All
13 Image Of Hell
14 Lovely City
15 The View From The Top
16 Here Comes My Wife
17 It's A Super (Dupa) Life
18 Where Are You
19 A Bad Night

NEW MASTERS

REBELLION IM RÜSCHENHEMD, KATZE AUF DEM SPRUNG

ALS CAT STEVENS ANFANG DER SIEBZIGERJAHRE gefragt wurde, ob er irgendetwas aus den Anfangstagen seiner Karriere vermisse, da kam die
Antwort schnell – und deutlich: „Nichts, wirklich gar nichts. Damals
habe ich mich wirklich nur dahingeschleppt." Und das hatte auch mit
der Veröffentlichung des Albums *New Masters* zu tun (dessen Titel übrigens kein Hinweis auf Mastertapes oder etwaige neue Abmischungen
bereits bekannter Songs ist). Als die Platte erschien, enthielt sie nur
zwölf Lieder. Erst spätere Auflagen brachten sieben weitere Stücke, die
zuvor größtenteils als Singles veröffentlicht worden waren. Die
Aufnahmesessions zogen sich für die damalige Zeit extrem lange hin
und fanden im Juli 1967, September 1968 sowie – wegen einer letzten
Session für den Song „Where Are You" – im März 1969 statt. Alan Tew,
der noch bei *Matthew & Son* für die Arrangements aller Songs verantwortlich gewesen war, kümmerte sich hier jetzt nur noch um zwei
Lieder. Die restlichen siebzehn wurden von sage und schreibe sieben
verschiedenen Arrangeuren in Szene gesetzt.

Stevens hatte sich damals von den Wunschvorstellungen seines Produzenten Mike Hurst bereits so weit entfernt, dass jede Aufnahmesession unter enormer Spannung ablief. Er konnte die Heerscharen ständig wechselnder, insgesamt recht teilnahmsloser Studiomusiker nicht
mehr sehen – und schon gar nicht mehr hören. Für ihn klang das alles
überladen und aufgemotzt, der wahre Charakter seiner Songs war für
ihn kaum noch erkennbar. Deshalb wollte er unbedingt aus dem Vertrag
mit Deram aussteigen. Deram war zwar entschlossen, den erfolgreichen
Künstler möglichst lange gewinnbringend zu vermarkten, musste
jedoch schnell einsehen, dass die Zusammenarbeit mit Stevens keine
Zukunft hatte. Doch noch heute spielen die Songs aus den ersten beiden
Alben des Sängers viele Tantiemen ein; dafür sorgen die zahlreichen
„Best Of"-Alben, die in späteren Jahren auf den Markt kamen.

CAT STEVENS JEDENFALLS hatte keine Lust mehr und legte sich eine Ver-
weigerungshaltung zu: keine Liveauftritte, keine Promotion, kein klares
Bekenntnis zum Album. Auch Deram hatte schließlich die Lust verloren
– man war sich im klaren, dass Stevens künftig nicht mehr als Zugpferd

im Stall stehen würde. Eine Charts-Platzierung gab's für *New Masters* deshalb nicht. Lediglich die Singles „A Bad Night" (Platz 20) und „Kitty" (Platz 47) schafften eher zweitrangige Platzierungen. Die „dicke Luft", die bei *New Masters* zwischen Stevens und Hurst herrschte, ist auch auf dem Albumcover erkennbar. Waren bei *Matthew & Son* noch lobende Worte von Mike Hurst über Stevens auf der Plattenhülle zu lesen, so enthielt sich Hurst auf *New Masters* jeglichen Kommentars. Das Cover selbst zeigt einen sichtlich unzufriedenen Stevens, im Stil eines britischen Lords bekleidet mit Rüschenhemd und Nobelsakko.

KITTY

Das von einer Harmonika gespielte Intro klingt so, wie nasse Straßen bei Nacht aussehen – eine ideale Szenerie für Katzen, die sich anschleichen, um jeden Moment zum Sprung auf ihre Beute anzusetzen. Die Parabel ist offensichtlich: Cat Stevens deutet in „Kitty" unmissverständlich an, dass er sich von niemandem mehr herumkommandieren lassen will. Mögen die anderen weiter ihre silbernen Löffel polieren und ihn für dumm halten – er weiß genau, was er will. Und was er nicht will: tirilierende Arrangements und tumbe Rhythmen wie in diesem Stück.

I'M SO SLEEPY

Erfolgreiche Popmusiker finden nur selten ausreichend Schlaf. Diese Thematik hat nicht nur Cat Stevens zu seinem Song inspiriert, sondern knapp ein Jahr später auch John Lennon auf dem Weißen Album („I'm So Tired"). Vermutlich haben wir es hier aber nicht nur mit einem erschöpften, körperlich müden Cat Stevens zu tun, sondern auch mit einem Sänger, der es müde ist, in ein Klischeekorsett gepresst zu werden. Zu Beginn sowie am Schluss des Songs kann man Stevens' akustische Gitarre gut hören und sich leicht vorstellen, wie schön der Song geklungen hätte, wäre er ohne Orchesterbegleitung und klingende Glöckchen aufgenommen worden.

NORTHERN WIND

Einer der Songs, die Cat Stevens Ende der Sechzigerjahre für das niemals fertig gestellte Musical *Billy The Kid* geschrieben hatte. Das von einem streng militärischen Rhythmus bestimmte Arrangement, dem die Hörner im Hintergrund neuerlich den Marsch blasen, scheut leider auch vor peinlichen Männerchören nicht zurück. Dennoch hat die Komposition durchaus Spannung.

THE LAUGHING APPLE

Ein lustiger, ironischer und leichtfüßiger Song mit einem für jene Zeit typischen Beat-Arrangement. Er transportiert dieselbe Botschaft wie später das von Cat Stevens für den Film *Harold And Maude* geschriebene „Don't Be Shy": Beiß in den Apfel und genieße das Leben, sorge dich nicht – lebe. Warum auch nicht?

SMASH YOUR HEART

Hier dehnt sich Stevens' Stimme auf den Notenlinien inmitten einer behäbigen Melodie, freilich ohne einen sonderlich bleibenden Eindruck zu hinterlassen. Wer sich eine Playlist mit Cat-Stevens-Songs zusammenstellt, kann auf „Smash Your Heart" jedenfalls getrost verzichten, zumal der Text eine Ansammlung naiver Platitüden ist – von einem unglücklich Verliebten, der auszog, sich aufs Schrecklichste zu rächen.

MOONSTONE

Umsäuselt von den Klängen einer Mundharmonika, penetrant gutgelaunten Bläsern und den allgegenwärtigen Streichern spielt uns Stevens hier einen Archäologen vor, der in einem fernen Land einen seltsamen Mondstein findet. Der Stein funkelt und spiegelt ein Gesicht, das leider viel zu schnell wieder verschwimmt. Irgendwie hat es den Anschein, als ob Stevens hier die Suche nach dem Stein der Weisen mit dem damals aktuellen Wettlauf zum Mond kombinieren will, was ihm nicht gerade meisterhaft gelingt. Das Interesse für Archäologie kam übrigens nicht von ungefähr: Cat Stevens wohnte seinerzeit nur wenige Minuten vom Britischen Museum entfernt. Und der Mond lag ihm auch später noch am Herzen – bei „Moonshadow" und auch bei „Boy With A Moon And Star On His Head".

THE FIRST CUT IS THE DEEPEST

Das Highlight der Platte – ein absolut souveräner Song, dem die Streicherarrangements nichts anhaben konnten und der damals wie heute eine unbändige Kraft ausstrahlt. Auch in textlicher Hinsicht hat Stevens hier das Niveau seines Jugendzimmers verlassen. Stevens hatte sich Otis Redding zum Vorbild für dieses Stück genommen. John Paul Jones – später bei Led Zeppelin – spielte den Bass, Mike Hurst hatte die Rhythmusgitarre in der Hand und sang beim Refrain mit. Der Titel verlangte aufgrund seiner enormen Substanz nach mehr als einem Interpreten: Bereits im April 1967 und somit noch bevor Cat Stevens den Song veröffentlichte, war der Sängerin P. P. Arnold (bürgerlich: Patricia

Ann Cole) mit ihrer Interpretation dieses grandiosen Titels der Sprung in die Top 20 der britischen Charts gelungen. Ende der Siebziger hatte dann Rod Stewart einen großen Hit damit – und 1992 wollte Levis den Song für eine Jeans-Werbung nutzen, doch Yusuf Islam war der geplante Spot zu aufreizend. 2002 konnte Sheryl Crow mit dem Stück erneut in die Charts vordringen, bevor Yusuf Islam im Herbst 2005 für „The First Cut Is The Deepest" von der amerikanischen Urheberrechtsgesellschaft ASCAP (American Society of Composers, Authors and Publishers) mit dem Preis „Song Of The Year" geehrt wurde – fast vierzig Jahre, nachdem er das Stück geschrieben hatte.

I'M GONNA BE KING
„I've been pushed around, made to look a clown, but now I know, it's time for me to start to grow" – „ich bin rumgeschubst worden, wurde zum Hampelmann gemacht, aber jetzt weiß ich, es ist Zeit, zu wachsen". Wie bei „Kitty" träumt Cat Stevens hier davon, endlich auch als Sänger sein eigener Herr zu sein. Verpackt hat er diese Erkenntnis in ein liebliches Spieluhren-Arrangement, das kein Wässerchen trüben kann. Fazit: Man muss dieses Stück nicht mehrfach hören.

CEYLON CITY
Rosarot eingefärbter Rücksturz in die heile Welt des jungen Cat Stevens: Mit einem Boot macht er sich auf in die Heimat, wo die ganze Familie auf ihn wartet. Und alle sind glücklich, lachen und singen fröhliche Lieder. Das ist insgesamt dann doch zuviel des Guten, zumal sich die Schwester ständig ihr silbernes Haar kämmt. Doch der Song schreitet unbeirrt voran, buchstäblich süß arrangiert, mit teilweise unerträglichen Instrumentierungen. Nach knapp zweieinhalb Minuten ist wenigstens schon Schluss.

BLACKNESS OF THE NIGHT
Neben „The First Cut Is The Deepest" der beste Song des Albums, eine im Vergleich mit den anderen Titeln angenehm sparsam arrangierte Ballade auf hohem Niveau. Im Stil der Folksänger jener Tage erzählt Stevens – vielleicht mit etwas zu dickem Pinselstrich – von Randfiguren der Gesellschaft, von einsamen Soldaten und von Kinderaugen, die bessere Zeiten erträumen. Stevens' eigene Eltern waren damals bereits getrennt, arbeiteten aber noch gemeinsam für das *Moulin Rouge* und inspirierten ihn wohl zum Text. Das Orgelsolo im „Whiter Shade Of Pale"-Stil hat den Wirkungsgrad eines offenen Kamins.

COME ON BABY (SHIFT THAT LOG)

Wieder einmal geht's um die Liebe – auch für Cat Stevens ein schier unerschöpfliches Thema. Warum kehrt die Ex-Freundin nicht zurück? Die Antwort weiß wohl nur der Wind. Der Song schleppt sich jedenfalls größtenteils belanglos dahin, wird aber immerhin vom Orchester zwischendurch und am Schluss mit Pauken und Trompeten angefeuert. Trotzdem: Auch Fans können getrost darauf verzichten.

I LOVE THEM ALL

Zwei Minuten und vier Sekunden blickt Cat Stevens hier mit verklärtem Blick auf seine unbeschwerte Kindheit zurück, und das reicht vollkommen. Schnell gelangt der Sänger zur Einsicht, dass er seine Fehler von damals nicht bereut. Wie so oft ist das Arrangement gut gepolstert: Glöckchen, Streicher und ein kaum akzentuierter, weil merklich verhallter Rhythmus leisten ganze Arbeit. Wenigstens weist der Klavierpart kurz vor dem letzten Refrain bereits Ähnlichkeit mit späteren und besseren Songs auf.

IMAGE OF HELL

Eine Schnulze im Sechsachteltakt, die sich gerade so über die Runden rettet. Stevens gibt einen am Boden zerstörten Jammerlappen, der über die Ignoranz seiner Liebsten klagt: „You walk by my door, but you don't ring my bell" – „du gehts an meiner Haustür vorbei, aber du klingelst nicht". Nach diesem langweiligen Gesülze kann man's verstehen.

LOVELY CITY (WHEN DO YOU LAUGH?)

Der sphärische Anfang dieses eher skizzenhaften Songs, bei dem Cat Stevens eine zwölfsaitige Gitarre mit offenen Griffen verwendet, klingt schon ein wenig wie „Time/Fill My Eyes" von *Mona Bone Jakon*. In punkto Instrumentierung wieder bis ins letzte Eckchen bestens ausgestattet, besingt Stevens seine Heimatstadt, in der er sich manchmal wie ein Fremder fühlt, der nur kurz für eine Tasse Tee vorbeikommt. Mit *Tea For The Tillerman* hat das aber rein gar nichts zu tun.

THE VIEW FROM THE TOP

Trotz schwülstiger Zutaten aus dem Orchestergraben zweifellos einer der besseren Songs dieses Albums, getragen von großen Gefühlen und einer nachdenklichen Selbsterkenntnis: „Why can't I stop forgetting myself, why am I always trying to be like someone else?" – „warum kann ich mich nicht mal auf mich selbst besinnen, warum versuch' ich immer, ein anderer zu sein?" Erfolgsdruck macht eben einsam und lenkt von den wirklich wichtigen Dingen im Leben ab. Da wird's Zeit für einen Befreiungsschlag – dafür steht wohl das etwas ungezügelte Gitarrensolo am Ende des Stücks.

HERE COMES MY WIFE

Es blasen die Fanfaren zum Auftakt dieser Hymne auf eine Ehefrau, die dem Sänger ständig auf die Nerven geht: „She haunts me!", beklagt sich Cat Stevens, „sie verfolgt mich", und tröstet sich mit der Tatsache, dass seine Frau einen reichen Vater hat. Die textlichen Untiefen mal außen vor gelassen, hat der Song durchaus Ohrwurmqualitäten

IT'S A SUPER (DUPA) LIFE

Erstmals singt Cat Stevens hier über UFOs und Außerirdische; später wird er dieses Thema bei „Longer Boats" und „Freezing Steel" erneut aufgreifen. „It's A Super (Dupa) Life" ist ein seltsames Stück, das – bombastisch und ausgelassen inszeniert – sozusagen den Teufel aus dem All an die Wand malt, während die Menschheit sorglos das Leben genießt. Munter feiern alle weiter, bis am Ende des Liedes der Refrain in einen schleppenden Trauermarsch aus Blasmusik überblendet. Das ist ärgerlich, denn aus der Melodie hätte was werden können.

WHERE ARE YOU

Zumindest für die ersten neununddreißig Sekunden schweigen die Geigen – da könnte der Song durchaus von *Mona Bone Jakon* stammen, zumal die Akustikgitarre die Hauptrolle spielt. Auch später halten sich die Streicher eher angenehm im Hintergrund; lediglich die kurzzeitigen Impulse vom Schlagzeug stören – sie erinnern an karnevalistisches Getrommel. Trotzdem kein schlechtes Lied.

A BAD NIGHT

Als Rausschmeißer bestens geeignet, ist „A Bad Night" ein mit viel Pomp aufgeblasenes Uptempo-Stück, das zwar einen ansprechenden Refrain zu bieten hat – sonst aber leider nicht viel. Drei Versatzstücke werden in diesem seelenlosen „Kunstwerk" mehr schlecht als recht aneinander gereiht und mit Instrumenten überladen. Kein Wunder, dass das fünfunddreißigköpfige Orchester samt überbordendem Brimborium zum Schluss auf einer auralen Dampflok ins Nirwana fährt. „A Bad Night" wurde übrigens – wie „Come On And Dance" – von Radio Bremen am 23. September 1967 im *Beat-Club* ausgestrahlt.

REIFER ALS DAS DEBÜT, DOCH LEIDER RANDVOLL MIT BALLASTSTOFFEN ist *New Masters* ein Album mit durchaus guter Substanz. Man muss aber schon genau hinhören, um die Perlen zu entdecken, die unter Schichten von Streichern begraben liegen. Trotzdem kann das nichts daran ändern, dass die Platte mit „The First Cut Is The Deepest" einen der nach wie vor stärksten Songs von Cat Stevens enthält – und dass auch „Blackness Of The Night", „The View From The Top" und „Where Are You" noch immer hörenswert sind. Schade, dass Produzent Mike Hurst viele Melodien kaputtarrangiert hat – und dass auch diverse überflüssige Songs den Gesamteindruck trüben. Bei der Aufnahmesession zu *New Masters* sind übrigens seinerzeit noch drei weitere Songs entstanden: „Younger Generation", „My Motorbike" und „Sing". Selbst für die Ohren hartgesottener Fans dürften sie aber wahrscheinlich keine Offenbarungen bereithalten.

DIE ISLAND-KLASSIKER

TITEL:	*Mona Bone Jakon*
LABEL:	Island ILPS 9118;
	A & M SP-4260
VÖ:	April 1970
PRODUZENT:	Paul Samwell-Smith
CHARTS:	28 (UK), 164 (USA)

01 Lady D'Arbanville
02 Maybe You're Right
03 Pop Star
04 I Think I See The Light
05 Trouble
06 Mona Bone Jakon
07 I Wish I Wish
08 Katmandu
09 Time
10 Fill My Eyes
11 Lilywhite

MONA BONE JAKON
NEUSTART MIT WEINENDER MÜLLTONNE

DASS KRISEN IMMER AUCH die Möglichkeit eröffnen, eingefahrene Lebensschienen bewusst zu verlassen und anschließend etwas völlig Neues zu beginnen, das hat gerade Cat Stevens Anfang der Siebzigerjahre eindruckvoll unter Beweis gestellt. Er machte buchstäblich das Beste aus seiner Tuberkulose-Erkrankung und nutzte den langen Krankenhausaufenthalt, um die vielen Gedanken und Gefühle, die ihn damals bewegten, in ganz große Songs zu verwandeln. Angeblich schrieb er zu jener Zeit rund 30 Titel und somit das Material für die kommenden drei Alben, die man auch heute noch getrost als seine besten bezeichnen darf. Stolz verkündete er zur Veröffentlichung von *Mona Bone Jakon* im Jahr 1970: „Ich musste zuerst mit mir selbst klarkommen, und das bin ich jetzt. Das, was auf der Platte ist, ist genau so, wie es sein soll. So wollte ich es haben." Und sein musikalischer Mitstreiter Alun Davies konnte das nur bestätigen: „Ich liebe *Mona Bone Jakon*. Ich glaube, es ist ein seltenes, ungeschliffenes Juwel."

DER AUSSTIEG AUS DEM VERTRAG mit Deram/Decca, der Abschluss eines neuen Vertrages bei Chris Blackwells Island Records und ein neuer Produzent – Paul Samwell-Smith – schufen für Cat Stevens alle notwendigen Rahmenbedingungen, um sich künstlerisch zu entfalten. Erstmals bestimmte er selbst, wo es langgehen sollte: vom Plattencover über die Songs bis hin zu den mitwirkenden Musikern. So gesehen war *Mona Bone Jakon* sein erstes „richtiges" Album. Eigentlich hätte die Platte *The Dustbin Cried The Day The Dustman Died* („Die Mülltonne weinte, als der Müllmann starb") heißen sollen. Das Cover, das Stevens – wie auch auf den folgenden Alben – selbst gemalt hatte, zeigt nämlich tatsächlich eine verbeulte Mülltonne, die ein Tränchen verdrückt. Schließlich entschied er sich aber für den ungewöhnlichen Titel *Mona Bone Jakon* und spielte damit ganz offensichtlich auf den „Lümmel" zwischen seinen Beinen an, der ständig nach neuer Gesellschaft sucht. Stevens wollte so von Anfang an klarstellen, dass er das Image des sauberen Popsängers ein für allemal an den Nagel gehängt hatte. Die Mülltonne auf dem Albumcover steht als Symbol dafür, dass Stevens Ballast abgeworfen und entsorgt hatte. Weniger war für ihn ab sofort mehr.

Bei der Erstauflage von *Mona Bone Jakon* waren noch alle Songtexte auf der Platteninnentasche in Stevens' Handschrift und mit Skizzen abgebildet. Bei späteren Veröffentlichungen fehlen diese buchstäblich persönlichen Texte leider. Erst die von Bill Levenson überwachte CD-Neuveröffentlichung aus dem Jahr 2000 war dann wieder mit einem Textbooklet ausgestattet.

Mona Bone Jakon steht für Ehrlichkeit, Einfachheit und den Blick nach innen – kurz: für jene Zeit in Stevens' Karriere, in der aus der Raupe plötzlich ein Schmetterling wurde. Statt pompöser Orchesterbegleitung gab es jetzt nur einen dezenten musikalischen Rahmen für die Lieder – mit Alun Davies an der Gitarre, John Ryan am Bass und Harvey Burns am Schlagzeug. Bei „Katmandu" spielte zudem der damals noch unbekannte Peter Gabriel die Querflöte. Für die spärlichen, sehr gefühlvollen Streicherarrangements zeichnete Del Newman verantwortlich. Statt hitorientierter Kunstware präsentierte Cat Stevens auf *Mona Bone Jakon* pure und unverschnittene Lieder, die nicht an Charts oder Trends ausgerichtet waren, sondern einzig und allein sich selbst genügten. Und damit – wie sich herausstellen sollte – auch Millionen von Fans.

LADY D'ARBANVILLE

Es gibt wenige Platten, die so sanft und unaufdringlich beginnen wie *Mona Bone Jakon* – mit wenigen leisen Gitarrentönen und einer Stimme, die sich nicht aufdrängt und mithin nur ein Angebot zum Zuhören macht. Aber natürlich hört man gerne zu und freut sich, wenn das Lied von sanfter Perkussion unterfüttert wird und schließlich Fahrt aufnimmt und voller Lebensfreude erstrahlt. „Lady D'Arbanville" ist eine wundervolle, leicht mystisch verklärte Liebeserklärung an Cat Stevens' damalige Freundin Patti D'Arbanville, die über den Tag hinaus angenehm klingt – auch wenn Patti bald darauf lieber mit Mick Jagger ausging. 1970 war sie gerade neunzehn Jahre alt, hatte sich aber bereits in Andy Warhols Film *Flesh* einen Namen als Schauspielerin gemacht. Heute hat sie zwei Töchter und zwei Söhne.

Vor der Veröffentlichung spielte Cat Stevens den Song Patti übrigens am Telefon vor, da sie sich damals gerade in Frankreich aufhielt. Sie mochte das Lied sofort und gab gerne ihre Zustimmung zur Veröffentlichung des „Nachrufs" auf die Zeit ihrer Liebe: „I love you my lady, though in your grave you lie, I'll always be with you, this rose will never die, this rose will never die" – „Ich liebe Sie, Mylady, auch wenn Sie im Grab liegen. Ich werde immer bei Ihnen sein; diese Rose wird nie welken."

„Lady D'Arbanville" (B-Seite: „Time/Fill My Eyes") war Stevens' erste Single bei Island Records. Sie erreichte Platz 8 in England und Platz 23 in Deutschland und wurde zum Startschuss für seinen weltweiten Erfolg. Künftig war der Song fester Bestandteil seiner Liveprogramme.

MAYBE YOU'RE RIGHT

Gelassen und weise sinniert Cat Stevens in diesem Song über die Vergänglichkeit der Liebe. Ratlos steht er vor der Einsicht, dass sich Gefühle verändern – und alles, was bleibt, ist Bedauern sowie die Gewissheit, dass es nie mehr so sein wird, wie es einmal war: „Time has turned, yes, some call it the end, so tell me, tell me did you really love me like a friend?" – „Die Zeiten haben sich geändert; manche finden, das ist das Ende. Drum sag mir, hast du mich wirklich geliebt wie einen Freund?" Es ist genau diese Textzeile, die das Lied nach bedächtigem Einstieg musikalisch entfesselt und antreibt. Doch Cat Stevens, der hier auch Klavier spielt, findet nach dem kurzen emotionalen Zwischenspurt schnell wieder auf den Boden der Tatsachen zurück und fügt sich in sein Schicksal. Wer Recht hat, ist am Ende egal – es würde sich doch nichts ändern.

POPSTAR

Beim ersten Hören will das spröde Lied vom „Popstar" so gar nicht auf dieses Album passen, dabei hat der Song einen unterschwelligen Groove, der zeitlos zu sein scheint. Stevens muss es viel Spaß bereitet haben, voller Sarkasmus und Selbstironie auf die erste Phase seiner Karriere zurückzublicken, als er noch bei Deram/Decca unter Vertrag war. Im Zeitraffer streift er die Stationen auf seinem Weg zum „Popstar" und offenbart ganz unverblümt, was für ein naives Bürschchen voll unerfahrenem Stolz er doch war, als er sich von der Industrie auf den kommerziellen Weg locken ließ. Dass er damals nicht viel zu sagen hatte, wird auch deutlich: „Now listen to me – la da na la, na da la ..." Großartig, wie hier im Hintergrund die Bläser um die Wette quietschen – eine schöne Persiflage auf die früheren Arrangements. Der ewig gleiche Rhythmus, den die Gitarre vorgibt, skizziert den vorgezeichneten Weg, den der junge Cat Stevens zu Beginn seiner Laufbahn zwangsläufig mitgehen musste. Gut, dass er schließlich doch noch den Absprung geschafft hat. Als Stevens 1976 dieses Thema auf dem Album *Izitso* in „I Never Wanted To Be A Star" erneut aufgriff, klang das übrigens weit weniger souverän.

I THINK I SEE THE LIGHT

Dass die Abmischung von *Mona Bone Jakon* nicht in allen Belangen stimmig ist, zeigt der Lautstärkepegel von „I Think I See The Light". Schon immer klang dieses Stück im Vergleich mit den anderen viel zu laut – und das liegt bestimmt nicht nur am wuchtigen Arrangement mit seinen dominanten, betont rhythmischen Pianomustern, sondern wohl auch am mangelnden Feingefühl des Tontechnikers. Andererseits ist „I Think I See The Light" wirklich ein Power-Song, bei dem Cat Stevens sich weit deutlicher zu Wort meldet als in den restlichen Stücken des Albums. Um möglichen Spekulationen vorzubeugen, sei darauf hingewiesen, dass das Licht, von dem er singt, damals noch nicht von Allah ausging – sondern von einer Frau.

TROUBLE

Wenn die Sorgen in die Seele kriechen, dann geschieht das oft schleichend, nahezu unmerklich. Genauso kriecht dieses Stück in die Seele; es pirscht sich heran und nistet sich dann langsam, aber dauerhaft in den Gehörgängen ein. „Trouble" steckt voller Selbsterkenntnisse aus der Zeit, als Cat Stevens 1968 mit TBC im Krankenhaus lag und darüber nachdachte, wie er seinem Leben eine neue Richtung geben konnte.

MONA BONE JAKON

Ein Wort bündelt den Geist von Rock und Pop seit jeher am besten: „Yeah!" Nie hat Cat Stevens dieses Wort frecher und ungezügelter aus sich herausgeschrien als auf dem Titelstück dieses Albums: Nur von Gitarre und Perkussion angetrieben, ist „Mona Bone Jakon" ein rotzfreches Stück, das auf Konventionen keine Rücksicht nimmt. Es geht – um es auf den Punkt zu bringen – um den Penis von Cat Stevens: „Yes, I've got a Mona Bone Jakon, but it won't be lonely for long" – „aber der wird nicht lange einsam sein". Mit einer Mülltonne hat das also nichts zu tun, vielmehr mit Sex. Auch sanfte Sänger haben Triebe – nicht nur im Frühling. Was für Muddy Waters sein ständig arbeitendes „Mojo" und für Chuck Berry sein „Ding-A-Ling" war – Cat Stevens nannte es „Mona Bone Jakon". Ein Liebesknochen, oh yeah!

I WISH, I WISH

Wer bei diesem Stück keine Gänsehaut bekommt, hat entweder ernsthafte Probleme mit der Epidermis – oder ist nicht mehr bei Bewusstsein. Denn die Spannung, die „I Wish, I Wish" verbreitet, geht über die Ohren direkt unter die Haut. Erstmals outete sich Stevens hier als rastlos nach Erkenntnis Suchender: „I wish I could tell, I wish I could tell, what makes a heaven, what makes a hell" – „ich wünschte, ich wüsste, was der Himmel ist und was die Hölle". Stevens ist ganz Ying-Yang und weiß, dass man auch im Guten Böses finden kann – und umgekehrt. Erst nachdem er den Koran gelesen hatte, hatte er die Antworten auf manche Fragen parat, die er sich in diesem Lied stellt. 1999 sagte er: „Der Koran wird manchmal ‚Al Furgan' genannt – ‚das Maß von Gutem und von Falschem'. Erst jetzt kann ich verstehen, was den Himmel und die Hölle ausmacht. Jeder hat ein angeborenes Gewissen, das seine Gedanken und Tätigkeiten überwacht und Gutes vom Bösen trennt. Er wird nur blind durch hartnäckigen Ungehorsam. Am Ende wird das Urteil über jede Seele aufgrund ihrer relativen Nähe zu Gottes Anweisungen gefällt." Man höre und staune.

KATMANDU

Gäbe es nur mehr Lieder wie dieses – die Welt wäre besser. Der Text verdient ein Sonderlob für die Ruhe und Kraft, die ihm innewohnt. Stevens gelingen magische Bilder: „The morning lake drinks up the sky" ist nur eines davon – „der See am Morgen trinkt den Himmel leer". Da passt es gut, dass die nepalesische Hauptstadt Katmandu seit jeher, vor allem aber in den Sechzigern und Siebzigern, für die Suche nach Freiheit und Reinheit stand – und natürlich verwundert es nicht, dass dieser Song im Hochtal von Katmandu mittlerweile wohlbekannt ist und immer wieder gespielt wird. Das angenehm friedliche Arrangement mit Gitarre, Bass, Glockenspiel und Flöte wirkt wie ein wärmendes Lagerfeuer in einer Winternacht. Einer war bei den Aufnahmen trotzdem so aufgeregt, dass ihm Lippen und Hände zitterten: Peter Gabriel. Jedenfalls behauptete das Produzent Paul Samwell-Smith.

TIME

Das sphärisches Entrée zu „Fill My Eyes" hat einen eigenartigen psychedelischen Charme. Es ist ein aufgewühltes Wechselbad der Harmonien, das die Zeit vergessen lässt. Doch die tranceartige Träumerei währt nicht lange – nur knapp anderthalb Minuten.

FILL MY EYES

Nicht von ungefähr nannte Yusuf Islam diesen Titel im Jahr 2001 „ein verstecktes Juwel und eines jener Lieder, die ich gerne wieder höre". Tatsächlich kann man sich in diesem Song behaglich einrichten: „And in the morning when you fill my eyes, I knew that day I couldn't do no wrong" – „Und wenn ich nur dich am Morgen sehe, weiß ich, dass ich an diesem Tag nichts falsch machen kann". Auch wenn nicht in allen Textzeilen des Stücks eitel Sonnenschein herrscht, so schwingt doch immer reichlich Zuversicht mit. Dazu passt das wunderschöne Gitarrenriff ebenso wie der gegenläufige Gesang im Refrain. Ebenfalls bemerkenswert: Die ungewöhlich rhythmische Phrasierung – ähnlich wie bei „I Wish, I Wish" – im Übergangsteil zur letzten Strophe.

LILYWHITE

Nachdem der inflationäre Einsatz von Streichern in Cat Stevens' erster Karrierephase seinen Songs oft die Luft zum Atmen nahm, zeigte Del Newman bei „Lilywhite", dass man mit Geigenklängen auch ganz sensibel Stimmung machen kann. Tatsächlich machen seine wunderbaren Arrangements das Stück nahezu schwerelos. Newman hatte sich nicht nur in musikalischer Hinsicht etwas einfallen lassen: Da das Budget nur für zwölf Streicher reichte, mussten die alles doppelt spielen, um den gewünschten vollen Sound zu erzielen. Doch der Einsatz hat sich gelohnt: „Lilywhite" ist voller Magie, und zum Schluss hört man förmlich, wie sich das Lied in Luft auflöst.

EIN GRANDIOSES COMEBACK MIT BEACHTLICHER SUBSTANZ: Mit *Mona Bone Jakon* präsentierte sich ein völlig neuer Cat Stevens der überraschten Popwelt: „I raise my hand and touch the wheel of change" sang er in „Lilywhite" – und die bewusste Veränderung seiner Musik, die Reduktion der Mittel, hatte seinen Liedern ein neues, deutlich markanteres Profil verliehen. *Mona Bone Jakon* ist ein tiefgründiges, an vielen Stellen äußerst spirituelles Album, das aufwühlt und besänftigt, nachdenklich macht und beflügelt, verschlüsselte Botschaften enthält und gleichzeitig die Sinne öffnet. Und doch war die Platte letztlich nur ein Sprungbrett, denn das eigentliche Meisterwerk von Cat Stevens sollte erst noch folgen: *Tea For The Tillerman*.

DIE ISLAND-KLASSIKER

TITEL:	*Tea For The Tillerman*
LABEL:	Island ILPS 9135
	A & M SP-4280
VÖ:	November 1970
PRODUZENT:	Paul Samwell-Smith
CHARTS:	25 (UK), 8 (USA), 43 (D)

01   Where Do The Children Play?
02   Hard Headed Woman
03   Wild World
04   Sad Lisa
05   Miles From Nowhere
06   But I Might Die Tonight
07   Longer Boats
08   Into White
09   On The Road To Find Out
10   Father And Son
11   Tea For The Tillerman

TEA FOR THE TILLERMAN
SPIELPLATZ FÜR TRAUMHAFTE WELTANSCHAUUNGEN

IM NOVEMBER 1970, nur sieben Monate nach *Mona Bone Jakon* und rechtzeitig zum Weihnachtsgeschäft stand *Tea For The Tillerman* in den Plattenläden. Das war Anfang der Siebzigerjahre nichts Ungewöhnliches, denn viele Gruppen veröffentlichten damals zwei Alben pro Jahr. Für Cat Stevens war es jedenfalls kein Problem, relativ schnell nach *Mona Bone Jakon* bereits eine weitere Platte auf den Markt zu bringen, denn er konnte ja auf den stattlichen Songpool zurückgreifen, den er während seiner krankheitsbedingten und buchstäblich schöpferischen Pause angelegt hatte. Viel von diesem Material hatte er im Verlauf des Jahres 1970 bereits bei Liveauftritten erprobt, sodass er in den Londoner Morgan Studios nur wenig Zeit benötigte, um die Lieder aufs Band zu bringen: „Als ich mit den Aufnahmen begann, waren die *vibes* einfach fantastisch", jubelte Cat Stevens im Juli 1970 im Melody Maker. Er steckte tatsächlich voller Energie und Schaffenskraft.

Völlig zu Recht gilt *Tea For The Tillerman* als sein wichtigstes Album , denn es war von vornherein als Gesamtkunstwerk konzipiert. „Wir waren nicht auf Singles aus", betonte Produzent Paul Samwell-Smith. Der dauerhafte Reiz der Platte liegt in der gelungenen Mischung aus Melancholie und Optimismus, die den Zuhörer einfach nicht in Ruhe lässt. Jedes Lied ist mehr oder weniger eine Exkursion in die persönliche Welt von Cat Stevens, der das einfache Leben bejaht und mehr denn je nach den wirklich wichtigen Werten sucht. So handeln die Songs von Abschied und Aufbruch („Wild World", „On The Road To Find Out" „Miles From Nowhere"), vom Generationenkonflikt („But I Might Die Tonight", „Father And Son", „Where Do The Children Play"), von gekränkten Seelen („Sad Lisa", „Hard Headed Woman", „Wild World"), aber auch von außer- und überirdischen Dingen („Longer Boats", „Into White").

MELODIE UND TEXT sind oft betörend einfach und gerade deshalb so wirkungsvoll. Dass Stevens auf *Tea For The Tillerman* weit besser Gitarre als Klavier spielte, störte eigentlich niemanden. Im Gegenteil: Der kleine Makel machte ihn nur noch sympathischer und verlieh dem Album einen zusätzlichen Charme. Kennzeichnend für viele Songs sind zudem die immer wieder gegenläufigen Begleitstimmen sowie die abermals ebenso zurückhaltenden wie angenehmen Streicherarrangements von Del Newman. Wer um Weihnachten 1970 (und danach) einsam und verzweifelt war, für den gab es jetzt einen Ausweg: Er kochte *Tea For The Tillerman* und kroch unter die Decke der elf Songs dieses grandiosen Albums, das für viele Käufer zu etwas wie ihrer emotionalen Heimat wurde.

Wie schon bei *Mona Bone Jakon* ließ sich Cat Stevens von Alun Davies (Gitarre), John Ryan (Bass) und Harvey Burns (Schlagzeug) begleiten. Bei „Sad Lisa" und „Into White" spielte zudem John Rostein die Solovioline. Alun Davies, der Ende der Sechzigerjahre mit Spencer Davis gearbeitet und in einer Band namens Sweet Thursday gespielt hatte, wurde übrigens Stevens' engster musikalischer Weggefährte. Die Zusammenarbeit der beiden währte – mit wenigen Pausen – bis zum Album *Back To Earth*.

Auch um die Coverkunst kümmerte sich Stevens wieder selbst: Seine liebenswert naive Malerei zeigt natürlich den Bauern, der in aller Ruhe Tee trinkt, aber auch spielende Kinder und die Frau, die den Regen macht. Auf der Rückseite der Hülle sieht der Sänger wie ein romantischer Barde aus dem Mittelalter aus, während er im Innencover des Klappalbums leicht weltentrückt auf ein warmes rotes Licht schaut. Die Farbe war durchaus kennzeichnend für die Songs des Albums. Leider ist das Innencover in den CD-Booklets nur noch teilweise abgebildet.

Für Chris Blackwell, den damaligen Chef von Island Records, ist *Tea For The Tillerman* auch heute noch „das beste Album, das ich je veröffentlicht habe."

WHERE DO THE CHILDREN PLAY?

Wie die Wirklichkeit in den morgendlichen Halbschlaf dringt diese Bestandsaufnahme langsam ins Bewusstsein. Leise, ganz leise schält sich die Melodie aus den Gitarrenklängen – und schon liegt knisternde Spannung in der Luft. In dieser Atmosphäre kann die Stimme von Cat Stevens ihr warmes Timbre voll ausspielen und dabei großes Kino für den Kopf inszenieren. Seine Texte waren meilenweit von den Platitüden entfernt, die er noch zu „Matthew & Son"-Zeiten von sich gegeben hatte. Jetzt sang er sozusagen in Cinemascope – und das jagte den Fans Schauer am laufenden Band über den Rücken. In „Where Do The Children Play?" las Cat Stevens dem Fortschritt gekonnt die Leviten: „Well you've cracked the sky, scrapers fill the air, but will you keep on building higher, 'til there's no more room up there?" – „Ihr habt den

Himmel geknackt, er ist voller Hochhäuser; aber werdet ihr immer noch höher bauen, bis es da oben überhaupt keinen Platz mehr gibt?" Wie schnell fallen scheinbar große Taten wie ein Kartenhaus in sich zusammen, wenn man sie mit gesundem Menschenverstand betrachtet. Was nützt die ganze Technik, wenn die Kinder keinen Platz mehr zum Spielen haben? Für Stevens ist das Lied auch ein Rückblick auf jene Zeit, als er in der Shaftesbury Avenue ohne echten Spielplatz aufwuchs. Sogar in der Schule musste er meistens im Keller spielen. Letztlich geht es auch um die Frage, warum in einer von Perfektion und Leistungsdruck gekennzeichneten Gesellschaft niemand kindlich naiv sein und auch mal einen Fehler machen darf. Und wie ist der Song enstanden? Das weiß Paul Samwell-Smith: „Wir fuhren zum Morgan-Studio, vorbei an den Londoner Hochhäusern. Stevens sprach über diese Bautürme und hatte sofort die grundlegende Textidee."

HARD HEADED WOMAN

„A hard, hard, hard ...": Wie durch den Nebel dringt die verhallte Stimme von Cat Stevens gleich zu Anfang, dann folgen saitenweise Kaskaden und schließlich die Erkenntnis: „If I find my hard headed woman, I won't need nobody else" – „Wenn ich meine willensstarke Frau finde, brauche ich niemand sonst." Dabei ist seine Suche nach einer solchen Frau auch als Symbol für seinen Vorsatz zu sehen, im Popgeschäft künftig keine Kompromisse mehr einzugehen: „Nach der Trennung von Patti D'Arbanville wollte ich eine Frau, die meine Gedanken sprudeln ließ. Aber vielleicht war ich auch auf der Suche nach etwas in mir selbst und wollte einfach ein bißchen stärker werden", sagte Cat Stevens im Oktober 1970 der Zeitschrift *Music Now*. Das Stück ist zweifellos eine Abrechnung mit unliebsamen Geschäftspraktiken und mit falschen Freunden („fine feathered friends"), die sich nur von Ruhm und Geld angezogen fühlen. Da wird dann Cat Stevens' Intonation auch unmissverständlicher, nachdem er zu Beginn des Stücks seine Verse eher gelassen vorträgt. „Hard Headed Woman" liegt wie eine Katze auf der Lauer. Aber nicht nur deshalb war Cat Stevens dafür der richtige Interpret.

WILD WORLD

Wenn von den größten Cat-Stevens-Hits die Rede ist, dann ist „Wild World" ganz vorn mit dabei – und das ist völlig in Ordnung, denn für Stevens wurde „Wild World" sozusagen zum Trailer für den Erfolg von *Tea For The Tillerman*. Der Titel öffnete ihm 1971 die Tür zu den

Konzertbühnen Amerikas und ließ seinen Stern in den Charts aufgehen. Zwar regiert in „Wild World" in erster Linie der mahnende Zeigefinger eines Mannes, der seine verflossene Liebe nicht in die böse weite Welt ziehen lassen will, aber es geht auch auf einer zweiten Ebene um den guten Zuspruch, den Stevens sich selbst für seine zweite Karriere gibt. Schließlich war er zurückgekehrt in die wilde Popmusik-Szene – doch diesmal war er besser vorbereitet und überzeugt davon, dass man es in diesem Geschäft nur mit einem Lächeln nicht weit bringt („it's hard to get by just upon a smile").

Später sah er dies ganz anders, weil er erkannt hatte, wie wichtig eine humorvolle Distanz sein kann. „Wild World" steht auch als Metapher für Abschied und Neuanfang. Und auch wenn der Text an manchen Stellen der Lebenshilfeliteratur entlehnt sein könnte, so tröstet die Ohrwurmmelodie schnell über solch seltenen Untiefen hinweg. „Wild World" ist unbestritten ein Evergreen, der immer wieder Neuaufnahmen erlebt. Das freilich hat mehr mit Jimmy Cliff als mit Cat Stevens zu tun, denn Cliff hatte „Wild World" noch vor Stevens in einer Reggae-Version aufgenommen. Daran orientierte sich später die Reggae-Band Maxi Priest – und auch die Gruppe Mr. Big veröffentlichte eine erfolgreiche eigene Interpretation des Songs.

SAD LISA

Erstmals auf *Tea For The Tillerman* spielt hier das Klavier die Hauptrolle. Cat Stevens hatte „Sad Lisa" daheim am Piano komponiert und schwärmte später, es sei „einer jener Momente gewesen, wenn Lieder wie von selbst aus einem herausfließen." Was der Sänger zu berichten hat, ist wenig erfreulich: Die wunderschöne, innerliche strahlende „Sad Lisa" ist ein zartes Wesen, das sich – verletzt, verlassen und verschüchtert – von der Welt abkapselt. Es dauert nicht lange, und man begreift: Mit „Lisa" meint Cat Stevens sein eigenes Ich und nicht etwa eine verklemmte Frau mit Kommunikationsproblemen.

Zum Text passt das ernste Arrangement des schnörkellos strukturierten Songs, dem eine Solovioline sanft leuchtende Spitzlichter aufsetzt. Seine besondere Klangcharakteristik erhielt das Stück übrigens, weil das Klavier über den Verstärker einer Hammond-Orgel gespielt wurde.

MILES FROM NOWHERE

Ein weiteres typisches Cat-Stevens-Stück, das zunächst unscheinbar daherkommt, dann aber umso mehr aus sich herausgeht und pure Lebensfreude verströmt. Eben noch am Boden, jubelt Stevens wenig später „I can make my own rules, oh yeah, the ones that I choose" („ich stelle meine eigenen Regeln auf") – und hämmert anschließend in die Tasten. Ein Song wie ein Befreiungsschlag: „Als ich aus dem Spital kam, fühlte ich, dass ich ‚Miles From Nowhere' war. Ich musste von Grund auf neu beginnen", ließ Stevens seine Fans dazu schon Ende Oktober 1970 via *Music Now* wissen. Und auch im späteren Verlauf seiner Karriere war das Lied für ihn ein guter Maßstab: „Es gab Zeiten, da fand ich es großartig, ein Popstar zu sein. Ich hatte es geschafft und einen Berg erklommen. Aber ich wusste, dass der Gipfel, den ich in meinem Leben erreichen wollte, anderer Art war", resümierte Yusuf Islam 1997.

BUT I MIGHT DIE TONIGHT

Im Jahr 1968 war Cat Stevens dem Tod ganz nah, da schrumpften die Alltagsprobleme zur Unkenntlichkeit. Wenn es um das große Ganze geht, ist der Tod immer ein guter Maßstab: „I don't want to work away, doin' just what they all say" – „Ich will mich nicht abarbeiten, indem ich alles mache, was man mir sagt." Stevens will kein Mitläufer sein, der wie am Fließband seinen Job verrichtet und dem Herdentrieb folgt. Seine Losung lautet „Carpe diem", genieße den Tag, weil es morgen schon zu spät dafür sein könnte. Fast könnte man meinen, er sei damals ein Dale-Carnegie-Jünger gewesen – nach der Devise „Sorge dich nicht, lebe."

Mit „But I Might Die Tonight" sprach Stevens die Situation vieler Jugendlicher an, die den guten Rat ihrer Eltern nicht annehmen wollen, sondern lieber die Dinge um sich herum in Frage stellen. Der Titel war auch im Film *Deep End* mit Jane Asher – in den Sechzigerjahren eine Freundin von Paul McCartney – zu hören. Über dem nicht einmal zwei Minuten langen Stück schwingt zunächst das dunkle Pendel der Bassgitarre, ehe Klavier und Schlagzeug die Melodie kraftvoll antreiben und – mit geisterhaften Chören im Hintergrund – jener Einsicht entgegenstreben, die dem Song seinen Namen gibt.

LONGER BOATS

Auch wenn dieses Lied mit seinen vollmundigen Chorpassagen, den glitzernden Gitarren und den Congatrommeln gerade so klingt, als stamme es von einem fröhlichen Fest unter Eingeborenen am Strand, geht es bei „Longer Boats" angeblich erneut um Außerirdische – wie bereits in „It's A Super (Dupa) Life" und später in „Freezing Steel". Zwar könnte man die Verse auch anders deuten, doch bei Live-Auftritten sang Cat Stevens meist noch eine dritte Strophe, die den

UFO-Verdacht stützt: „Raise your mind up and look around, you can see them, yes, they're looking down, from a lonely asteroid in a vacant void, dying – but not destroyed" – „Schärfe deine Wahrnehmung und schau dich um; du kannst sie sehen, wie sie auf uns herunterblicken, von einem einsamen Asteroiden in der großen Leere; sterbend, aber nicht zerstört."

UFOs waren für Stevens kein Zeichen von Verrücktheit: „Ich glaube, es gibt sie wirklich. Ich spüre sie manchmal um mich, wie sie Leute beobachten. Ich lag im Bett, und ein UFO stoppte über mir. Es zog mich nach oben in sich hinein. Dann erwachte ich wieder im Bett. Ich wusste genau, es war kein Traum", gab er 1972 dem *Rolling Stone* zu Protokoll. Ob das wirklich ernst gemeint war?

INTO WHITE

„I built my house from barley rice, green pepper walls and water ice, tables of paper wood, windows of light, and everything emptying into white" – „Ich baute mein Haus aus Gerstenreis, mit Wänden aus grünem Pfeffer und Wassereis, Tischen aus papiernem Holz, Fenstern aus Licht, und alles ergießt sich ins Weiß." Fehlt nur noch ein Bett für „Lucy In The Sky With Diamonds". Die scheinbaren Halluzinationen von „Into White" sind Überblendungen von der Wirklichkeit ins helle Licht der Selbsterkenntnis. Das hätte auch John Lennon schreiben können – aber es war Cat Stevens, der hier sein Ich als Haus beschreibt, das in ruhiger Lage von einem utopischen Garten umgeben ist und dessen Farben sich letztlich zu einem strahlenden Weiß bündeln. Eigentlich tröstliche Aussichten für den traurigen blauäugigen Jungen, der wohl als Alter Ego für Stevens steht – wenn nicht noch zum Schluss eine schwarze Spinne Schicksalsschläge ankündigen würde.

Mit ruhigem Puls umrahmt die Musik diese innere Einkehr, John Rosteins Violine klingt wie ein Vogel und Cat Stevens so weise wie nie zuvor. Wenige Wochen vor der Aufnahme von „Into White" war er im Mai 1970 aus der elterlichen Wohnung in der Shaftesbury Avenue ausgezogen und hatte sich in seinem ganz in weiß gehaltenen dreistöckigen Haus in London-Fulham eingerichtet. Somit gibt es für „Into White" doch einen Haltepunkt im Hier und Jetzt.

ON THE ROAD TO FINDOUT

Cat Stevens hat dieses Stück 2001 als „die vielleicht klarste Vorhersage meines Lebensweges" bezeichnet. Was für ein rastlos Suchender er doch war: „On and on I go, the seconds tick the time out" –

„Immer weiter und weiter ziehe ich; mit jeder Sekunde verrinnt die Zeit." Mit über fünf Minuten ist „On The Road To Findout" der weitaus längste Song von *Tea For The Tillerman* – und das hat seinen guten Grund. Denn die Suche nach Erkenntnis braucht nun mal Zeit und erfordert viel Ausdauer, zumal die Antworten nicht am Straßenrand liegen, sondern in einem selbst. Stevens rät: „Yes the answer lies within, so why not take a look now? Kick out the devil's sin, pick up a good book now" – „Die Antworten liegen in dir selbst, warum schaust du nicht mal nach? Schmeiß die Sünden raus, greif dir ein gutes Buch." Später betonte er, dass mit diesem „good book" nicht etwa die Bibel oder der Koran gemeint waren, auch wenn letzterer seinem Leben schließlich die entscheidende Wende gab. „On The Road To Find Out" war nie als Hit konzipiert, dafür gab es auf *Tea For The Tillerman* geeignetere Lieder. Die bereits im Jahr 1970 fast prophetische Beschreibung des künftigen Lebensweges von Cat Stevens verleiht dem Stück aber eine große Bedeutung. Es enthält so ziemlich alle Zutaten, die ihn als Künstler charakterisieren – und es beweist, dass Stevens schon damals seine Seele tief durchforstet hatte. Musikalisch kennzeichnen die von Stevens und Alun Davies gespielten hervorragenden Gitarrenzerlegungen den Song. „Wir waren uns musikalisch so nahe, dass man nicht einmal ein Zigarettenpapier zwischen uns hätte schieben können", bemerkte Alun Davies dazu im Boxset *On The Road To Find Out* von 2001.

FATHER AND SON

Tea For The Tillerman ist eine Fundgrube voll großartiger Songs, und „Father And Son" gilt für viele als deren bester. Dabei wurde das ursprünglich als Single produzierte Lied zunächst kaum im Radio gespielt – vielen erschien es zu nachdenklich und zu langsam. Erst als sich das Album schließlich auf fast jedem Plattenspieler drehte, fand das Zwiegespräch zwischen Vater und Sohn weltweit Gehör und konnte sich – neben „Morning Has Broken" zum größten Hit von Cat Stevens entwickeln. Geschrieben hatte Stevens den Song für sein geplantes Musical *Revolussia*, das, obwohl auf dem Albumcover vermerkt, nie Premiere feierte und zu dem der Schriftsteller und Schauspieler Sir Nigel Hawthorne das Skript schreiben wollte.

Das Musical sollte vom Schicksal der Zarenfamilie Romanov und den Wirren der russischen Revolution handeln – und „It's Not Time To Make A Change" (so der ursprüngliche Titel von „Father And Son") war nur einer von zehn Songs, mit denen Stevens das Musical ausstatten wollte. Lediglich drei davon wurden bisher veröffentlicht und zwar –

neben „It's Not Time To Make A Change" – „Maybe You're Right" (auf *Mona Bone Jakon)* sowie „The Day They Make Me Tsar" (2001 auf dem Boxset *On The Road To Find Out).* Ungehört blieben hingegen bislang „Him You And Me", „Little Daddy-O", „Russia", „God Save The Tsar", „Stick Together", „The Raven", und „Revolussia". Gut möglich, dass davon noch Aufnahmen in den Archiven schlummern.

„Father And Son" sollte im geplanten Musical jene Szene beschreiben, in der sich der Sohn der russischen Revolution anschließt. Der Vater, ein traditionsverbundener Bauer, rät ihm ab. Natürlich funktioniert der Song auch ohne Revolution – vielleicht sogar besser, weil die Jugend eben immer ihren eigenen Weg gehen will und dabei nur allzu leichtfertig auf die Erfahrung der Älteren verzichtet. Die Worte, die Cat Stevens für diesen immerwährenden Konflikt findet, sind zeitlos und klingen heute noch ebenso ergreifend wie damals. Wie gut man doch beide verstehen kann – der Sohn von heute ist schließlich der Vater von morgen. Deshalb bestand Stevens auch darauf, beide Stimmen zu singen, da er sich mit beiden Standpunkten identifizieren konnte. Und die Balance wird gewahrt, weil man immer dann, wenn eine Seite die Oberhand zu gewinnen scheint, die jeweilige Gegenstimme im Hintergrund hört, sozusagen als mahnendes Gewissen.

Stevens geht es um unterdrückte Gefühle und Sprachlosigkeit innerhalb der Familie. Gleichzeitig ist die Situation zwischen „Father And Son" für ihn auch ein Spiegel des Verhältnisses von Schule und Gesellschaft: „Kinder haben so viel mehr Gefühl – und Lehrer oft so wenig. Eigentlich sind die Lehrer die Kinder." Das wusste er schon 1972.

Für „Father And Son" wurde seinerzeit auch einer der wenigen Promotionfilme gedreht, die es von Cat Stevens gibt. Es zeigt den ganz in Schwarz gekleideten Künstler in einem leeren weißen Raum, wo er völlig ruhig auf seiner schwarzen Gibson-Gitarre spielt. Und dann ist da noch die Personifizierung des Tillermans – ein sehr alter Vater, fast schon ein Großvater, der mit seinem Sohn (Enkel?) Schach spielt und dabei Tee trinkt.

2004 nahm Ronan Keating „Father And Son" neu auf; er hatte es zuvor schon mit seiner Gruppe Boyzone übernommen. Doch diesmal gelang es ihm, Yusuf Islam zum Mitsingen zu bewegen – der willigte ein, die Vaterrolle zu übernehmen, obwohl der Song mit allen Mitteln des Pop arrangiert war und nicht so karg, wie es seine Religion verlangte: „Die Art, wie das Lied gesungen und präsentiert wird, hat nichts mit Verbotenem zu tun, denn ‚Father And Son' beschwört den notwendigen Zusammenhalt der Familie", betonte Islam gegenüber der *Times* im

Dezember 2004. Es war ein ganz besonderes Wiederhören – sechsundzwanzig Jahre nach dem letzten Cat-Stevens-Album. „Father And Son" erschien auf Keatings Best-of-Zusammenstellung *10 Years Of Hits* und wurde auch als Single erfolgreich ausgekoppelt.

„Das Lied hilft, die Kluft zu schließen und die gemeinsamen Bemühungen für eine bessere, harmonischere und tolerantere Welt zu verbreitern", stellte Yusuf Islam auf seiner Homepage im November 2004 fest. Auch Ronan Keating war über die Zusammenarbeit hoch erfreut, da „Father And Son" jenes Lied war, das ihn eigentlich zur Musik gebracht hatte: „Irgendetwas vom Text und von der Melodie sickerte durch und entfachte jenes Feuer, das mich zum Singen und Songschreiben brachte."

TEA FOR THE TILLERMAN

Nach einer Minute ist alles vorbei; dennoch ist der Titelsong von *Tea For The Tillerman* ein Kleinod, eine effektvolle Momentaufnahme des Lebens, das Sünde und Unschuld gleichermaßen Raum gibt: „While the sinners sin, the children play" – „Während die Sünder sündigen, spielen die Kinder." Leicht unbeholfen stolpert das Piano die ersten zwanzig Sekunden in Richtung Melodie, und wenig später schon bricht der Schlußchor mit vierundzwanzig Stimmen (zwölf von Paul Samwell-Smith und zwölf von Cat Stevens gesungen) und den Worten „Happy Day" etwas unvermittelt ins Klangbild ein. So endet *Tea For The Tillerman* trotz der vorherrschenden Nachdenklichkeit betont optimistisch – mit der Aussicht auf einen glücklichen Tag.

EINE HOCHKARÄTIGE PLATTE, DIE EWIG KLINGEN WIRD: *Tea For The Tillerman* ist und bleibt das Meisterwerk von Cat Stevens, wenngleich er die hohen Maßstäbe, die er sich selbst damit gesetzt hatte, mit dem folgenden Album *Teaser And The Firecat* erneut erreichte. Doch *Tea For The Tillerman* begründete nun einmal seinen Ruf als einer der besten Komponisten der Popmusik. Und das mit Fug und Recht, denn es gibt nur wenige Künstler, die solch zeitlose Lieder wie „Wild World", „Longer Boats" oder „Father And Son" schreiben können.

DIE ISLAND-KLASSIKER

TITEL:	*Teaser And The Firecat*
LABEL:	Island ILPS 9154;
	A & M SP 4313
VÖ:	September 1971
PRODUZENT:	Paul Samwell-Smith
CHARTS:	1 (UK), 2 (USA), 23 (D)

01	The Wind
02	Rubylove
03	If I Laugh
04	Changes IV
05	How Can I Tell You
06	Tuesday's Dead
07	Morning Has Broken
08	Bitterblue
09	Moonshadow
10	Peace Train

TEASER AND THE FIRECAT
STRAHLENDE LIEDER IM SCHATTEN DES MONDES

ES WAR DER TAG, ALS DER MOND vom Himmel fiel – und nur zwei konnten ihn wieder an seinen rechten Platz zurückbringen: *Teaser And The Firecat*. Der kleine Junge mit dem weißblonden Haar und dem dunkelblauen Zylinder spielte gemeinsam mit seiner feuerroten Katze (und natürlich dem Mond) die Hauptrolle in dem von Cat Stevens illustrierten Kinderbuch, das – wie die Platte – *Teaser And The Firecat* hieß und von großen Abenteuern zwischen Himmel und Erde erzählte. Für das Album wurden *Teaser And The Firecat* zu Titelhelden – und in „Moonshadow" ging es in verklausulierten Worten auch ein wenig um ihre Geschichte. Ansonsten aber widmete sich Cat Stevens – wenn auch manchmal phrasenhaft – den wahrhaft großen Themen dieser Welt: Schöpfung, Frieden, Liebe, Veränderungen, Zeitenwende. *Teaser And The Firecat* war auch ein kleiner Grundkurs in Philosophie; der Blick ging meist erst nach innen und bog sich dann zur global orientierten Außenansicht.

Zum Cover hatte sich Cat Stevens von seinem Neffen Bobby und dessen rotgelber Katze inspirieren lassen: „Ich wollte eine Szene malen zum Thema Kindheit – so fühlte ich, so waren mein Hut, meine Schuhe, meine Sterne auf der Hose, die Katze und der Mond", berichtete er 1976 der BBC. Der bekannten Fotografin Annie Leibovitz gefiel dieses Bild so gut, dass sie die Szene mit dem echten Cat Stevens nachstellte – für das Cover des *Rolling Stone* vom 6. Januar 1972. Auch das ein untrügliches Indiz dafür, dass Stevens jetzt ganz oben war.

Dabei spürte er noch nicht die Last des Erfolgs, sondern schien seine Melodien mit einer bewundernswerten Leichtigkeit zu schreiben: Die Lieder sprudelten nur so aus ihm heraus – und eines passte zum anderen. Der Mann mit den dunklen, geheimnisvollen Augen stand zur Zeit von *Teaser And The Firecat* voller Kraft und Freude zu seiner Musik: Sie war das Klangbild seiner Seele, das er gern und voll Überzeugung vor seinen Fans ausbreitete. Die Arbeit im Studio machte ihm sogar so viel Spaß, dass er am liebsten nie damit fertig geworden wäre: „Im Gegensatz zum ersten Karriereabschnitt mochte ich Plattenaufnahmen sehr gern. Ich hasste es nur, wenn sie sich ihrem Ende näherten. Deshalb dauerten sie immer so lange."

Nach *Tea For The Tillerman* war die Erwartungshaltung an *Teaser And The Firecat* sehr hoch. Konnte Cat Stevens noch einmal ein Album von ähnlich hoher Qualität vorlegen? Und ob er konnte: *Teaser And The Firecat* stand seinem Vorgänger praktisch in nichts nach und enthielt mit „Peace Train", „Moonshadow" und natürlich mit „Morning Has Broken" drei Kompositionen, die heute zur Grundausstattung der Popmusik gehören. Aber auch die restlichen Songs – allen voran „If I Laugh" und „The Wind" – waren hervorragend und ergänzten sich zu einem schillernden Mosaik mit nachhaltiger Aussagekraft.

ALS MUSIKER WAREN wieder Alun Davies (Gitarre) und Harvey Burns (Schlagzeug) mit dabei, während jetzt Larry Steel statt John Ryan den Bass spielte. Neu und zusätzlich am Schlagzeug ist Gerry Conway zu hören, der bei nahezu allen folgenden Cat-Stevens-Alben mitwirken sollte. Den Pianopart bei „Morning Has Broken" steuerte Rick Wakeman von der Gruppe Yes bei, die Saiten der Bouzoukis bei „Rubylove" zupften Andreas Toumazis und Angelos Hatzipavli.

Was aufgrund des Farbenreichtums der Melodien von *Teaser And The Firecat* übrigens nicht auffällt, ist die Laufzeit des Albums: Es ist nur knapp über zweiunddreißig Minuten lang und damit – nach *Buddha And The Chocolate Box* – die kürzeste *Lang*spielplatte von Cat Stevens. Auf vierzig Minuten hat er es übrigens mit keinem der neun Studioalben seines zweiten Karriereabschnitts gebracht. Na und: Wie war das noch mit dem Unterschied zwischen Quantität und Qualität?

THE WIND

Schon auf *Mona Bone Jakon* und auf *Tea For The Tillerman* hatte Cat Stevens seine Zuhörer mit sanften Liedern empfangen, jetzt tat er es erneut – und das klang so friedlich, so wundervoll, dass es zu Tränen rühren konnte. Stille Lieder wie „The Wind" werden heute nicht mehr geschrieben. Nur eine Minute und vierundvierzig Sekunden dauert dieses Stück – und doch bleibt es für immer im Gedächtnis haften: „I listen to the wind, to the wind of my soul, where I'll end up well I think, only God really knows" – „Ich lausche dem Wind, dem Wind meiner Seele; wohin es mich führt, das weiß nur Gott."

Nur mit zwei Gitarren gespielt – sowie mit zwei Münzen, die als Perkussion dienten, aber kaum zu hören sind – steht „The Wind" für die innere Stimme, die als Wegweiser sicher durchs Leben führt. Für Stevens ist die Zeit, als er noch äußeren Einflüsterern vertraute, endgültig vorbei – er begibt sich voll Vertrauen ganz in Gottes Hand.

Das Bild von der Person, die auf einer flammenden Sonne sitzt und nicht durstig wird („I've sat upon the setting sun, but never wanted water once") faszinierte ihn in jenen Tagen wie später der Buddhismus. Und der „Devil's Lake", von dem in „The Wind" die Rede ist, steht als Symbol für einen traumatischen LSD-Trip, den Stevens im Haus von Noel Redding – dem Bassisten der Jimi Hendrix Experience – erlebt hatte. Danach wusste er: „I'll never make the same mistake", diesen Fehler würde er nicht noch einmal begehen. Yusuf Islam hat „The Wind" übrigens 2001 für das Album *Bismillah* neu aufgenommen – ohne Gitarrenbegleitung. Einzig Windgeräusche umrahmen das Stück. Und doch strahlt die Melodie heller denn je. „Der Song war damals ein klares Signal, dass meine Reise in Richtung Spiritualität gehen würde", betonte Islam später im Begleittext zum Album *Footsteps In The Light*.

RUBYLOVE

Ein Stück wie das folkloristische „Rubylove" hatte auf *Teaser And The Firecat* wohl niemand von Cat Stevens erwartet – entsprechend verstörend wirkte es zunächst auf viele Fans, dass er für dieses Lied zu den musikalischen Wurzeln seiner Heimat zurückgekehrt war und sich zudem entschlossen hatte, eine der drei Stophen auf Griechisch zu singen. Dennoch stieß Stevens mit „Rubylove" nicht dauerhaft auf Unverständnis – es gab nicht wenige, denen die ursprüngliche Seite ihres Lieblingssängers mit der Zeit besonders ans Herz wuchs. Man musste nur seine Hörgewohnheiten in Frage stellen, schon klangen die fröhlichen Bouzoukis im Siebenachtelrhythmus wie der Soundtrack zu einem Urlaub am Strand der nordgriechischen Halbinsel Chalkidiki.

IF I LAUGH

Dem Ausflug an den Strand folgte mit „If I Laugh" die Rückkehr zur altvertrauten Melancholie: Cat Stevens weint hier verpassten Gelegenheiten nach und fragt sich, ob Lachen gegen Schwermut helfen könnte. Die Antwort auf diese hypothetische Frage bleibt – wie auch die Musik – zunächst in der Schwebe; ein Ausweg scheint nicht in Sicht. Dann jedoch wird es plötzlich ganz hell – und Cat Stevens folgt seiner Gitarre, die wie ein Kreisel Fahrt aufnimmt, mit buchstäblich sprachlosem Gesang. Ohne Zweifel eines der besten Stück von *Teaser And The Firecat*. Kleiner Tipp für alle, die den Song nachspielen möchten: Stevens hat seine Gitarre für „If I Laugh" auf einen D-Dur-Akkord umgestimmt (D, A, D, Fis, A, D) und spielt mit einem Capodaster am zweiten Bund.

CHANGES IV

Während Cat Stevens seine Gefühle in „If I Laugh" zaghaft in Pastelltönen ausmalt, wirft er – um im Bild zu bleiben – in „Changes IV" mit Farbbeuteln um sich und hängt große Plakate auf. Der Song ist ein Draufgänger, der vor Selbstbewusstsein nur so strotzt und den Blick gen Zukunft richtet – fixiert auf jenen Tag, wenn der Erlöser die Menschheit endlich befreit. Die allgegenwärtige Euphorie verschluckt alle Bedenken, produziert aber auch manch platte Erkenntnis, die nicht unbedingt nötig gewesen wäre. Befeuert von einem packenden Stakkato-Rhythmus und gruppendynamischen Chorgesängen, feiert Cat Stevens auf „Changes IV" dennoch eine große Party, die man nicht verpassen will – und zu der man immer wieder gern zurückkehrt.

HOW CAN I TELL YOU

Fast will es scheinen, dass Cat Stevens immer dann am besten ist, wenn ihn die Traurigkeit gefangen nimmt. Auf „How Can I Tell You" präsentiert er sich wieder als Meister der Ballade – und singt darüber, wie schwierig es manchmal ist, Gefühle in die richtigen Worte zu fassen. Dieses Unvermögen, auf das Stevens hier neuerlich zu sprechen kam, machte ihn für seine Fans so nahbar. Alun Davies und Andy Roberts spielten die Gitarren, und Cat Stevens sang während der Aufnahme live mit. Mit etwas Phantasie könnte das Stück auch ein Gebet sein. Bitte Augen schließen – und Ohren weit öffnen.

TUESDAY'S DEAD

„Tuesday's Dead" ist – wie „Changes IV" und „Bitterblue" – ein vor-wärtstreibender, griffig arrangierter Song mit Calypso-Flair, dem kraft-voll gespielte Akustikgitarren, Schlagzeug und Congas Beine machen. Ein paar weniger „Wo-oh's" im betont gutgelaunten Refrain hätten dem Stück nicht geschadet. Immerhin singt hier bereits der Muslim aus Cat Stevens, der sich als Bestätigung von Gottes Schöpfung sieht: „I'm only the underline of the word" – „Ich bin nur die Bestätigung von (Gottes) Wort." Eine einleuchtende Erklärung für den Titel des Stücks suchen freilich nicht nur Fans bis heute vergeblich. Angeblich weiß noch nicht einmal Cat Stevens selbst, worüber er da sang.

MORNING HAS BROKEN

Eines seiner bekanntesten Stücke hat Cat Stevens gar nicht selbst geschrieben, sehr wohl jedoch gefühlvoll arrangiert: „Morning Has Broken" ist eine gälische Hymne aus dem frühen 19. Jahrhundert – und für Cat Stevens wurde sie zu seiner „Bridge Over Troubled Water". Ursprünglich hieß das Lied „Bunessan" nach einem Ort auf der schottischen Insel Mull, und es hatte einen von Mary McDonald verfassten gälischen Text. 1931 schrieb dann Eleanor Farjeon neue Strophen in Englisch, von denen Cat Stevens für seine Interpretation drei auswählte, wobei er die erste einmal wiederholt. Farjeon (1881 bis 1965) war Kinderbuchautorin und Bühnenschriftstellerin und veröffentlichte unter anderem die an Märchen orientierten Stücke „The Glass Slipper" (1944) und „The Silver Curlew" (1949). Zu ihren Bekannten und Freunden zählten Schriftstellergrößen wie Robert Frost, Walter de la Mare und Edward Thomas. Hier die Verse, die Cat Stevens seinen Zuhörern verschwiegen hat:

Cool the gray clouds roll
peaking the mountains,
Gull in her free flight
swooping the skies:
Praise for the mystery
misting the morning
Behind the shadow
waiting to shine.

I am the sunrise
warming the heavens,
Spilling my warm glow
over the earth:
Praise for the brightness
of this new morning
Filling my spirit
with your great love.

Mine is a turning,
mine is a new life.
Mine is a journey
closer to you.
Praise for the sweet glimpse
caught in a moment,
Joy breathing deeply
dancing in flight.

Auf „Morning Has Broken" war Cat Stevens zufällig aufmerksam geworden, als er in der Nähe seiner Wohnung im Buchgeschäft Foyles stöberte und ein Buch mit dem Titel *Hymns – Ancient and Modern* entdeckte, das er später Alun Davies zeigte. Der kannte das Lied noch aus seiner Schulzeit und sang es Stevens vor. Damit waren alle Weichen gestellt – „Morning Has Broken" wurde mit seinen perlenden Pianoklängen zum Juwel von *Teaser And The Firecat*, wenngleich sich Stevens hier stellenweise nah an der Grenze zum Kitsch bewegt.

Reizvoll die Tonartwechsel: Der Song beginnt in D-Dur – aber nur die dritte von vier Strophen wird in D-Dur gespielt. Alle übrigen Strophen sind in C-Dur, wobei Rick Wakeman hier am Klavier formvollendete Brücken baut. Ursprünglich hatte Wakeman diese verbindenden Muster für den Song „Catherina Howard" von seinem Album *The Six Wives Of Henry VIII* vorgesehen, jetzt bestimmten die Pianopassagen maßgeblich den Charakter von „Morning Has Broken". Der Dank an Wakeman fiel jedoch bescheiden aus: Er erhielt nur ein mageres Studiohonorar in Höhe von neun Pfund und zehn Schilling, zudem wurde sein Name aus vertraglichen Gründen nicht auf dem Cover erwähnt – nur wenige wussten folglich, wer da so traumwandlerisch sicher das Piano spielte. Wakeman jedenfalls war von der ganzen Angelegenheit so enttäuscht, dass er sich weigerte, den Song mit Cat Stevens bei „Top Of The Pops" auch live zu spielen.

BITTERBLUE

Kraftvoll und ohne technischen Firlefanz ist „Bitterblue" ein weiterer mitreißender Uptempo-Song von *Teaser And The Firecat*. Das Stück fesselt durch seinen unaufhaltsamen Rhythmus und klingt fast wie ein Vorläufer der vielen „Unplugged"-Aufnahmen, die Ende der Achtzigerjahre populär wurden. Schade, dass die Aufnahmequalität sehr zu wünschen übrig lässt. Im Vergleich mit dem weiträumigen Sound von „Morning Has Broken" hat das Stück nur Transistorradioqualität; der Tonigenieur hatte wohl einen schlechten Tag.

MOONSHADOW

Auf das unruhige „Bitterblue" folgt die sanfte Ballade vom Schatten des Mondes: „Moonshadow" entstand zur selben Zeit wie „The Boy With The Moon & Star On His Head" – und die Inspiration für diese Lieder fand Stevens in Spanien, wo er in einer Stadt Urlaub machte, in der es kaum Straßenlaternen gab: „Als ich abends ausging, sah ich den hellen Mond – und zum ersten Mal fiel mir auf, dass auch der Mond einen Schatten wirft", erzählt Stevens im Begleitheft seines Boxsets *On The Road To Find Out*, das im Jahr 2001 erschien.

Erneut funkeln hier die Akustikgitarren und umranken eine kleine anmutige Melodie – und über allem liegt die bedächtige Stimme von Cat Stevens, die davon ein Lied singen kann, dass Schicksalsschläge das Leben oft in die richtige Richtung lenken. Wenn der Song nach etwa zwei Dritteln noch einmal kräftig Luft holt, dann kommt auch wieder Gott ins Spiel: „Did it take long to find me, I ask the faithful light" – „Hat es lang gedauert, mich zu finden, frage ich das getreue Licht." Wobei Stevens mit dem „getreuen Licht" wohl sinngemäß das Schicksal meint.

Bei Liveauftritten gab es zu „Moonshadow" immer den Zeichentrickfilm „Teaser And The Firecat" auf einer großen Leinwand zu sehen, dessen Handlung auf dem gleichnamigen Kinderbuch von Cat Stevens basiert.

PEACE TRAIN

Als Weltverbesserer aus Berufung brachte Cat Stevens auf *Teaser And The Firecat* auch den „Peace Train" ins Rollen – und der rollt bis heute: „Oh I've been smiling lately, dreaming about the world as one, and I believe it could be, some day it's going to come" – „neuerdings lächle ich, denn ich träume von einer geeinten Welt; ich glaube daran, dass es eines Tages so weit sein wird." Der Traum vom Frieden auf Erden währet eben ewiglich. Zum optimistischen Grundtenor passt die warme Klangcharakteristik mit ihren angenehmen Gitarrenriffs, den händeklatschenden Gospelchören und dem guten Geist von Cat Stevens, der sich im Hintergrund verhallt artikuliert. Zum Schluß gibt's einen Hauch von Geigen, bevor der Friedenszug auf den Gitarrensaiten am Horizont verschwindet. Für Yusuf Islam hat „Peace Train" nichts von seiner Aktualität verloren: 2003 verlieh er dem Zug – unterstützt von einem afrikanischen Chor – mit perkussiven Klangfarben einen neuen Anstrich und schickte ihn erneut auf die Reise rund um die Welt.

ALLER GUTEN DINGE SIND DREI: *Teaser And The Firecat* war gewissermaßen der Abschluss einer Trilogie, die Cat Stevens' Ausnahmestellung in der Popmusik begründete – ein Album mit vielen introvertierten Songs, aber auch mit ebenso vielen offenherzigen Liedern, denen die Zeit bis heute nichts anhaben konnte. Bereits auf dem folgenden Album, *Catch Bull At Four,* stand Stevens an einer Weggabelung und musste sich neu orientieren. Viele Fans hätten es lieber gesehen, wenn er weiter geradeaus gelaufen wäre.

AUFBRUCHSSTIMMUNGEN

TITEL: *Catch Bull At Four*
LABEL: Island ILPS 9206;
A & M SP-4365
VÖ: September 1972
PRODUZENT: Paul Samwell-Smith
CHARTS: 1 (UK), 1 (USA), 17 (D)

01 Sitting
02 Boy With A Moon & Star On His Head
03 Angelsea
04 Silent Sunlight
05 Can't Keep It In
06 18th Avenue (Kansas City Nightmare)
07 Freezing Steel
08 O Caritas
09 Sweet Scarlet
10 Ruins

CATCH BULL AT FOUR

EXKURSION IN NEUE KLANGLANDSCHAFTEN

CATCH BULL AT FOUR ist das einzige Cat-Stevens-Album, das in den Vereinigten Staaten die Spitze der Charts erreichte, doch die Platte schaffte es eigentlich nicht aus eigener Kraft, sondern profitierte vielmehr von der immensen Popularität, die sich Stevens mit *Tea For The Tillerman* und *Teaser And The Firecat* aufgebaut hatte. Die Fans kauften *Catch Bull At Four* sozusagen in blindem Vertrauen darauf, dass Cat Stevens weiter auf bewährten Pfaden wandeln würde. Dabei signalisierte bereits das Cover, dass sich etwas verändert hatte: Nichts war mehr übrig von der sympathisch bunten Welt, in denen der Tillerman gemütlich seinen Tee getrunken und Teaser samt feuerroter Katze den Mond wieder zurechtgerückt hatte. Stattdessen präsentierten sich die zehn neuen Songs streng verpackt – mit gradliniger Graphik, schnörkelloser Typographie, reduzierter Farbgebung (weiß, grau, schwarz und gelb) sowie mit einer von Stevens in schwarzweiß gemalten Plakette, die einen kahlgeschorenen Jungen zeigt, der einen schwarzen Bullen streichelt. Diese betont sachliche Aufgeräumtheit und der Titel des Albums hatten ihren guten Grund, denn Stevens beschäftigte sich in jener Zeit gerade intensiv mit dem Zen-Buddhismus. Im Buch „Die zehn Stufen zur Erleuchtung" geht es in der vierten Stufe darum, den Stier bei den Hörnern zu packen. Es passte gut, dass *Catch Bull At Four* gleichzeitig Stevens' vierte Veröffentlichung bei Island Records war.

AUFGENOMMEN WURDE *Catch Bull At Four* im Chateau d'Herouville in Frankreich, im Morgan Studio in London und im Manor Studio in Oxfordshire; die Sessions dauerten insgesamt vier Monate. Neben Gitarrist Alun Davies und dem Schlagzeuger Gerry Conway wirkten zwei neue Begleitmusiker mit: Jean Roussel am Piano und Alan James am Bass. Erstmals war die Band verstärkt in den Entstehungsprozess der Songs eingebunden: Man verbrachte vor Beginn der Aufnahmen sogar zwei Wochen gemeinsam in Portugal, um sich und das neue Songmaterial besser kennen zu lernen.

So entstand ein Album, das weitaus direkter klingt als seine Vorgänger – nicht nur, weil es musikalisch ambitionierter war und technisch aufwändiger produziert wurde. Primär lag dieser Wandel daran, dass Cat Stevens nicht mehr aus dem Song-Reservoir schöpfen konnte, das er sich während seines Krankenhausaufenthalts angelegt hatte. Erst jetzt war hörbar, was die Jahre des Erfolgs aus ihm gemacht hatten – und man konnte auch spüren, dass mittlerweile nicht mehr alles so einfach für ihn war.

Catch Bull At Four ist eine Platte voll komplexer Arrangements, ein Wechselbad der Gefühle, das seine Zuhörer erst aufwühlt und ihnen dann willkommene Ruhepole anbietet. Der Charme der akustischen Gitarren trat in den Hintergrund (Alun Davies spielte auf drei Songs überhaupt nicht mit), lediglich „Boy With The Moon & Star On His Head" erinnerte noch an früher. Dafür saß jetzt der korpulente Jean Roussel am Keyboard und mischte im Sound ganz vorn mit. Cat Stevens selbst spielte bei drei Stücken Synthesizer und bei fast allen anderen Piano. Drei Jahre später sagte er der Fachzeitschrift *Musikmarkt*: „Für mein Gefühl fehlt es dem Album an einer klaren Linie. Ich höre ganz verschiedene Stimmungen heraus, die nicht zueinander passen."

SITTING

Auf die Aussage von „Sitting" ist Cat Stevens auch als Yusuf Islam noch stolz: „Einer meiner stärksten Texte, da er die Geschichte meiner Suche schildert." Nicht nur in musikalischer Hinsicht hatte er sich geöffnet, er war auch selbstbewusster und zielgerichteter geworden, was seine Spiritualität anging: „Oh I'm on my way, I know I am ... I feel the power growing in my hair" heißt es gleich zu Beginn des Songs – „Ich bin auf dem richtigen Weg, das weiß ich; ich fühle, wie die Kraft in meinem Haar wächst." Seine Reise zur höheren Erkenntnis hatte begonnen. Der Text war fast prophetisch, wenn man bedenkt, dass er fünf Jahre später zum Islam konvertieren und sich zu einem westlichen Botschafter seines Glaubens entwickeln sollte.

Schon 1972 war Cat Stevens überzeugt, dass er bald ans Ziel gelangen würde, und er versprach, er werde dann kein Geheimnis daraus machen: „And if I make it to the waterside, I'll be sure to write you a note or something" – „Und wenn ich das Ufer erreicht habe, lass' ich von mir hören." Das war ernst gemeint, und so klang es auch. Nach verhaltenem Piano-Intro, das aus dem Bereich der Klassik stammen könnte, offenbart „Sitting" schnell eine unbeirrbare Entschlossenheit, die dem Song markante Konturen verleiht. Stevens hält sich auch stimmlich nicht mehr länger zurück – er artikuliert seine Gedanken mit viel Nachdruck, den Gerry Conway am Schlagzeug noch einmal kraftvoll untermauert.

BOY WITH A MOON & STAR ON HIS HEAD

Ein letztes Mal betritt Cat Stevens hier mit Akustikgitarre die Gefilde zwischen Traum und Wirklichkeit, in denen er zwei Jahre lang so sicher unterwegs gewesen war. „Boy With The Moon & Star On His Head" zählt dennoch nicht zu seinen besten Stücken, denn es schleppt sich fast sechs Minuten lang recht mühsam durch die Strophen, lediglich hin und wieder durch einen skizzenhaften – mal gepfiffenen, mal eher gemurmelten – Refrain unterbrochen. Der sparsam instrumentierten Ballade fehlt es ohne Zweifel an Impulsen, dafür erzählt sie sehr ausführlich eine religiös angehauchte Geschichte, die auch aus einem indischen Märchen stammen könnte. Am Tag vor seiner arrangierten Hochzeit zeugt der künftige Bräutigam unter einer heiligen Magnolie mit der Tochter eines Gärtners ein Kind. Es wird ihm ein Jahr später vor die Tür gelegt und ist wunderschön – mit einem Mond und einem Stern auf seiner Stirn. Als der Junge erwachsen ist, wird er zum Propheten – von nah und fern kommen alle, um seine Worte oder besser noch: sein Wort zu hören. Denn „Liebe" ist alles, was er sagen kann. Kein Wunder, nur dadurch kam er zur Welt.

ANGELSEA

Spätestens mit „Angelsea" wird klar, dass der Cat Stevens, der hier auf *Catch Bull At Four* singt, nicht mehr der alte ist. Bereitwillig lässt er in diesem Song die Synthesizer quietschen und rumoren oder als großflächige Banner durchs Klangbild wehen, während die Akustikgitarren unruhig wie Kettenhunde um die Wette hecheln. Inmitten dieses Trubels huldigt Stevens einer Lichtgestalt namens „Angelsea", deren Kleider angeblich aus Regenbögen gemacht sind und in deren güldenem Haar zwanzigtausend Tränen funkeln. Das Enkelkind der Lorelei? Keiner weiß das so genau – und niemand kann sagen, was Cat Stevens samt Chor im Refrain von sich gibt. Macht aber nichts, denn es gibt wirklich wichtigere Dinge – und bessere Songs.

SILENT SUNLIGHT

Einer der Höhepunkte des Albums: Die bedächtige Hymne vom stillen Sonnenlicht, das den Tag ankündigt, ist fast so schön wie „Morning Has Broken". Klavier, sparsamer Gitarreneinsatz, die von Stevens gespielte Pennywhistle und Del Newmans optimistisch angehauchte Streicherarrangements verbreiten eine wahrhaft andächtige Stimmung und lassen die Aussagekraft dieses Stücks wachsen. In diesem Song können die Kinder spielen und die Vögel singen. Einfach zeitlos.

CAN'T KEEP IT IN

„Can't Keep It In" ist der kommerziellste der zehn bulligen Songs, ein druckvolles, lebensbejahendes Stück, bei dem Stevens in einem fort aus sich herausgeht, während er an Orgel und E-Gitarre Akzente setzt. Zum optimistischen Grundtenor passt das Foto des Sängers auf der Cover-Rückseite: Da steht Stevens mit der Kippe in der Hand, offenem Hemd und schwarzem Hut – und lächelt so entwaffnend, als könne er die Welt umarmen: „I can't keep it in, I've gotta let it out, I've got to show the world, all the love that's in me" – „Ich kann's nicht für mich behalten, muss es einfach rauslassen, muss der ganzen Welt all die Liebe zeigen, die in mir ist." Das klingt aus vollem Herzen euphorisch. Der kurze blechernde Knall, der ganz am Ende zu hören ist, stammt übrigens von einer Metallteekanne, die mit perfektem Timing auf den Boden knallt.

18TH AVENUE (KANSAS CITY NIGHTMARE)

Das ungewöhnlichste Stück von *Catch Bull At Four* war eigentlich gar kein Song, sondern ein dramatischer Vier-Minuten-Film mit albtraumartigen Sequenzen, schnellen Schnitten, überraschenden Wendungen und einem spannenden Finale. Die Atmosphäre des Songs ist beklemmend wie eine Zwangsjacke: Nach einer geselligen Nacht beugen sich vertraute Gesichter über Stevens, aber er erinnert sich kaum noch, hat nur noch ein leeres Blatt im Kopf, kann nicht mehr reden, sich nicht mehr bewegen. Panik steigt in ihm hoch. Dann nimmt ihn der Schlaf sanft gefangen und verleiht ihm die Kraft, um aus der gespenstischen Szene auszubrechen. Irgendwie erscheint ihm der Flughafen als letzte Rettung; er erreicht ihn in allerletzter Sekunde.

„18th Avenue" ist ein Feuerwerk mit ständig neuen Knalleffekten, das – unterfüttert mit warmen Mustern vom E-Piano – voller komplizierter Schlagzeugparts steckt. Mehrfach wechselt das Tempo – und im Mittelteil sorgt Stevens mit Gerry Conway für filigrane perkussive Muster. Del Newmans flirrende Streicherarrangements sind das Tüpfelchen auf dem i.

FREEZING STEEL

„The house of freezing steel" ist für Cat Stevens nur ein anderer Name für die stählerne Hülle eines UFOs. Anders als bei „Longer Boats" passt aber hier das musikalische Kleid zum Inhalt: Die elektrische Gitarre dreht bohrende Kreise, die Synthesizer geben merkwürdig gackernde Töne von sich – eine unheimliche Begegnung der dritten Art, auf die man auch verzichten kann.

O CARITAS

Kaum sind die UFOs in den Weiten des Alls verschwunden, entführt Cat Stevens seine Hörer an die Quelle seiner musikalischen Vita – nach Griechenland. Das hat er bereits auf *Teaser And The Firecat* getan, aber diesmal klingt es ernsthafter, noch ursprünglicher. Dabei ist der Text ebenso ergreifend wie der dichte Chorgesang. Das Gros der Verse wird in lateinischer Sprache vorgetragen, dann erst folgt die Auflösung in Englisch: „Ah, this world is burning fast, I don't want to lose it here in my time" – „Ach, die Welt brennt schnell, ich will sie nicht verlieren, solange ich da bin." Fast glaubt man, die Mönche vom Berg Athos zu hören. Das alles ist bestimmt nicht „typisch Cat Stevens", aber ungeheuer kraft- und würdevoll. Zu schätzen gewusst haben dieses Lied freilich nur die Franzosen: In den dortigen Charts kam es bis auf Platz 28.

SWEET SCARLET

Eine klassische Cat-Stevens-Ballade, die er angeblich für Carly Simon geschrieben hat: „Once she came into my room, feathered hat an' all, wearing a warm wool shawl, wrapped around her shoulders" – „Einmal kam sie auf mein Zimmer, mit Federhut und Mantel, einen warmen Wollschal um die Schultern." Stevens ist hier mit sich und seinem Klavier allein, mehr Begleitung braucht die sehnsuchtsvolle Melodie nicht. Äußerst hörenswert.

RUINS

Mit düsteren Gedanken beschließt Cat Stevens sein viertes Album: „Ruins" ist ein überwiegend stilles Lied gegen den Krieg, das sich wie Mehltau auf die Seele legt und desillusioniert vor sich hin klingt. Es schildert das Gefühl der Hoffnungslosigkeit eines Mannes, der in seine von Bomben zerstörte Geburtsstadt zurückkehrt und dort in die Grauwertskala seiner Erinnerungen abtaucht. Nur der wütende Mittelteil unterstreicht, dass er noch nicht bereit ist, vollends zu resignieren.

CAT STEVENS AUF NEUEN WEGEN: *Catch Bull At Four* ist ein Album, das viele seiner Reize aus der Steckdose bezieht. Der Künstler hat Synthesizer und E-Gitarre entdeckt und seinen einst rein akustischen Sound modernisiert. Damit sorgt er zwar für Abwechslung und für manche Überraschungen, insgesamt gelingen ihm aber nicht unbedingt bessere Songs. Doch Stücke wie „Sitting", „Silent Sunlight" und „Sweet Scarlet", aber auch „O Caritas" und die furiose Achterbahnfahrt auf der „18th Avenue" trösten letztlich über die Enttäuschungen hinweg.

AUFBRUCHSSTIMMUNGEN

TITEL:	*Foreigner*
LABEL:	Island ILPS 9240;
	A & M SP-4391
VÖ:	Juli 1973
PRODUZENT:	Cat Stevens
CHARTS:	3 (UK), 3 (USA), 18 (D)

01	Foreigner Suite
02	The Hurt
03	How Many Times
04	Later
05	100 I Dream

FOREIGNER

EIN EISBÄR AM STRAND VON JAMAIKA

WAR CAT STEVENS SCHON auf *Catch Bull At Four* vom vertrauten Weg abgekommen, so verstörte er seine Fans mit *Foreigner* vollends. Der Name des Albums war Programm: Das schneeweiße Cover hatte keine Malerei des Künstlers mehr zu bieten, sondern zeigte ein gerastertes, mit schwarzen Linien umrahmtes Schwarzweißfoto von ihm. Man musste schon zwei Mal hinschauen, um zu erkennen, dass es sich bei diesem Herrn mit den traurigen Augen tatsächlich um Cat Stevens handelte. Darüber stand in silbernen Großbuchstaben *Foreigner,* während der Name des Interpreten am oberen Rand der Hülle sich nur in Form einer Blindprägung andeutete.

Irgendwie hatte Stevens wohl genug von seinen sanften Liedern und war gleichzeitig fasziniert vom Reiz des Neuen. Nichts lag ihm ferner, als jahrein, jahraus treu und brav Erwartungshaltungen zu erfüllen: „Ich möchte, dass dieses Album schockiert", gab er im Sommer 1973 frech dem *Melody Maker* zu Protokoll. Das klang wie eine Provokation, fast wie eine Kampfansage – nur: Wer war eigentlich der Feind? Möglicherweise die Macht der Gewohnheit?

Cat Stevens sah den Stilbruch jedenfalls als notwendigen Reinigungsprozess an. Er wollte aus der Schublade heraus, in die ihn Fans und Kritiker gesteckt hatten, wollte nicht länger vorhersehbar sein, sondern offensiv seine Bereitschaft zur Veränderung dokumentieren. Die Möglichkeit dazu hatte er, denn sein Vertrag mit Island räumte ihm absolute künstlerische Freiheit ein. Zunächst schien ihm der Erfolg Recht zu geben: *Foreigner* kam in den USA und in Großbritannien bis auf Platz 3 der Charts, blieb dort aber nicht lange und wurde letztlich nie so recht geliebt. Aus heutiger Sicht wird die Platte ihrem Namen mehr als gerecht: Sie bleibt ein Fremdkörper inmitten der anderen Alben.

Den Titel *Foreigner* wählte Cat Stevens auch, weil er sich selbst stets wie ein Fremder ohne echtes Zuhause vorkam. Ein weiterer wichtiger Grund war seine Liebe zur schwarzen Musik: „Ich spürte den Einfluss, den die schwarze Musik auf mich hatte. Leadbelly war schon immer eines meiner Vorbilder. Da ich aber ein Fremder in der Welt des schwarzen Sounds war, nannte ich das Album *Foreigner*", sagte er in einem Interview mit dem *Circus Magazine* im September 1973.

WAHRSCHEINLICH AUCH DESHALB hatte sich Cat Stevens entschlossen, das Album in den Dynamic Studios in Kingston, Jamaika, aufzunehmen. Lediglich Bläser und Streicher wurden nachträglich in New York eingespielt. Das Tonstudio in Jamaika war technisch nicht gerade hervorragend ausgestattet – man hört dies deutlich am mageren Sound des Schlagzeugs. Stevens wollte aber ohne Störung und Ablenkung in einer sonnigen Gegend produzieren. Dazu kam, dass Anfang der Siebzigerjahre Reggae-Musik sehr angesagt war; auch Paul Simon und die Rolling Stones hatten schon auf Jamaika aufgenommen. Und schließlich lebte und arbeitete Chris Blackwell, der Inhaber von Island Records, auf Jamaika und kannte sich mit der musikalischen Infrastruktur der Karibikinsel bestens aus. Insgesamt verbrachte Stevens drei Wochen im März 1973 auf der Insel und arbeitete dort oft bis zu vierzehn Stunden täglich.

Für *Foreigner* schnitt Cat Stevens viele alte Zöpfe ab und schuf komplett neue Rahmenbedingungen: Der Ortswechsel genügte ihm nicht, er verzichtete auch auf den Rat von Paul Samwell-Smith und produzierte selbst. Zudem mussten Gitarrist Alun Davies und Arrangeur Del Newman zu Hause bleiben; Stevens engagierte lieber eine Reihe hochkarätiger Sessionmusiker wie Herbie Flowers und Paul Martinez am Bass, Phil Upchurch an der Gitarre und Bernard Purdie am Schlagzeug. Nur Jean Roussel durfte voll mitspielen, Schlagzeuger Gerry Conway war hingegen nur bei wenigen Aufnahmen mit dabei.

DAS ERGEBNIS KLANG ANDERS als alles, was man bisher von Cat Stevens gehört hatte. Akustikgitarren spielten keine Rolle mehr, dafür regierte jetzt das Klavier in friedlicher Koexistenz mit E-Piano, Orgel und Synthesizern. Der neue Sound, in dem jetzt auch hin und wieder Bläser aufblitzten, hatte durchaus seine Reize, aber eben auch viele Untiefen. Vielleicht wollte Stevens einfach zu viel: Die überbordende Emotion, die immer wieder spürbar ist, wirkt eher aufdringlich als zielführend, Jean Roussels opulente Streicher- und Bläserarrangements sind nicht selten zu schwergewichtig – und Cat Stevens klingt mit seiner rauen Stimme insgesamt weit unruhiger und gehetzter als früher. Vielleicht hätte er sich vor den Aufnahmen erst einmal am Strand ausruhen sollen – doch die Hängematte unterm Strohschirm, die auf der Rückseite des Covers zu sehen ist, blieb leer. Dafür hatte Stevens für den Innenteil einen Eisbären gemalt. Was der da zu suchen hatte, wusste wohl nur der Sänger selbst.

FOREIGNER SUITE

Noch etwas war anders auf *Foreigner*: Das Album enthielt lediglich fünf Titel, wovon der längste, die „Foreigner Suite", in den guten alten Zeiten des Vinyls die ganze erste Plattenseite für sich beanspruchte. Die „Foreigner Suite" ist freilich kein organisch gewachsenes Werk, sondern vielmehr eine über achtzehn Minuten lange Collage verschiedener Songideen, die Stevens in seinem Haus in London-Fulham komponiert hatte. Zunächst hatte er nicht daran gedacht, aus diesen Einzelteilen ein „großes Ganzes" zu machen, aber da die Stücke alle in derselben Tonart waren, verband er sie einfach beim Abmischen – und so klingt die „Foreigner Suite" dann auch.

Wieder einmal geht es um die Vokabeln der Rechtschaffenen: um Liebe und Respekt, den Traum von Freiheit und Glück, um Gottvertrauen. Zumindest in dieser Hinsicht war Stevens nicht vom Pfad der Tugend abgewichen, wenngleich er nicht vor Platitüden und überzeichneten Bildern zurückschreckte. Was die Musik betraf, war hingegen alles anders als früher: Der kurze Prolog zur „Foreigner Suite" ist noch todtraurig und karg instrumentiert, doch schon nach dreißig Sekunden findet Cat Stevens auf den Tasten seines E-Pianos einen Ausweg auf der Tristesse und vertraut sich einer hoffnungsvollen Melodie an, die schnell an Profil gewinnt und sich schließlich als eine der stärksten Passagen des Melodie-Patchworks entpuppt: „Fortunes come and fortunes go, but things get better babe, that's one thing I know" – „Glück und Reichtum kommen und gehen; aber die Dinge verändern sich zum Besseren, das weiß ich."

Die Band lebt diesen Optimismus im weiteren Verlauf der „Foreigner Suite" mehrfach in längeren Instrumentalteilen aus, wo sich dunkelhäutige Chöre, wabernde Synthesizer und Bläser mit langem Atem ein Stelldichein geben. Stevens selbst bleibt hingegen bei dieser musikalischen Hetzjagd immer mal wieder die Luft weg – er scheint förmlich durch die „Foreigner Suite" zu rennen und ist dankbar, wenn er nach neun Minuten erst einmal eine Verschnaufpause einlegen kann. Freilich klingt er auch dann noch angestrengt genug und schreit sich mehr oder weniger durch die Verse. Leider zieht sich der Mittelteil („Oh love, sweet blue love ...") wie Kaugummi, erst auf den letzten drei Minuten belohnt Cat Stevens seine Zuhörer dann mit einem ebenso luftigen wie lyrischen Motiv, das der „Foreigner Suite" einen hörenswerten Abgang verschafft.

THE HURT

Stringent, kraftvoll und gut: „The Hurt" gehört gehört – auch wenn es manchen Fans der Frühzeit nicht leicht fällt. Stevens singt über Fall und Aufstieg, über Schatten und Licht – darüber, wie er sich nach einer Niederlage wieder aufrichtete und plötzlich vieles klarer sah. Damit spielt er sicher auch auf die Enttäuschungen an, die ihm das Musikgeschäft bescherte, vermutlich auch auf seine TBC-Erkrankung im Jahr 1968. Er warnt eindringlich vor Scheinheiligen und produziert dabei die besten Textzeilen des ganzen Albums: „So you turn to any phoney mouth with a tale to tell, but he's just a hoaxer, selling peace and religion, between his jokes and his karma chewing gum" – „Und ihr lasst euch von jedem beliebigen Schönredner mit einer Geschichte einfangen; dabei ist er nur ein Fopper, der euch Frieden und Religion zwischen seinen Scherzen und seinem Karma-Kaugummi andrehen will." Spannend, dabei aber durchaus elastisch sind die musikalischen Fäden, die Stevens dazu spinnt: Der Song läuft zu großer Form auf, muss aber auch einige Zäsuren verschmerzen, die ihm zeitweilig das Tempo rauben und – kurz vor Schluss – auch ein wenig in die Irre treiben.

Das Fazit schließlich klingt sehr nach Ying und Yang: „Until I got hurt, I didn't know what love is" – „Bevor ich verletzt wurde, wusste ich nicht, was Liebe ist." Hören wollten das nicht übermäßig viele: „The Hurt" schaffte es als Single gerade mal auf Platz 31 in den amerikanischen Billboard-Charts.

HOW MANY TIMES

Spätestens hier geht *Foreigner* in die Knie: Man kann „How Many Times" zwar als Piano-Ballade hören, muss es aber nicht. Denn das Stück ist weit eher hausgemachtes Gesülze in Slowmotion. Gerne würde man Cat Stevens Beine machen, doch der trauert unbeirrt am laufenden Band einer alten Liebe nach und zelebriert damit in textlicher Hinsicht jene Zeiten, als er noch auf der „Portobello Road" unterwegs war. Das ist nicht gerade ein Fortschritt. Der Text entstand übrigens 1973 im St. Regis Hotel in New York, angeblich inspiriert vom Wandel der Stadt New York, die Cat Stevens bei seinem ersten Aufenthalt im Jahr 1970 noch friedlich und freundlich erschienen war und die 1973 weit hektischer und aggressiver auf ihn wirkte. Warum hört man das bloß nicht?

LATER

Was wie die Musik zu einem Kriminalfilm beginnt, entpuppt sich leider schnell als eine Mogelpackung ohne Inhalt. Der Song tritt auf der Stelle, Stevens gibt etliche Male das Wort „later", „später", von sich, der Chor stimmt ihm zu, das Piano spielt mit sich selbst – und im Hintergrund hört man funky klingende Gitarren. Was will der Sänger eigentlich mitteilen? Schließlich kommt der ganze Trott zu einem abrupten Halt, gibt sich ganz dem Kitsch hin und gebiert die süße Erkenntnis: „We're meant to live and love together girl" – „Mädel, wir sind füreinander bestimmt." Zusammen leben und lieben, da kommen einem wirklich die Tränen. Aber nicht aus Mitgefühl.

100 I DREAM

Bis heute weiß keiner, was dieser Titel bedeuten soll. Auch die Verse sind Bilderrätsel, die niemand recht entschlüsseln kann. Dennoch denkt man gern darüber nach, denn manche Textzeilen haben zweifellos eine inspirierende Wirkung: „Go climb up on a hill, stand perfectly still and silently soak up the day" heißt es da – „Erklimme einen Hügel, bleib vollkommen regungslos stehen und nimm still den Tag in dich auf." Und später: „Rise up and be free and die happily, and in this way you will awake" – „Steh auf, sei frei und stirb glücklich, und so wirst du erwachen." Phönix aus der Asche? Eher wohl „Unter Geiern", denn Stevens scheint auf diesem Song irgendwie durchs amerikanische Brachland zu reiten; jedenfalls verbreitet die Gitarre unüberhörbares Countryfeeling, und von toten Schlangen ist auch die Rede. Man muss aber nicht dabei gewesen sein.

DAS VIELLEICHT AMBITIONIERTESTE ALBUM von Cat Stevens hinterlässt einen schalen Nachgeschmack, denn außer zwei hörenswerten Passagen auf der „Foreigner Suite" und dem markigen Hit „The Hurt" gibt es hier nichts, was mehrfach an die Ohren dringen muss. Stevens zieht sich ständig neue Kleider an, aber keines scheint ihm so recht zu passen, ja er scheint sich sogar in keinem richtig wohl zu fühlen. In der Ruhe liegt die Kraft: Deshalb war *Foreigner* mit seinen hin- und hergerissenen Liedern zwangsläufig ein schwaches Album, aber eben auch ein notwendiges (dessen Titel allerdings nicht auf den Autor dieses Buches verweist: *For Eigner*). Es brachte Stevens letztlich wieder auf Kurs: Der Fremdgänger bereute und kehrte für *Buddha And The Chocolate Box* wieder in den Kreis seiner musikalischen Mitstreiter zurück. Und nicht nur dort wurde er mit offenen Armen empfangen.

AUFBRUCHSSTIMMUNGEN

TITEL:	*Buddha And The Chocolate Box*
LABEL:	Island ILPS 9274; A & M SP-3623
VÖ:	März 1974
PRODUZENT:	Paul Samwell-Smith, Cat Stevens
CHARTS:	3 (UK), 2 (USA), 34 (D)

01 Music
02 Oh Very Young
03 Sun / C 79
04 Ghost Town
05 Jesus
06 Ready To Love
07 King Of Trees
08 A Bad Penny
09 Home In The Sky

BUDDHA AND THE CHOCOLATE BOX
MATTER ABGLANZ IN SÜSSER VERPACKUNG

NACHDEM ER ALS *FOREIGNER* nur auf verhaltenes Interesse gestoßen war, machte Cat Stevens im März 1974 erneut große Schlagzeilen: Er startete seine *Bamboozle-Tour* rund um den Globus und veröffentlichte *Buddha And The Chocolate Box*, ein Album, aus dem viele Fans ihren vertrauten Lieblingssänger herauszuhören glaubten, auch wenn das vorwiegend mit dem einzigen Hit der Platte – „Oh Very Young" – zusammenhing. Stevens verharmloste den Richtungswechsel auf *Foreigner* jetzt als „kurzen Ausflug", als „kleine Pause", und wollte zeigen, dass er „noch immer Songs schreiben kann, die die Leute mögen." Fast aufmüpfig fügte er in einem Interview mit dem *Melody Maker* 1974 hinzu: „Aber ich werde das nicht immer tun."

Was die Begleitband anging, machte Cat Stevens da weiter, wo er bei *Catch Bull At Four* aufgehört hatte – mit Alun Davies an der Gitarre, Gerry Conway am Schlagzeug, Jean Roussel an den Keyboards und Bruce Lynch am Bass. Auch Paul Samwell-Smith war wieder dabei, produzierte diesmal jedoch mit Stevens im Team. Von Jamaika sprach keiner mehr: *Buddha And The Chocolate Box* entstand in den Sound Techniques Studios an der Londoner Themse; die Aufnahmesessions dauerten rund vier Monate.

DER RÄTSELHAFTE TITEL für die Platte war Cat Stevens während eines Flugs nach Florida in den Sinn gekommen. Er dachte über den Tod nach und hatte dabei seinen ständigen Reisebegleiter – eine kleine Buddhastatue – in der Hand, als ihm die Stewardess einige Pralinen schenkte. Für Stevens war das eine treffende Momentaufnahme seiner damaligen Situation: Einerseits war er dem Spirituellen zugewandt, andererseits genoß er das süße Leben mit seinem Hang zu materiellen Dingen in vollen Zügen. Ein Buddha aus Schokolade war dafür doch ein herrliches Symbol. Manche Kritiker konnten das gar nicht nachvollziehen und reagierten genervt: Stevens sei abgehoben und nehme sich selbst zu ernst. Die *Montreal Gazette* stichelte gar, der Sänger solle sein nächstes Album doch *Snoopy And The Cuddly Blanket* („Snoopy und die Schmusedecke") nennen.

Dabei hatte Stevens wirklich in bester Absicht gehandelt, auch wenn der Titel bedeutungsschwanger klang und die Hülle, auf der eine goldene Buddhafigur aus dem späten zehnten Jahrhundert die Hand zum Gruß erhebt, befremdlich wirkte. Die Rückseite machte da einen viel freundlicheren Eindruck; Stevens hatte sie mit einer Bildergeschichte bemalt: Ein junger Mönch auf Wanderschaft findet eine schwarze Spinne, die Flöte spielt. Kurzzeitig lässt er sich von ihr ablenken, besinnt sich dann jedoch seiner Bestimmung und wandert schließlich friedlich weiter – der Sonne entgegen. Wie schon in „Into White" („A black spider dancing on top of his eyes" – „Eine schwarze Spinne tanzt vor seinen Augen") nutzt Stevens hier das Spinnentier als Sinnbild für die Sirenen der materiellen Welt, deren Reizen man als Gläubiger nicht erliegen darf.

Die meisten Lieder auf *Buddha And The Chocolate Box* waren neu, einige wenige – etwa „King Of Trees" – hatte Cat Stevens schon länger mit sich herumgetragen. Und obwohl die schlichte Schönheit von „Oh Very Young" Reminiszenzen an frühere Zeiten weckte, wollte Stevens das Rad der Zeit nicht mehr zurückdrehen. Nur selten dominieren die akustischen Gitarren, meist geben Klavier und Synthesizer inmitten überfrachteter Arrangements den Ton an.

MUSIC
Gleich zu Beginn beschwört Cat Stevens die Musik in blauäugigen Versen als geliebtes Allheilmittel: „Sweet Music can lighten us, can brighten the world, can save us" – „Süße Musik kann uns erleuchten, kann Licht in die Welt bringen, kann uns retten." Es ist recht anstrengend, ihm dabei zuzuhören, zumal Stevens auch angestrengt klingt, sich gleich mehrfach in schroffen Rhythmuswechseln vergaloppiert und die Einzelteile des Songs unangenehm hart nebeneinander stellt. Zwar gibt es viele straff gefederte Passagen in „Music", zu oft jedoch verschwimmt der Sound in einem Meer von Streichern und verhallten Chören. Mit solchen Liedern konnte er das Vertrauen seiner Fans nicht zurückgewinnen.

OH VERY YOUNG
„Oh Very Young" ist endlich wieder Cat Stevens in Reinkultur, ein Lied, in dem die Sonne scheint und bei dem am Anfang glockenhelle Töne vom E-Piano erklingen. Bestimmt haben manche Fans vor Freude ein Tränchen verdrückt, als sie hörten, dass ihr Idol noch immer solch sanfte Lieder singen kann. Plötzlich war es wieder da, dieses dunkle

Timbre in Stevens' Stimme, das so wohlig die Seele wärmt und die Gedanken in eine bessere Welt entführt. Kein Wunder, dass „Oh Very Young" in den US-Charts bis auf Platz 10 vordrang. Das harmonische Arrangement mit sanften Pianoklängen und himmlischen, wenn auch etwas überzuckerten Chorgesängen transportiert freilich nur altbekanntes Gedankengut, das Cat Stevens bereits in „Father And Son" ausformuliert hat. Es geht um idealistische Jugendträume, die – wie in „Wild World" oder „On The Road To Find Out" – von der harten Wirklichkeit eingeholt werden. Trotzdem ist der Song optimistisch und federleicht. Stevens widmete das Lied Nicolas Samwell-Smith, dem Sohn seines Produzenten. Für den Mittelteil war zunächst ein Banjosolo vorgesehen, doch nach dreistündiger Quälerei im Studio dämmerte schließlich die Erkenntnis, dass dies zu sehr nach Country & Western klingen würde. So gab es mehr Freiraum für vokale Verzierungen von Susanne Lynch, der Frau des Bassisten Bruce Lynch.

SUN / C 79
Zwei halbgare Versatzstücke in einem Song: „Sun" ist nicht viel mehr als ein Intro zu „C 79" – eine kleine, von akustischen Gitarren umworbene Melodie über Sonne, Mond und Träume, an deren Ende Stevens auf dem Synthesizer schnell die Brücke zu „C 79" baut, weil ihm zu „Sun" nichts Rechtes mehr einfallen wollte. Auch der ziemlich platte Text von „C 79", der von einem seiner vielen One-Night-Stands als Popstar handelt, war eigentlich nur zweite Wahl: Stevens hatte dafür eigentlich noch andere Worte gesucht, war aber nicht fündig geworden.

GHOST TOWN
Ziemlich unbeholfen humpelt dieser Song mit seiner Mundharmonika durch die Prärie, Westernklavier und Countrygitarre im schweren Gepäck. Dazu berichtet Stevens ausgelassen über eine Geisterstadt, wo sich sich Berühmtheiten des Showgeschäfts wie die Marx Brothers und Buster Keaton mit König Tut und Königin Anne Boleyn treffen. An den Schluss hat er noch einen Instrumentalpart geklebt, der wahrscheinlich noch irgendwo im Studio rumlag. Wen sollte dieser merkwürdige Spuk eigentlich interessieren? Stevens war offensichtlich von allen guten Geistern verlassen.

JESUS

Kaum hat man bei diesem Lied richtig hingehört, da ist es auch schon wieder vorbei, denn bereits nach anderthalb Minuten steigt die Ode an Jesus und Buddha in klingende Höhen auf. Trotzdem bleibt der Song haften, denn das Motiv hat so viel Charisma, dass man ihm immer wieder aufs Neue lauschen will. Gut so, denn die Verse machen Hoffnung: „And in the evening his love will lead the blind to every secret corner there in your mind" – „Und am Abend wird seine Liebe die Blinden führen, bis in die geheimsten Winkel eurer Seele."

READY

Im Text verwendete Cat Stevens selten so viele Platitüden wie in diesem Song. „I love, I love, I'm ready to love" („Ich liebe, ich liebe, ich bin bereit für die Liebe") behauptet er mit einer Penetranz, die auf die Nerven geht. Zwar kann man dem Stück mit seinen wieselflinken Gitarrenklängen, den soulig oszillierenden Backgroundgesängen und durchaus abwechslungsreichen Arrangements auch etwas Gutes abgewinnen – trotzdem hat es insgesamt nur den Nährwert von Zuckerwatte. Kein großer Wurf, höchstens halbgar.

KING OF TREES

„Mein Freund, der Baum ist tot, er fiel im frühen Morgenrot" – es war die deutsche Sängerin Alexandra, die 1968 mit diesem traurigen Lied in die Geschichte der deutschen Hitparade einging. Bei Cat Stevens klingt das hier ganz ähnlich und leider vergleichbar pathetisch: „He was the king of trees, keeper of the leaves, I loved you, now they've come to cut you down" – „Er war der König der Bäume, der Hüter des Blätterdachs; ich liebte dich, doch jetzt kommen sie, um dich zu fällen." Die Welt ist schlecht – und Stevens kämpft mal wieder für eine gerechte Sache. Doch der Baum muss einer Straße weichen; sein Fall schmerzt wie die Erinnerungen an jene Zeiten, als alles noch besser war. Das ist reichlich dick aufgetragen, aber immerhin hat „King Of Trees" in musikalischer Hinsicht einiges zu bieten. Das beginnt mit leicht orientalischen Untertönen und lässt sich von einer zeitlosen Melodie beflügeln, die zu den besseren von Cat Stevens gehört. Produzent Paul Samwell-Smith hatte den Song, der zur Zeit der Aufnahme schon über zwei Jahre alt und fixer Bestandteil des Liveprogramms war, schon für *Catch Bull At Four* aufnehmen wollen, doch Cat Stevens war seinerzeit dagegen gewesen.

A BAD PENNY

Ganz klassisch beginnt dieses Stück mit Klangkost vom Spinett, angereichert mit Flötentönen, Trompeten und großem Orchester. Ganz schön viel Aufwand für einen falschen Fuffziger wie „A Bad Penny", der im Lauf der Zeit das Haltbarkeitsdatum endgültig überschritten hat und in seiner Selbstgefälligkeit heute ziemlich unerträglich klingt. Auch der Text ist starker Tobak: „I've had it enough all those lonely rooms and blank faces" – „Ich hab' genug von all diesen einsamen Zimmern und leeren Gesichtern." Cat Stevens konnte einem Leid tun. Auch Del Newmans Arrangement änderte daran nichts.

HOME IN THE SKY

Schön, dass Cat Stevens *Buddha And The Chocolate Box* mit einem optimistischen Ausblick beendet. Am Anfang singt er mit sich selbst im Chor, dann erklingt die Kirchenorgel, schließlich das Klavier: „Come the morning, I'll be far from here, slowly rising in another sphere, old world goodbye, cause I'll be home in the sky in the morning, bye bye" – „Wenn der Morgen kommt, bin ich schon weit weg und steige langsam in eine andere Sphäre empor; leb wohl, alte Welt, denn am Morgen finde ich mein neues Zuhause im Himmel, bye bye." Man sieht ihn förmlich aufsteigen, schwerelos wie ein bunter Drachen, verzückt wie ein Erleuchteter. Dazu passen die meditativen Klangwelten, in denen sich das Stück ganz zum Schluss selbst vergisst. Nebenbei vergleicht Cat Stevens hier die Liebe zu einer Frau mit der Liebe zur Musik und rahmt damit das Album gedanklich ein: „Entweder liebt man die Frauen, oder man pflegt die Kunst", sagte er damals ganz im Sinne der japanischen Göttin Benten, die – so die Legende – jedem Künstler, der eine Frau anhimmelte, sofort seine Talente entzog. Irgendwie muss sie in der ersten Hälfte der Siebzigerjahre bei Cat Stevens ein Auge zugedrückt haben. „Home In The Sky" versöhnt jedenfalls mit manchem, was man auf *Buddha And The Chocolate Box* auf die Ohren kriegt.

ES BLEIBT NICHT VIEL ÜBRIG von diesem Album, wenn man es mit dem Abstand von Jahrzehnten hört. Eigentlich wäre es seinerzeit besser als Maxi-Single erschienen – mit „Oh Very Young", „Home In the Sky" und „Jesus" in den Rillen. Der Rest ist fast ausnahmslos aufgeblasenes Kunsthandwerk, das niemanden auf Dauer glücklich macht. Unterm Strich blieb die Erkenntnis, dass es für Cat Stevens keinen Weg zurück gab. Doch nichts anderes wollte er, hatte er doch den Blick klar nach vorn gerichtet.

RICHTUNGSWECHSEL

TITEL:	*Numbers*
LABEL:	Island ILPS 9370; A & M SP-4555
VÖ:	November 1975
PRODUZENT:	Cat Stevens
CHARTS:	13 (USA), 20 (D)

01 Whistlestar
02 Novim's Nightmare
03 Majik Of Majiks
04 Drywood
05 Banapple Gas
06 Land O' Freelove And Goodbye
07 Jzero
08 Home
09 Monad's Anthem

NUMBERS

ZAHLENSPIELEREIEN JENSEITS VON RAUM UND ZEIT

HOHN UND SPOTT ergoß sich über Cat Stevens, nachdem im November 1975 *Numbers* erschienen war: „Würden Sie von diesem Mann ein gebrauchtes I-Ging kaufen?" verlachte ihn Paul Nelson im *Rolling Stone* Anfang 1976 und stellte in seiner Rezension des Albums in aller Deutlichkeit fest, dass Stevens jetzt wohl der Zahlenmagie den Vorrang vor den Melodien eingeräumt habe. Trotzdem kam das Album in den amerikanischen Charts bis auf Platz 13, in Großbritannien jedoch fand es kaum Beachtung.

Dabei klangen die neun Lieder auf *Numbers* viel sympathischer als die meisten der lieblosen Songs von *Buddha And The Chocolate Box*. Denn auch wenn auf der Innenhülle der augenzwinkernde Hinweis prangte, man solle das Album nicht allzu ernst nehmen („not to be taken 2 seriously"), so hatte es doch einen durchaus ernsten Ursprung, da die Numerologie bei Cat Stevens' fortwährender Suche nach Wahrheit und Erkenntnis eine wichtige Rolle spielte. Die Tür zur ebenso geheimnisvollen wie logischen Welt der Zahlen hatte ihm während einer Australientour im Jahr 1974 eine damals sechzigjährige Frau namens Hestia Lovejoy geöffnet; ihr ist das Album auch gewidmet. Seit dieser Zeit beschäftigte sich Stevens ständig mit Pythagoras und anderen Zahlenmystikern und war schnell davon überzeugt, dass das gesamte Universum als mathematische Schöpfung konzipiert sei.

SO WAR IHM AUFGEFALLEN, dass die Zahl Sieben nicht nur für die Wochentage eine entscheidende Rolle spielt, sondern auch in vielen anderen Bereichen, etwa auf der Tonskala – der achte Ganzton ist bereits die Oktave. Stevens erkannte, dass ähnliche Gesetzmäßigkeiten für das ganze Leben gelten und war so fasziniert von der Numerologie, dass er sich entschloss, das Thema zur Grundlage eines ganzen Albums zu machen. Gleichzeitig war er sich der Komplexität der Materie bewusst und verpackte sie deshalb absichtlich in eine Geschichte mit naivem Charme: *Numbers*, das in der Erstauflage im liebevoll gestalteten Schuber in die Läden kam, erzählt die Geschichte von Polygor, einem kleinen Planeten in einer fremden, unendlich weit entfernten Galaxis, auf dem neun Fabelwesen wohnen. Deren Aufgabe ist es, allen Dingen des Universums Zahlen zuzuordnen – Millionen, Billionen, ja Zillionen von Zahlen pro Tag. Das sechzehnseitige, von Cat Stevens illustrierte Begleitheft stellte jeden Bewohner von Polygor in Wort und Bild vor, während auf der Rückseite des Covers das farbenfrohe Schloss zu sehen war, in dem die neun Fabelwesen wohnten und das wie die Spitze eines Eisbergs über den Wolken thronte. Manch einen erinnerte das an das magische Reich, in dem einst Teaser und der Tillerman ihre Abenteuer erlebt hatten – diesmal aber spielte alles in einer anderen Zeit und einem anderen Raum. Jedenfalls versperrte Cat Stevens seinen Zuhörern auf *Numbers* nicht mit Formeln und strengen Gesetzmäßigkeiten den Zugang zum Thema, sondern baute tragfähige Brücken, indem er die Polygonen nicht zu ernsten Mathematikern machte, sondern zu ganz normalen Menschen mit all ihren Schwächen. Die Texte stammten aus dem nie erschienenen Buch *Numbers* von Chris Bryant und Allan Scott, für das Cat Stevens wiederum die zündende Grundidee geliefert hatte.

Die lange Zeit des Alleinseins – zuerst in Brasilien, später in den Schweizer Bergen – hatte Stevens' Blick nach innen gewendet: *Numbers* handelt von der Kraft des Nichtvorhandenseins und von der Möglichkeit, seine Identität wie auch den Standpunkt jederzeit wechseln zu können. Aufgenommen wurde das Album im kanadischen Quebec, im Le Studio in Morin Heights. Auch diesmal brauchte Stevens vier Monate. Ein großes Fenster im Studio mit Blick über einen nahen See beflügelte die Stimmung – und abends konnten die Musiker sogar auf einer Flutlichtpiste Ski fahren.

In New York kamen später die Streicher aufs Band, ehe die Abmischung von *Numbers* in Paris erfolgte. Neben seiner bewährten Begleitband mit Jean Roussel, Alun Davies, Gerry Conway und Bruce Lynch wirkten auch einige prominente Gäste mit, darunter Art Garfunkel (bei „Whistlestar"), der Saxophonist David Sanborn und Simon Nicol von Fairport Convention. Im Produzentenstuhl hatte Stevens ganz allein Platz genommen.

Auch wenn *Numbers* nicht zu den großen Erfolgen von Cat Stevens gehört und – siehe oben – von vielen als harmlos und nichtssagend abgetan wurde, so war die Platte doch etwas Besonderes: Als erstes und einziges Konzeptalbum von Cat Stevens wirkte die Kollektion trotz ihres naiven Anstrichs durchdacht. Sie war nicht mit heißer Nadel gestrickt, sondern strahlte eine homogene, mit vielen Zwischentönen angereicherte Grundstimmung aus, die sich durch alle Lieder zog. Zudem passte sie – im November erschienen – mit dem oft feierlichen Charakter ihrer Songs gut in die Weihnachtszeit.

WHISTLESTAR

Noch etwas war neu auf *Numbers:* Das Album beginnt mit einem Instrumentalstück, das Cat Stevens in seinem Apartment in Rio de Janeiro in den Sinn gekommen war. Aber die feinen silbernen Fäden, aus denen die Melodie von „Whistlestar" gesponnen ist, haben nicht etwa impulsiven brasilianischen Charme, sondern dringen von weit, weit her ans Ohr – gerade so, als wären die auf Synthesizer und Klavier gespielten Noten in Wirklichkeit Zahlen vom fernen Planeten Polygor. Auf „Whistlestar" blubbert im Untergrund munter der Bass, und darüber tanzen ausgelassen die Töne und freuen sich des Lebens. Kein Wunder, dass Cat Stevens da mitpfeifen muss. Gegen Ende, wenn das Lied langsam im Hall verklingt, kommt unweigerlich Wehmut auf: So gerne möchte man mitkommen – und muss doch Abschied nehmen. Wie tröstlich, dass diesem herrlichen Einstieg noch viele weitere Songs folgen.

NOVIM'S NIGHTMARE

Nachdem der „Whistlestar" mit hellem Schein das Album in ein optimistisches Licht getaucht hat, bricht unvermittelt die Düsternis herein und bringt nachdenkliche Stimmungen mit sich: Novim, der älteste der Polygonen, berichtet von einem bedrückenden Albtraum, der eines Nachts wie eine Guillotine über seinem Kopf schwebte und ihn an dunkle kalte Plätze entführte. Angeblich war dies eine Vision, die auch Stevens oft quälte. Der stille Novim ist somit offenbar eine Folie für das Ich des Sängers: Mehrfach stellt er sich hier selbst in Frage und grübelt ausdauernd über seinen Lebensweg. Plötzlich jedoch erfährt er eine wundersame Verwandlung und steigt aus dem Jungbrunnen – „sweet as rain falling on the snow", „süß wie Regen, der auf Schnee fällt". Alle Sorgen sind wie weggewischt; doch die Tiefgründigkeit dieses Songs, der langsam seine magnetische Anziehungskraft entfaltet, wirkt noch lange nach.

MAJIK OF MAJIKS

Kaum ist man durch den Vorhang aus Pianoperlen getreten, der das Portal zu diesem Song verziert, da wird man auf „Majik Of Majiks" auch schon mit einer Flut von Fragen konfrontiert, die sich – wie die geheimnisvolle Melodie – nicht so leicht aus den Hirnwindungen vertreiben lassen: „What kind of war is this, that I can't fight no more, that leaves me weaponless, and nails me to the floor? What kind of power, of powers?" – „Was ist das für ein Krieg, den ich nicht mehr führen kann, der mich entwaffnet und am Boden hält? Welche Kraft, welche Mächte?". Das klingt sehr stark nach innerer Ohnmacht und beschwört den Wunsch herauf, endlich einen Ausweg zurück ins Leben zu finden: „What kind of man can make me turn and see the way I really am?" – „Wer kann mich zur Umkehr bewegen und erkennen lassen, wer ich wirklich bin?". In dem dramaturgisch mustergültig aufgebauten „Majik Of Majiks" geht es um innere Zwänge und höhere Welten, um den andauernden Kampf zwischen Bewusstsein und Unterbewusstsein und um den Schlüssel zum Leben, mit dem die Glücklichen offenbar serienmäßig ausgestattet sind. Zwar hätte Cat Stevens auf die Streichereinheiten getrost verzichten können, das jedoch kann die tiefgründigen Qualitäten des Stücks kaum schmälern. Nicht ohne Grund inspirierte ihn der Titel zu seiner großen Welttournee *Majikat*, bei der die Shows mit einer Zaubervorführung begannen – auch auf den Plakaten zur Tournee sah Stevens wie ein Magier aus.

DRYWOOD

Stevens hat den Titel mit Bedacht gewählt: „Drywood" erinnert wirklich an ein sprödes Stück Holz. Doch obwohl somit eigentlich optimale Bedingungen herrschen, springt der Funke nicht über: „Like drywood tastes the fire, the truth will come to you", prophezeit Cat Stevens – „So wie trockenes Holz vom Feuer kostet, wird die Wahrheit zu dir kommen." Aber da hat er sich kräftig getäuscht, zurück bleibt leider nur Asche. Die souligen Chöre strapazieren die Nerven, das Piano insistiert auf seiner Daseinsberechtigung und der Sänger gibt gute Ratschläge, die eigentlich niemand hören will. Am Ende des Stücks hört man tatsächlich das Feuer knistern. Doch trotz dieser inszenierten Lagerfeuerromantik kommt keine Erleuchtung auf. Man sieht höchstens Irrlichter vor dem geistigen Auge.

BANAPPLE GAS

Ohne Zweifel der kommerziellste Song der Platte – fast vermisst man ein wenig den sonst so allgegenwärtigen Tiefgang. Aber mit der Zeit kann man sich durchaus daran erfreuen, denn zu „Banapple Gas" wiegt sich der Kopf frohgemut im Takt. Einigermaßen lyrisch geht's los mit „Yeah, yeah, yeah, yeah, yeah" – und dann schnüffeln alle schon das „Banapple Gas" – das Zeug muss gut sein. David Sanborn bläst dazu gutgelaunt auf dem Saxophon, die Orgel macht Dehnungsübungen, Jean Roussel haut ins Cembalo, und die Chöre klingen so, als hätten sie schon eine Überdosis Gas intus. Zum Schluss kollabiert der Strahlemann unter den *Numbers*-Songs in Sekundenbruchteilen. Zu „Banapple Gas", das mit „Ghost Town" auf der Rückseite auch ausgekoppelt wurde, in den USA aber nur Platz 41 der Charts erreichte, gab es auch ein lustiges (!) Video, das Stevens ganz in gelb gekleidet als unbekümmerten Verkäufer des Wundermittels zeigt und das auch während seiner weltumspannenden *Majikat*-Tournee auf einer großen Leinwand zu sehen war.

Doch was ist das für ein Gas, das aus der geheimnisvollen Mischung von Banane und Apfel seine Wirkung bezieht und angeblich jeden gesund und glücklich macht? Mit viel Phantasie könnte man annehmen, dass der runde Apfel für die Sonne und die Banane für den Halbmond steht. Vereinigt man Sonne und Mond, Licht und Schatten, männlich und weiblich, so steigt man in höhere Sphären auf – darauf hatte Cat Stevens schon in „The Boy With The Moon & Star On His Head" angespielt. Es geht also hier wohl nicht um zu Kopf steigende Drogen, die kurzzeitig glücklich machen und dann den Absturz nach sich ziehen, sondern um innere Einkehr auf der Suche nach seligmachender Balance.

Alun Davies hatte im Begleittext zum Boxset *On The Road To Find Out* im Jahr 2001 eine viel profanere Erklärung: „Cat liebte es, reinen Sauerstoff einzuatmen. Er hatte eine Sauerstoffmaske, die nur wenige von uns in unsere Tourneekoffer einpacken durften. Wahrscheinlich war das sein Banapple-Gas". Jetzt wissen wir's.

LAND O' FREELOVE AND GOODBYE

Was für eine schöne Spieluhrenmelodie: „Land O' Freelove And Goodbye" hatte Cat Stevens bereits 1970 aufgenommen, die Urfassung erschien aber erst auf dem Boxset *On The Road To Find Out*. Damals sollte das Lied noch „Love Lives In The Sky" heißen, doch Stevens war mit dem Text nicht zufrieden und legte den Song in die Schublade. Gut so, denn im magischen Rahmen von *Numbers* konnte die Melodie schönste Blüten treiben und damit einen Landstrich voller Wunder ausstaffieren: „And the sun lies all around, and everything is as it must be, and winter lies underground, and the God I love loves me" – „Und überall ist Sonne, und alles ist, wie's sein soll, und der Winter ist begraben, und der Gott, den ich liebe, liebt mich." Das ist fast zu schön, um wahr zu sein – und dennoch klingt es nicht sonderlich kitschig, sondern einfach nur versöhnlich, harmonisch, friedlich, schön. Dabei verleugnet das Stück nicht seinen Ursprung: „Diese melancholische griechische Melodie hatte ich lange Zeit in meinem Kopf herumgetragen", bekannte Cat Stevens in einem seiner Kommentare, die im Begleitheft zum Boxset *On The Road To Find Out* 2001 abgedruckt waren.

„Land O' Freelove And Goodbye" strahlt über beide Backen und erzählt von einem Schlaraffenland für enttäuschte Seelen, wo alles am rechten Platz ist und niemand die Idylle stört. Dazu erteilte auch ein Spinett mit mittelalterlichem Klang seinen Segen.

JZERO

„Jzero" ist zwar der Null gewidmet, aber dennoch kein Lückenbüßer: „Well I ain't got nothing, but it don't worry me, I came to this life like a free walking tree" – „Ich hab' zwar nichts, aber das bekümmert mich nicht; ich kam in dieses Leben wie ein frei laufender Baum." Wie herrlich kann es doch sein, ohne Besitz und Ballast durchs Leben zu schreiten. Die Gitarren sind „high", die Orgel macht sich frohgemut auf den Weg, eine Harmonika schließt sich der Gesellschaft an und ein Vibraphon stimmt ebenfalls mit ein. Man muss sich nicht sorgen, kann nichts verlieren und geht unbeschwert durchs Leben. Wer bei diesem Lied keine gute Laune bekommt, mag wahrscheinlich auch die Sonne nicht.

Als „Jzero" auf Polygor ankommt, sind die Bewohner erst einmal skeptisch: Sie halten das lustige Wesen zunächst wirklich für eine Null, dabei bietet Jzero doch bereitwillig seine Hilfe an: „Well I don't eat a lot, I do work for nothing, so if there's a job, I can fill the gap." Was will man eigentlich mehr? Aber Veränderungen werden ja bekanntlich immer als Bedrohung empfunden, das scheint dem Menschen einprogrammiert. Dabei kommt der Null in der Kabbala eine Schlüsselposition zu: Sie bezeichnet Gott vor dem Heraustreten in die formhafte Offenbarung. Auf Polygor geht es leider genauso zu wie auf der Erde: Die wahrhaft wichtigen Werte werden verkannt. Shit happens.

HOME

Ist das die Fortsetzung von „Home In The Sky"? Da ist durchaus was dran. Denn die Hymne auf die Heimat, in der es nichts zu verstecken gibt, weil ohnehin jeder alles längst weiß, macht sich auf in jene Grenzbereiche, die Cat Stevens schon am Ende von *Buddha And The Chocolate Box* beschwor. „Du bist mit nichts gekommen und wirst mit nichts zurückgehen" – so lautet die weisheitsgetränkte Botschaft. Das Stück verfügt zweifellos über eine lyrische Ader und will sich am liebsten vollends in Wohlgefallen auflösen, hat aber dafür an der Tankstelle für Esoterik leider etwas zu lange pausiert.

MONAD'S ANTHEM

Monad, der Herrscher über Polygor, ist machtbewusst und meist schlecht gelaunt. Er hätte auf *Numbers* den Mund halten sollen. So aber sorgt er für einen äußerst theatralischen Abschluss des Albums und klingt wie ein rachenkranker Schmierendarsteller, dessen Stimme man im Studio durch das Effektgerät Aural Exciter gejagt hat – ein Gerät, das Stevens übrigens später für sein letztes Album *Back To Earth* verwendete. Dazu versprühen die vereinigten Chöre der „Magic Children Of Ottawa" eine Glückseligkeit, die sich nur schwer ertragen und schon gar nicht bändigen lässt. Pomp, Duck and Circumstance – *Numbers* geht leider allzu bedeutungsschwanger zu Ende und hätte einen würdigeren Abschluss verdient gehabt.

CAT STEVENS' EINZIGES KONZEPTALBUM ist bei genauerem Hinhören gar nicht so schlecht, wie es seinerzeit von der Kritik gemacht wurde. Man braucht aber eine gehörige Portion Geduld, will man die Reize der teilweise sperrigen Songs freilegen. Immerhin lohnt sich in den meisten Fällen die Ausdauer.

Leider kann die Platte aber insgesamt die hohe Erwartungshaltung, die sie durch „Whistlestar" schürt, nicht ganz erfüllen – das verhindern Stücke wie das kreuzlahm dahinschleichende „Drywood" oder die schreckliche Schmonzette „Monad's Anthem". Doch wer bereit ist, über diese Formtiefs hinwegzuhören, dem schenkt Cat Stevens den Schlüssel zu einem Himmelreich, in dem man viel Schönes erleben kann. Freilich bewegt man sich dort immer auch auf undurchsichtigem Terrain, denn im Begleitheft zu *Numbers* steht, dass auf Polygor eines Tages etwas fürchterlich schief gelaufen sein soll. Doch was genau das war, kann man aus den Texten nicht schlüssig herauslesen. Ist vielleicht auch besser so.

RICHTUNGSWECHSEL

TITEL:	*Izitso*
LABEL:	Island ILPS 9451;
	A & M SP-4702
VÖ:	Mai 1977
PRODUZENT:	Cat Stevens,
	David Kershenbaum
CHARTS:	19 (UK), 7 (USA), 7 (D)

01 (Remember The Days Of The) Old Schoolyard
02 Life
03 Killin' Time
04 Kypros
05 Bonfire
06 (I Never Wanted) To Be A Star
07 Crazy
08 Sweet Jamaica
09 Was Dog A Doughnut?
10 Child For A Day

IZITSO

SPRACHLOSIGKEIT MIT JOJO-EFFEKT

SCHON DAS KNALLBUNTE COVER von *Izitso* steckt voller Symbole: Stevens, der nur im Anschnitt zu sehen ist, hat ein rotes Jojo in der Hand und deutet damit schon an, dass es auf diesem Album auf und ab gehen könnte. Natürlich lässt sich das Jojo, das im Rahmen der Werbung für *Izitso* tausendfach als Gimmick verschenkt wurde, auch als Sinnbild für die Höhen und Tiefen des Lebens sehen – doch der Sänger lieferte eine weit einleuchtendere Erklärung: „So ein Ding beruhigt mich einfach. Für meine Nerven gibt es nicht Besseres", behauptete er 1977 in einem Gespräch mit dem Jugendmagazin *Popfoto*. Das klang überraschend locker für einen Mann, der jahrelang eher besorgt auf seine innere Stimme gehört hatte.

Dabei waren die Vorzeichen für die Platte gar nicht gut gewesen: Cat Stevens hatte eigentlich gar keine Lust auf die Zeit im Studio gehabt. Und auf den ganzen Promotionkram erst recht nicht. Im Juni 1977 ließ er seine Fans wissen, er denke mit Entsetzen an den Aufwand, der mit dem neuen Album verbunden sei: „Schrecklich – ich sehe mich schon wieder von einem Empfang zum nächsten hetzen." Doch das Ergebnis der Mühen hatte durchaus auch schöne Momente.

Eineinhalb Jahre nach der Veröffentlichung von *Numbers* war Cat Stevens mit *Izitso* wieder voll im Leben angekommen. Er klang ausgeruhter als noch auf *Foreigner* und *Buddha And The Chocolate Box*, er wollte keine Luftschlösser mehr bauen wie auf *Numbers*, sondern die Dinge wieder beim Namen nennen (was freilich nur bedingt gelang). Mit den kräfteraubenden Tourneen hatte er aufgehört: ideale Bedingungen, um in aller Ruhe neue Lieder zu Papier zu bringen. Zusätzliche Energie bezog Stevens aus der Lektüre des Koran, den ihm sein Bruder David zum achtundzwanzigsten Geburtstag geschenkt hatte. Das Buch rückte viele Maßstäbe im Leben des Popstars zurecht und machte *Izitso* quasi zu einer Nebensache. Stevens musste sich nichts mehr beweisen und lebte danach – ohne Rücksicht auf Verluste. Dass manche Lieder nur den Gehalt der schillernden Luftblasen hatten, die auf dem Cover zusammen mit dem Jojo durchs Bild tanzten, kratzte ihn wenig, dafür ging er mit umso mehr Spielfreude und Experimentierlust ans Werk. Einigen Songs lag der pulsierende Rhythmus der brasilianischen Wahlheimat ihres Urhebers zu Grunde, andere liebäugelten mit dem Jazz und erweiterten damit den musikalischen Horizont des Mannes, der einst mit Gitarre und sanfter Stimme den Weg an die Spitze der Hitlisten angetreten hatte.

Unterm Strich ist das von Cat Stevens und David Kershenbaum dies- und jenseits des Atlantiks produzierte *Izitso* aber ein Album ohne roten Faden, eher ein bunt zusammengewürfeltes Sammelsurium unterschiedlichster stilistischer Blüten, von denen manche eher Mauerblümchen sind. Alun Davies hatte sich verabschiedet – lediglich Jean Roussel saß nach wie vor an den Keyboards, und Bruce Lynch kümmerte sich routiniert um seinen Bass. Der Rest der Mannschaft bestand aus renommierten Studiomusikern wie Andy Newmark und Bill Berg am Schlagzeug oder Pete Carr an der Gitarre. Cat Stevens selbst ist vorwiegend am Synthesizer zu hören, versucht sich manchmal an den Trommeln und spielt auf „Life" und „Kypros" die Bouzouki. Im Zuge der Aufnahmen zu *Izitso* im Sweet Silence Studio in Kopenhagen kam es Ende September 1976 auch zu einer Jam-Session mit Ex-Beatle Ringo Starr. Das Ergebnis ist aber nur auf der Bootleg-CD *Go Cat Go* (Tomato Records STATB 11, siehe Seite 200) zu hören.

(REMEMBER THE DAYS OF THE) OLD SCHOOLYARD

Mit einer Synthesizer-Fanfare und unüberhörbarem Kindergeschrei begibt sich Cat Stevens gleich zum Einstieg auf eine Reise in die eigene Vergangenheit. Das klingt gerade so, als wolle er seine Kindheit hellblau und rosarot ausmalen – mit Streichern, die vor Freude ganz aus dem Häuschen sind, munteren Glöckchen im Hintergrund und gut gelaunten Keyboardsounds, die der Schwermut entschlossen trotzen und sich im Ohr festsetzen. Stevens wäre wohl in diesen süßen Erinnerungen stecken geblieben, hätte ihn die markige Stimme von Elkie Brooks nicht im Mittelteil aus seinen Träumen geweckt und in die Wirklichkeit zurückgeholt. Kaum war das Stück als Single auf dem Markt, ließ es sich Cat Stevens im Sommer 1977 nicht nehmen, zweihundertzwanzig Schüler und Lehrer seiner ehemaligen Schule zum Picknick einzuladen. Er übernahm die Kosten für die Verpflegung und den Bus und machte mit der Aktion durchaus Eindruck auf die Schuldirektorin, die bis zu diesem Zeitpunkt noch nie etwas von seiner Musik gehört hatte. Den verklärten Rücksturz in die Schulzeit kann man übrigens nicht nur hören, sondern auch sehen – in Form eines Promoclips, der seinerzeit notwendig war, weil Stevens keine Konzerte mehr gab. Der Clip ist auf dem 2003 erschienen Sampler *The Very Best Of Cat Stevens* enthalten.

LIFE

Die undurchsichtige sakrale Atmosphäre, mit der sich „Life" in die Gehörgänge schleicht, wirkt wie ein Beruhigungsmittel und bringt doch die Gedanken auf Touren: „Life, you make it what it is – love can change it with a kiss" – „Du machst dein Leben; doch Liebe kann es mit einem Kuss verändern." Das ist leichter gesagt als getan, denn die Verlockungen auf dem Weg zum Glück entpuppen sich bekanntlich schnell als Blockaden: „But still you want to have it all, you like to live it up" – „Aber dennoch willst du alles, willst es bis zur Neige auskosten." Cat Stevens ist nichts Menschliches fremd in diesem Song, der sich im Refrain bereitwillig den Reizen des Lebens hingibt, getragen von einer Schwindel erregenden Melodie, die schnell zu Kopf steigt, auch wenn Stevens in der anschließenden Strophe wieder zur Besinnung aufruft. Wer aus dem Wechselbad der Gefühle letztlich als Sieger hervorgeht, bleibt offen; vorher verschwindet das Stück – inmitten eines Konglomerats aus Synthesizertönen – flugs im Fade-out.

KILLIN' TIME

Ein Schock für empfindsame Seelen: Auf „Killin' Time" r-o-c-k-t Cat Stevens so rabiat wie nie zuvor. Die elektrischen Gitarren klingen wie Maschinengewehrsalven, die Orgeln klagen ohne Unterlass – und natürlich haut auch der Drummer mächtig auf die Pauke: „People polishing guns, they've got nothing better to do" – „Die Leute polieren Waffen; sie haben nichts Besseres zu tun." Stevens spricht Klartext und will seine Zuhörer wachrütteln, doch die kennen seine Botschaft bereits, zumal er sie hier nicht gerade neu verpackt: „Everybody's got to know, love's the reason we're here" – „Jeder soll wissen, dass Liebe die Ursache unseres Daseins ist." Das teilweise holprige Toben des aufgebrachten Sängers bringt keinen aus der Ruhe. Empörung muss subtiler klingen.

KYPROS

Zweimal hält Cat Stevens auf *Izitso* den Mund, dafür spielt er auf „Kypros" alle Instrumente selbst – und das sind ganz schön viele: Konzertflügel, eine programmierte Percussion-Schleife, Fender-Rhodes-Piano, ARP-Synthesizer, Polymoog, zwei Klangdosen namens GXI und E5AR sowie die Bouzouki. Natürlich hat er auch den Einschaltknopf des Rhythmusgeräts selbst gedrückt. Das ist reichlich viel Aufwand für dieses merkwürdig sterile Kunstprodukt mit seinen klebrigen Klängen, das als musikalische Huldigung der Insel Zypern gedacht war, sich jedoch in einem naturbelassenen Arrangement weit wohler gefühlt hätte. Auch Stevens' Vater Stavros, der in Tala, einem kleinen Ort im westlichen Zypern, geboren wurde, wäre das wahrscheinlich lieber gewesen.

BONFIRE

Mag sein, dass Cat Stevens im Verlauf seiner Karriere viele schöne Lieder auf die Liebe gesungen hat – das blauäugige „Bonfire" gehört aber nicht dazu. Die Demut, mit der sich Stevens in dieser schwülstigen Ballade dem Fegefeuer des Glücks hingibt, ist nicht frei von Peinlichkeiten und unfreiwilligem Humor: „No, some folks said it's no good to smoke in bed, uh, huh, but I take off my clothes and I jump into the fire again" – „Nein, sagten manche, es ist nicht gut, im Bett zu rauchen, u-huh; aber ich zieh' mich aus und spring' wieder ins Feuer." Das klingt gerade so, als hätte es ein Anfänger geschrieben und nicht etwa einer der Superstars des Pop aus den Siebzigerjahren. Daran können auch die durchaus flinken Fingerübungen, die Chick Corea auf dem E-Piano beisteuert, nichts ändern.

(I NEVER WANTED) TO BE A STAR

Nicht nur aufgrund der Klammern im Titel ist „(I Never Wanted) To Be A Star" ein Pendant zu „(Remember the Days Of The) Old Schoolyard". Auch die Soundschnipsel im Arrangement – dort Kindergeschrei, hier das frenetische Gekreische von Fans – schaffen eine Verbindung zwischen den beiden Songs. Außerdem fungierten beide Stücke früher als Aufmacher für die beiden Plattenseiten der Vinyl-Version von *Izitso*. Seltsam: Im Vergleich mit „Pop Star", das sich auf *Mona Bone Jakon* derselben Thematik widmete, hat das viel später entstandene „(I Never Wanted) To Be A Star" mit seinen überdeutlichen Melodieeinsprengseln aus früheren Cat Stevens-Hits den Charakter eines naiven Spieldosenlieds. Hinzu kommt, dass die schwelgerischen Erinnerungen nicht nur erstaunlich unsouverän wirken, sondern auch schlicht unglaubwürdig sind. „I never wanted to travel far" singt Stevens – dabei jettete er doch in Wirklichkeit ständig aus eigenem Antrieb um den Globus und ist auch heute noch häufig für wohltätige Zwecke unterwegs.

Die scheinheilige Mär vom armen Menschen, der nie ein Star werden wollte, nahm Stevens kaum jemand ab. Mag sein, dass er sich im Pop-Business nie richtig wohl gefühlt hat, dennoch ist er nach seiner TBC-Erkrankung mit voller Absicht auf die Bühne zurückgekehrt – ein

Wiederholungstäter aus Überzeugung. Was also soll dieses Lamento, das zudem Verse zutage fördert, die die Welt nicht braucht? „I never wanted to be a star, buy my mum a ferrari car" – „Ich wollte nie ein Star sein und meiner Mami einen Ferrari kaufen." Stevens hat seiner Mutter niemals einen Ferrari gekauft! Der guten Ordnung halber sei aber darauf hingewiesen, dass er seinem Manager Barry Krost Anfang der Siebzigerjahre einen Rolls Royce geschenkt hatte: Cat Stevens hatte Krost den Wagen für den Fall versprochen, dass er einen Nummer-1-Hit landen sollte – und hielt Wort, auch wenn der Verkäufer seinen jungen Kunden zunächst nicht ernst genommen und ihnen empfohlen hatte, erst noch ein wenig zu sparen. Stevens soll eine zackige Antwort parat gehabt haben: „Danke, nicht nötig, ich nehme den Wagen gleich mit."

CRAZY

„Crazy" hat brasilianischen Charme: Obwohl hier neuerlich das Rhythmusgerät unbeirrbar den Takt vorgibt, verzaubert der Song mit seinen vor Lebensfreude überbordenden Synthesizern, die an einen Vogelschwarm im Urwald erinnern und jede Faser der Melodie bunt anmalen. Vor dem Text hingegen sei gewarnt, weil Stevens hier schon beim Händchenhalten den Kopf verliert.

SWEET JAMAICA

Cat Stevens bemüht sich um Gefühl, sanft spielt das E-Piano in dieser Uptempo-Ballade mit der Melodie, doch spätestens wenn die Streicher nach zweieinhalb Minuten mit Wucht über das Stück herfallen, war alles vergebens.

WAS DOG A DOUGHNUT?

Eine der großen Überraschungen auf *Izitso:* Am Anfang startet ein UFO, dann bellt ein Hund, das Schlagzeug entpuppt sich als Dampfmaschine, die Synthesizer geraten in Wallung. Beständig dreht sich dieses Instrumentalstück im Kreis, der Hund bellt erneut – weiter geht's im Takt, den Stevens diesmal am Schlagzeug vorgibt. Sphärenklänge links und rechts, eine Drehorgel taucht auf, überlagert von funky gespielten Gitarren: „Was Dog A Doughnut?" ist unerhörter Blödsinn, aber dafür eine humorvolle Spielerei der feinsten Sorte. Nicht nur, weil Chick Corea auch hier am E-Piano sitzt. Der Song wurde als Single mit „Sweet Jamaica" auf der B-Seite veröffentlicht und kam bis Platz 70 in den amerikanischen Charts.

CHILD FOR A DAY

Der Höhepunkt von *Izitso* kommt zum Schluss, doch nicht Cat Stevens hat ihn geschrieben, sondern sein Bruder Gordon gemeinsam mit Paul Travis. „Es war leicht, sich mit dem Lied anzufreunden", sagte Stevens später über „Child For A Day" – und man kann ihn verstehen. Denn dieser Rückblick auf die Kindheit ist um vieles besser als „(Remember The Days Of The) Old Schoolyard", weil er auch Zwischentöne zulässt und Worte findet, zu denen man sich eigene Gedanken machen kann: „I was a child who ran full of laughter ... I was a child for a day" – „Ich war ein Kind des Lachens, ich war Kind für einen Tag." Stevens blickt zurück und erkennt, dass das Alter zwar Weisheit mit sich bringt, aber zulasten von Spontaneität und Unvoreingenommenheit. Dabei schwingt eine Menge Sehnsucht mit, die sich im luftigen Arrangement herrlich entfalten kann. So verdankt Cat Stevens seinem Bruder David Gordon einen immerhin versöhnlichen Abschluss für *Izitso*.

IN TEXTLICHER HINSICHT WAR CAT STEVENS selten so schlecht wie auf *Izitso*. Die Songs strotzen nur so vor Platitüden, Stevens scheinen die rechten Worte einfach zu fehlen. War das wirklich derselbe Mann, der die fantasievollen Verse zu Liedern wie „Into White", „The Wind" oder auch „18th Avenue (Kansas City Nightmare)" geschrieben hat? Hinzu kommt mangelndes Feingefühl in den Arrangements: Manches Stück hätte in einem anderen Kleid einen weit besseren Eindruck hinterlassen. Unterm Strich bleiben nur Fragmente im Kopf hängen: die zwielichtige Stimmung in „Life", die Farbenpracht von „Crazy", der Witz von „Was Dog A Doughnut?" und natürlich die Melancholie von „Child For A Day". Das freilich reichte, um *Izitso* in den Staaten den Weg in die Top 10 zu ebnen.

RICHTUNGSWECHSEL

TITEL:	*Back To Earth*
LABEL:	Island ILPS 9565;
	A & M SP-4735
VÖ:	Dezember 1978
PRODUZENT:	Paul Samwell-Smith,
	Cat Stevens
CHARTS:	33 (USA), 32 (D)

01 Just Another Night
02 Daytime
03 Bad Brakes
04 Randy
05 The Artist
06 Last Love Song
07 Nascimento
08 Father
09 New York Times
10 Never

BACK TO EARTH

EIN LETZTER GRUSS AUS HÖHEREN SPHÄREN

ACHT JAHRE NACH SEINEM NEUSTART im Musikbusiness war *Back To Earth* für Cat Stevens eher eine Pflichtübung als ein weiterer Ausdruck seiner Liebe zur Musik. Denn als das Album im Dezember 1978 erschien, gab es Cat Stevens eigentlich schon gar nicht mehr – auch wenn sein Name noch auf der Hülle stand. Bereits ein Jahr vorher war er offiziell zum Islam übergetreten und hatte seinen Namen am 4. Juli 1978 in Yusuf Islam geändert. Doch Island Records sah darin keinen Grund, ihn aus seinem Vertrag zu entlassen und bestand darauf, dass Stevens/ Islam wie vereinbart noch eine weitere Platte ablieferte. *Back To Earth:* Yusuf Islam musste sich noch einmal mit irdischen Dingen befassen. Er tat das zwar letztlich ohne Widerworte, doch man konnte hören, dass es ihm nicht leicht fiel.

Die Aufnahmesessions, die in den USA, Kanada und Großbritannien stattfanden, zogen sich diesmal etwas länger hin, weil sie mehrmals am Tag für die Gebete von Yusuf Islam unterbrochen werden mussten. Vielleicht hatte der vom Glauben Beseelte deshalb so viele Vertraute um sich geschart und sich auch wieder in die Obhut seines Lieblingsproduzenten Paul Samwell-Smith begeben, der sogar auf zwei Stücken („Daytime" und „Last Love Song") zusammen mit Stevens die Begleitstimmen im Hintergrund beisteuerte. Neben Jean Roussel, Gerry Conway und Bruce Lynch war auch Del Newman wieder anwesend; Gitarrist Alun Davies, der Cat Stevens auf seinen wichtigsten Platten so treu und brav begleitet hatte, durfte aus unerfindlichen Gründen aber nur einmal zu seinem Instrument greifen.

NACHDEM ALLE MITWIRKENDEN wussten, dass *Back To Earth* das letzte Album von Cat Stevens sein würde, war die Stimmung im Studio seltsam bedrückt und traurig – Abschiedsstimmung eben. Allen war klar, dass mit diesem Album eine Ära zu Ende ging und dass sie ein letztes Mal mit einem Künstler zusammenarbeiteten, der im Kopf schon ganz woanders war und künftig völlig neue Wege gehen wollte. Cat Stevens hatte endlich seine Bestimmung gefunden – und sie lag jenseits jener Welten, in denen die Musik den Ton angab. Das Gleichgewicht, auf dessen Basis seine innere Ruhe nach dem Übertritt zum Islam wachsen konnte, war auf *Back To Earth* an vielen Stellen hörbar: Des Sängers Stimme klang meist entspannt und ließ dadurch Facetten erkennen, die jahrelang verschüttet gewesen waren. Um die Verpackung seines Albums hatte sich Stevens erstmals nicht selbst gekümmert: Zeichnungen aus seiner Hand suchte man vergeblich, auch Fotos von ihm gab es nicht. Stattdessen war vieles im Fluss: Ein Gebirgsbach rauschte voll Bewegungsunschärfe ins Tal. Stevens alias Islam wollte einfach nur weg und war überhaupt nicht daran interessiert, das Album zu promoten oder die Songs live zu spielen. So erreichte *Back To Earth* nur in einigen Ländern die unteren Ränge der Charts und war schnell wieder vergessen.

JUST ANOTHER NIGHT

Liebeskummer war der Auslöser für viele Lieder von Cat Stevens, doch die Texte wurden mit der Zeit leider immer plumper und machten nicht selten einen ziemlich hilflosen Eindruck. Auch auf „Just Another Night" tut sich Stevens in erster Linie selber leid, weil seine uferlose Liebe mal wieder nicht auf fruchtbaren Boden gefallen ist. Statt nach Alternativen zu suchen, klebt er am Rockzipfel und gutmenschelt in einem fort: „Everybody needs a friend sometimes, a little help, and who knows maybe one day you'll seek mine … I won't ever let you down" – „Jeder braucht irgendwann im Leben einen guten Freund, eine helfende Hand, und wer weiß, irgendwann brauchst vielleicht auch du mich einmal, dann werde ich dich nicht im Regen stehen lassen." Cat, die treue Seele! Wenigstens trägt die durchaus romantische Melodie mit ihrem optimistischen Grundmotiv viel Sonne im Herzen und ist angenehm instrumentiert, wenngleich Brian Cole mit seiner Steel Guitar besser zu Hause geblieben wäre. Auch das Drehorgel-Gedudel im Mittelteil ist nicht gerade ein Gewinn. Von der Akkordfolge her knüpft Cat Stevens mit „Just Another Night" aber an große Zeiten an, denn der Song ist in dieser Hinsicht ähnlich gut gebaut wie „Where Do The Children Play?". Nicht ohne Grund spielte Stevens deshalb beide Songs bei seinem letzten öffentlichen Auftritt am 22. November 1979, dem *Year Of The Child*-Konzert im Wembley Stadion, als Medley.

DAYTIME

An was erinnert das bedächtige Pianomotiv, das den Anfang von „Daytime" verzaubert, im weiteren Verlauf des Stücks immer wieder anklingt und dann auch noch für einen schönen Abschluss sorgt? Die Antwort ist einfach: an „Tiny Dancer" von Elton John. Wahrscheinlich hat Cat Stevens diese Anleihe seinerzeit aber unbeabsichtigt getätigt oder doch zumindest aus guten Motiven heraus, denn der Song, zu dem Gitarrist Alun Davies einige Textzeilen beisteuerte, war als sein Beitrag für das Jahr des Kindes gedacht, zum dem die UNICEF 1978 ausgerufen hatte. Als Metaphern für den Text setzt Stevens wieder einmal auf den Mond und die Sonne, auf den Wind und das Licht: Sie bilden die Spielwiese, auf der die reinen Herzen der Kinder Purzelbäume und Freudensprünge machen können, um damit die Gedanken der Erwachsenen aus ihren eingefahrenen Bahnen zu werfen. Stevens zupft in „Daytime" zaghaft auf den Saiten seiner spanischen Gitarre, während Derek Wadsworth sein Orchester mit viel Feingefühl dirigiert und an straffen Zügeln hält. So hat das hauchzarte Arrangement des Stücks die Anmut feiner Gaze, in der sich das Licht der Hoffnung fängt. Der Gefühlsausbruch im Mittelteil, der wie ein Blitz kurzzeitig die Idylle stört, wäre nicht unbedingt nötig gewesen.

BAD BRAKES

Für „Bad Brakes" griff Cat Stevens zum Bass und überließ seinem alten Mitstreiter Alun Davies, der auch hier beim Text mitgeholfen hatte, die Akustikgitarre. Den Sound aber bestimmt ein anderer: der Rockgitarrist Eric Johnson, der dem Stück mit seinen kräftigen Riffs beständig Feuer unterm Hintern macht, es aber dennoch nur mühsam vom Fleck bewegt – offenbar sind die Bremsen, von denen im Titel des Songs die Rede ist, doch nicht so schlecht. Das kurze Mundharmonikasolo von Graham Smith lässt zwar aufhorchen, ansonsten aber hat dieses Lied, das etwas zu ausführlich von einer Autopanne in Kalifornien berichtet, wenig zu bieten. Interessant jedoch ist, dass hier ein tiefgläubiger Muslim mit dem Rock anbändelt.

RANDY

Kaum hat Eric Johnson die E-Gitarre aus der Hand gelegt, da verziert Cat Stevens auch schon wieder eine Melodie mit reichlich Zuckerguss: „Randy" ist ein Auffangbecken für gebrochene Herzen aller Art, das vor lauter Güte überläuft. Die Ode an die Frau mit „Augen schwarz wie Kirschen" heißt süßliche Streicherarrangements herzlich willkommen, verklebt die Gehörgänge im Nu, ist aber mit sich selbst immer im Reinen. Zu schön, um wahr zu sein.

THE ARTIST

Auch auf *Back To Earth* gibt es – wie auf *Izitso* – zwei Instrumentalstücke, doch beide gehören nicht zu den Glanzleistungen von Cat Stevens. „The Artist" muss bei den Aufräumarbeiten im Studio entstanden sein, als man die Ideen zusammenkehrte, die bei den Aufnahmen übrig geblieben waren. Der Titel braucht zwanzig Sekunden, um zum Leben zu erwachen, doch dann gähnt er erst einmal eine ganze Minute vor sich hin, während die Akustikgitarren brave Töne von sich geben und im Hintergrund hallige „La-la"-Laute zu hören sind. Nach einer kurzen Verschnaufpause setzt dann das Klavier ein und klimpert – die Streicher im Rücken – gedankenverloren vor sich hin. Keine große Kunst.

LAST LOVE SONG

Noch einmal muss man Mitleid haben – Mitleid mit Cat Stevens, der auch in seinem letzten Liebeslied verlassen vor sich hin weint: „If you don't love me, please don't treat me this way" – „Wenn du mich nicht liebst, dann sei wenigstens nicht so grob zu mir." Dazu geben die Streicher wieder mal alles, und auch die restlichen Instrumente sind mit Inbrunst bei der Sache. „Last Love Song" ist ein Vexierspiel der großen Gefühle mit klassischem Anstrich, dem Stevens das Make-up etwas zu reichlich aufgetragen hat. Später sagte er, das Stück sei mehr oder weniger sein Epilog gewesen: „Ich hatte mit dem Koran die ultimative Komposition gefunden und hatte es nicht mehr nötig, weitere Denkmäler zu schaffen." Der fragile „Last Love Song" hätte dazu auch nicht das Zeug gehabt.

NASCIMENTO

„Aaaahaaa" – Stevens klagt hier wie ein Muezzin vom Minarett, liegt anschließend mit seiner Elektrogitarre auf der Lauer, geht aber dann in einer seltsamen Melange aus Soul und Funk unter. War sein Schrei vielleicht ein Hilferuf? Gut möglich, denn dieses Instrumentalstück torkelt völlig orientierungslos durch verhallte Gesänge, die Ausdruck von Verdauungsschwierigkeiten sein könnten, trifft kurzzeitig auf ein anstrengendes Saxophon, verschnauft noch einmal kurz und bläht sich dann erneut auf, bevor der Tontechniker ein Einsehen hat und den Lautstärkeregler nach unten dreht. Gewidmet hat Stevens den Song dem berühmten brasilianischen Sänger Milton Nascimento. Das hätte er besser nicht getan.

FATHER

Pure Religion bestimmt den Geist dieses Lieds, das eigentlich ein vertones Gebet ist und sich an den Vater im Himmel wendet, um ihm tiefschürfende Fragen zu stellen: „Father oh Father hear me if you can, is it true what they say that life is a dream?" – „Vater im Himmel, ist es wahr, dass das Leben nur ein Traum ist?" Stevens sucht nach Orientierung, zumal die dunklen Bassmotive im Untergrund nichts Gutes verheißen. Doch gegen das helle Licht, das die großflächig angelegten Streicher schließlich am Himmel leuchten lassen, haben die verschwörerischen Töne letztlich keine Chance. Gott sei Dank.

NEW YORK TIMES

Weltverbesserer im World Trade Center: New York war Cat Stevens schon immer ein Dorn im Auge. Hier erhebt er ein letztes Mal den mahnenden Zeigefinger und malt ein düsteres Bild der modernen Zivilisation, die ständig in den „Big Apple" beißt, während anderen die Mägen knurren. New York ist für Stevens ein Moloch, der Kinder den Autos zum Fraß vorwirft und junge Frauen einsam in Hotelzimmern sterben lässt. Nach dem Prinzip der Schluckimpfung verpackt Cat Stevens diese bitteren Einsichten in ein fröhliches Arrangement, das beide Tanzbeine schwingt und auch auf der Musical-Bühne eine gute Figur machen würde, zeitweilig jedoch in einem Meer von Streichern zu ertrinken droht.

NEVER

Mit der Einsicht, dass jeder Mensch einzigartig ist, verabschiedete sich Cat Stevens Ende 1978 von seinen Fans. Voll Zuversicht singt er in der etwas behäbigen Ballade „Never" über die Chance zur ständigen Erneuerung und verkündet, dass es immer wieder einen neuen Frühling geben wird. Sind das nicht gute Nachrichten? Klar, dass ihm zum Schluss auch noch einmal jenes Wort über die Lippen kommt, das er im Verlauf seiner Karriere mehr als jedes andere im Mund geführt hat: Love. Danach legte er die Gitarre beiseite. Und es sollte ein Vierteljahrhundert dauern, bis er sie wieder zur Hand nahm.

SEIN LETZTES ALBUM WAR EIN KRAFTAKT: Auf *Back To Earth* gibt sich Cat Stevens redlich Mühe, seine Karriere als Musiker mit Anstand zu beenden, doch ein großer Wurf ist ihm nicht gelungen. Treue Fans waren zwar froh, dass er überhaupt noch einmal etwas von sich hatte hören lassen, doch nicht nur zwischen den Zeilen konnte man herauslesen: Stevens wollte nicht mehr. Die Popmusik hatte ihn an Allah verloren.

LIVE-ALBEN

SATURNIGHT

WENN BEI TOKIO DIE ROTE SONNE IM MEER VERSINKT

SIEHT MAN VON ZAHLREICHEN Bootlegs ab, dann ist während Cat Stevens' aktiver Zeit nur ein einziges Live-Album von ihm erschienen: *Saturnight*, aufgenommen am 22. Juni 1974 im Nakano Sun Plaza Stadion in Tokio, einer Station auf der langen Reise der heute legendären *Bamboozle World Tour*. Amerikanische und europäische Fans hatten das Nachsehen, denn das Album erschien nur in Fernost – und der Erlös aus dem Verkauf der Platte ging direkt auf das Konto von UNICEF.

In Europa ist *Saturnight* nach wie vor nur auf Sammlerbörsen zu finden – äußerst begehrt und zu Höchstpreisen gehandelt. Auf dem Cover versinkt die Sonne hinter der Konzertbühne im abendlichen Meer, innen sieht man Stevens blumenbehangen mit nacktem Oberkörper Gitarre spielen. *Saturnight* war aber nicht etwa ein Solokonzert; Alun Davies, Jean Roussel und Gerry Conway waren natürlich auch in Tokio mit dabei, ebenso Larry Steele am Bass, Jim Cregan als weiterer Gitarrist sowie zwei Chorsängerinnen.

NOCH HEUTE SCHWÄRMT Gerry Conway vom Auftritt, wie man in seinem Anmerkungen zum Boxset *On The Road To Find Out* nachlesen kann: „Es war schon eine große Freude, Lieder zu spielen, die das Publikum in- und auswendig kannte und einfach liebte." Diese Freude, von der Conway spricht, ist tatsächlich hörbar. *Saturnight* gilt deshalb nicht von ungefähr als historisches Dokument, auf dem – übrigens in durchaus guter Klangqualität – einige der größten Cat-Stevens-Hits versammelt sind. Neben „Wild World", „Lady D'Arbanville", „Oh Very Young", „Father And Son" und „Peace Train" spielte Stevens aber auch weniger bekannte Lieder wie „Bitterblue", „King Of Trees", „A Bad Penny" sowie seine Interpretation des Songs „Another Saturday Night" von Sam Cooke, die dem Live-Album auch seinen Namen gab. Für Fans ist *Saturnight* ein Muss.

MAJIKAT

SPÄTE ERINNERUNG AN MAGISCHE ZEITEN

FAST DREI JAHRZEHNTE LANG schlummerten diese ausgezeichneten Aufnahmen eines Konzerts, das Cat Stevens am 22. Februar 1976 in Williamsburg, USA, gegeben hatte, in den Archiven der Plattenfirma, ehe die Fans sie im Jahr 2004 endlich zu hören – und zu sehen – bekamen. Denn *Majikat* erschien zunächst als DVD und erst einige Monate später, im März 2005, als Audio-CD, die mit „How Can I Tell You" ein Stück enthält, das sich nicht auf der DVD findet, während „Ruins" und „Miles From Nowhere" von der DVD fehlen.

Die Erwartungen an die DVD *Majikat* waren nicht allzu hoch, die Überraschung geriet dafür umso größer: Zwar ist die Kameraperspektive recht langweilig, aber die Qualität der Bilder fiel dafür erstaunlich gut aus. Auch die Klangqualität muss sich vor guten HiFi-Anlagen nicht verstecken. Viel wichtiger jedoch ist, dass man erst dank *Majikat* das Charisma des livehaftigen Cat Stevens so richtig nachempfinden kann: DVD wie CD fangen Stevens' Ausstrahlung hervorragend ein – die Kraft, mit der er seine Lieder interpretierte, die allgegenwärtige Hingabe, mit der er sie für seine Fans veredelte.

SO GESEHEN IST *Majikat* ein Glücksfall, der Stevens solo und mit seiner Band präsentiert; auch die Auswahl der Songs geht in Ordnung. Da sind die großen Hits wie „Lady D'Arbanville", „Wild World", „Father And Son", „Moonshadow", „Oh Very Young" und „Peace Train", da sind unvergängliche Melodien wie „The Wind", „Where Do The Children Play?", „Sad Lisa" oder „Fill My Eyes", aber eben auch temperamentvolle Titel wie „Another Saturday Night", „Banapple Gas" oder „Two Fine People", das Stevens hier freimütig als Blaupause von „Wild World" bezeichnet. Außerdem offenbart er, dass er mit „Sad Lisa" eher sich selbst gemeint hat und dass er „Peace Train" tatsächlich während einer Zugfahrt schrieb, dabei allerdings an den Film *Strangers On A Train* von Alfred Hitchcock dachte.

KOMPILATIONEN

GREATEST HITS

EIN SAMSTAGABEND IN GUTER GESELLSCHAFT

DAS ERSTE OFFIZIELLE Greatest-Hits-Album von Cat Stevens erschien im Juni 1975, ein gutes Jahr nach *Buddha And The Chocolate Box*, und verkaufte sich rund um den Globus wie frisches Brot. Trotzdem hielt Stevens wenig davon – und das nicht nur, weil er mit dem von David McMacken gemalten Cover wenig anfangen konnte. In einem Interview mit der BBC im Jahr 1975 klagte er vor allem darüber, dass er bei der Songauswahl kein Mitspracherecht gehabt hätte (wobei ihm das ohnehin nicht leicht gefallen wäre, denn alle seine Lieder waren ihm gleich viel wert).

Auch wenn die Platte seinen Segen nicht hatte, so war sie doch immerhin sehr opulent ausgestattet und enthielt als Posterbeilage alle zwölf Songtexte in Form eines Monatskalenders sowie das Foto von Stevens mit nacktem Oberkörper, das schon im Innenteil von *Saturnight* zu sehen war. Erstmals taucht auf der Hülle auch der aus einem Kreis heraus brüllende Tiger auf, der später zum Symbol für die *Majikat*-Tournee wurde.

Zumindest setzte Stevens durch, dass es auch neues Material auf dem Album zu hören gab: Neben dem bis dahin nur auf Single erhältlichen Stück „Another Saturday Night" handelte es sich dabei um „Two Fine People", das auf keinem anderen Studioalbum veröffentlicht wurde und nur noch auf dem Live-Album *Majikat* enthalten ist.

TWO FINE PEOPLE

„Two Fine People" wurde mit „A Bad Penny" auf der B-Seite auch als Single ausgekoppelt. Der Song schaffte es immerhin bis auf Platz 33 in den US-Charts und erinnerte stark an „Wild World", was Stevens auf dem 2004 veröffentlichen Mitschnitt der *Majikat*-Tournee auch unumwunden zugab: „In fact I stole it from ‚Wild World', but – it's cool, it's mine" – „Ich hab's tatsächlich von ‚Wild World' geklaut, aber das macht nichts, denn der Song ist ohnehin meiner." Die Fans nahmen ihm das natürlich nicht krumm, zumal das Stück sehr vital und unbeschwert über die Notenlinien springt und sich überdies durch ein sehr ansprechendes Pianomotiv auszeichnet, auf dem auch die Schluss-Sequenz aufbaut.

ANOTHER SATURDAY NIGHT

Neben „Morning Has Broken" einer der wenigen Hits, die Stevens nicht selbst geschrieben hat. Autor ist der amerikanische Soulsänger Sam Cooke, der am 11. Dezember 1964 unter bis heute nicht restlos geklärten Umständen erschossen wurde. Die Originalversion des Songs kam Mitte 1963 bis in die Top 10 der amerikanischen Singlecharts. In Stevens' Interpretation ist „Another Saturday Night" mehr denn je ein Schunkelsong mit ausgelassenem Jahrmarktcharme, der sich mit der Frage beschäftigt, wofür man am Samstagabend seinen Wochenlohn ausgeben soll, wenn keine Frau in der Nähe ist.

Stevens' Band spielte das beschwingte Stück während der Australientournee immer beim Soundcheck, manchmal auch als Zugabe. Aufgenommen wurde es in Melbourne, die Bläser kamen in Japan aufs Band, die Abmischung fand in San Francisco statt. Im August 1974 mit „Home In The Sky" auf der B-Seite veröffentlicht, erreichte „Another Saturday Night" Platz 19 in Großbritannien und kam in den amerikanischen Charts bis auf Platz 6.

UNTERM STRICH EINE DURCHAUS GELUNGENE ZUSAMMENSTELLUNG der ersten fünf Alben, die Cat Stevens für Island Records aufgenommen hat. Leider fehlt „Lady D'Arbanville" – und warum „Ready" auf dem Album ist, weiß bis heute niemand.

WEITERE KOMPILATIONEN

Seit über dreißig Jahren erscheinen immer wieder Zusammenstellungen der größten Erfolge von Cat Stevens – ein untrügliches Zeichen dafür, dass seine Lieder ganz offensichtlich zeitlos sind. Diese so genannten Sampler lassen sich leicht in zwei Kategorien unterteilen. So gibt es einerseits Alben, die ausschließlich Aufnahmen aus den Sechzigerjahren enthalten, als Stevens bei Deram unter Vertrag stand. Dazu gehören *The World Of Cat Stevens* (1970), *Very Young And Early Songs* (1971), *The View From The Top* (1975), *Early Tapes* (1988) und *First Cuts* (1989).

Interessanter sind jedoch Kollektionen mit Songs aus seiner weit erfolgreicheren zweiten Karrierephase bei Island Records. Neben *Greatest Hits* gehören hierzu *Morning Has Broken* (1981), *Remember Cat Stevens* (1999) oder das CD/DVD-Set *The Very Best Of Cat Stevens* (2003). Auf der DVD kann man sehen, wie Stevens fünf Songs live spielt („Moonshadow", „Wild World", „Father And Son", „Hard Headed Woman" und „Where Do The Children Play?"). Außerdem enthält sie das Promovideo zu „(Remember The Days Of The) Old Schoolyard" und den Zeichentrickfilm *Teaser And The Firecat*.

Harold And Maude, ein seltenes, nur für den japanischen Markt produziertes Album aus dem Jahr 1972, ist eine Mogelpackung, denn es enthält nicht die von Stevens eigens für den Film geschriebenen Songs „Don't Be Shy" und „If You Want To Sing Out", sondern nur die bekannte Hitkost – von „Lady D'Arbanville" bis „Morning Has Broken". Die beiden Songs, die man eigentlich hier finden sollte, wurden erst 1984 auf *Footsteps In The Dark* veröffentlicht, das außerdem „I Want To Live In A Wigwam" enthält, die B-Seite der Single „Morning Has Broken". Der Rest ist eine eher unausgegorene Mischung aus Erfolgstiteln und solchen, die es werden wollten.

Durchaus interessant ist *Cat Stevens Gold,* das im November 2005 als Doppel-CD mit 32 Stevens-Klassikern erschien. Diese Zusammenstellung vereinigt erstmals Lieder des frühen Cat Stevens mit den Hits aus seiner zweiten Karrierephase – von „Matthew & Son" bis zum „Last Love Song" aus *Back To Earth.* Auch Yusuf Islams „Indian Ocean" ist zu hören – jener Song, den er im März 2005 zugunsten der Tsunami-Opfer in Südostasien veröffentlichte, der aber vorher nur als Download im Internet zu haben war.

Eine unverzichtbare Fundgrube für Fans ist das opulente Boxset *On The Road To Find Out* mit neunundsiebzig Liedern auf vier CDs und einem sechsundneunzig Seiten starken Begleitheft, das 2001 auf den Markt kam. Die gigantische Kompilation bietet ohne Zweifel eine hervorragende Zusammenfassung der Karriere von Cat Stevens und enthält neben allen Hits auch seine erste Aufnahme „Back To The Good Old Times". Auf der ersten CD findet sich ausschließlich Material aus Stevens' Jahren bei

Deram, darunter neben vielen bekannten Stücken auch einige dahin unveröffentlichte Stücke. CD zwei versammelt die Highlights von *Mona Bone Jakon* bis zu *Teaser And The Firecat* sowie zwei Lieder, die nach wie vor zu den besten von Cat Stevens gehören: „Don't Be Shy" und „If You Want To Sing Out" – beide Titel hat Cat Stevens 1972 für den Film *Harold And Maude* geschrieben. Außerdem gibt es die Urfassung von „Land O' Freelove And Goodbye" zu hören sowie „The Day They Make Me Tsar", eine Demoaufnahme für Stevens' nie fertig gestelltes Musical *Revolussia*. Die dritte CD widmet sich den Alben *Catch Bull At Four, Foreigner* und *Buddha And The Chocolate Box* und CD vier widmet sich der Zeit von *Numbers* bis *Back To Earth,* aber auf ihr finden sich auch noch einige Dokumente von historischem Wert, darunter ein weiteres Instrumental namens „Doves", einige Live-Aufnahmen, Stevens' Interpretation von „Blue Monday" sowie Yusuf Islams hymnische Huldigung „God Is The Light". Eindeutiger Höhepunkt ist jedoch die ergreifende Aufnahme eines der letzten Lieder, die Cat Stevens jemals live sang: „Father And Son" vom *Year Of The Child*-Konzert am 22. November 1979. Das geht auch heute noch unter die Haut – vor allem, weil die letzte Textzeile damals plötzlich einen anderen Sinn erhielt: „Now there's a way and I know that I have to go – Ich kenne den Weg, und ich weiß, dass ich ihn gehen muss." Wenig später verabschiedete sich Cat Stevens für immer von seinen Fans.

BACK TO THE GOOD OLD TIMES

Ein Stück mit eher historischem Wert und nicht gerade lupenreiner Tonqualität für treue Stevens-Jünger: Die erste Aufnahme von Cat Stevens klingt leider so, als wäre sie in einer Gruft entstanden. Nicht selten schrammelt die Gitarre an den Tönen vorbei, die Finger stolpern etwas unbeholfen über die Saiten – lediglich die Stimme lässt bereits aufhorchen, auch wenn sie nur Platitüden von sich gibt. Trotzdem hat das Stück irgendwie Charme.

IF ONLY MOTHER COULD SEE ME NOW

Mit ein wenig Schwermut gewürzte Melodien wie diese waren in den Sechzigerjahren angesagt. Der junge Cat Stevens schlägt in dieser braven Ballade auf seiner Akustikgitarre viele Moll-Akkorde an und aalt sich traurig in Erinnerungen an seine Eltern. Dabei umkreist der Nachwuchssänger manche Töne, ohne sie richtig zu treffen. Fans kümmert das freilich nicht.

HONEY MAN

Cat Stevens und Elton John, zwei Männer, die in den Siebzigern zu Superstars im Reich der Popmusik aufstiegen, singen dieses harmlose Klimperlied im Chor – das wäre nicht nötig gewesen. Der Text ist gespickt mit pubertären Weisheiten, die Melodie bemüht sich erfolglos um Biss. Zwar verleihen die Bläser dem Ganzen etwas Schwung, doch können sie nicht vertuschen, dass der Song auf der Stelle tritt. Elton John hat übrigens damals auch eine Version von „Lady D'Arbanville" aufgenommen – nachzuhören auf *16 Legendary Covers from 1969 – 70.*

THE JOKE

Jeder Popstar muss seinen Stil erst finden – Cat Stevens machte da keine Ausnahme. „The Joke" stammt aus seiner Orientierungsphase: ein erdiges Rockstück mit ungeschliffenen Sounds aus der E-Gitarre, voluminösen Bläserpassagen und souligen Chören. Im Arrangement gibt es übrigens eindeutige Parallelen zu „Ballad Of A Well-Known Gun" von Elton Johns Album *Tumbleweed Connection.*

I'VE GOT A THING ABOUT SEEING MY GRANDSON GROW OLD

Mit Akustikgitarre und Mundharmonika geht's hier äußerst fröhlich zu: „I've Got A Thing About Seeing My Grandson Grow Old" entstand während der Aufnahmesessions zu *Mona Bone Jakon,* passte dann aber nicht zur Grundstimmung des Albums und musste deshalb draußen bleiben. Umso schöner, dass es auf dem Boxset erklingt.

LOVE LIVES IN THE SKY (LAND O' FREELOVE & GOODBYE)

Was selbst treueste Cat-Stevens-Fans noch nie gehört hatten, das Boxset förderte es zutage: Die Urversion von „Land O' Freelove & Goodbye" klingt zwar behäbiger und weit weniger verspielt als ihr Pendant auf *Numbers* und ist auch in textlicher Hinsicht noch unausgereift, entfaltet dafür aber nach mehrmaligem Hören einige ungeschminkte Reize. Jedenfalls ist diese Aufnahme weit mehr als ein Demo.

DON'T BE SHY

Wer *Mona Bone Jakon, Tea For The Tillerman* und *Teaser And The Firecat* zu seinen Lieblingsalben zählt, der konnte schon 1984 sein Glück kaum fassen, als auf der Kompilation *Footsteps In The Dark* erstmals jene beiden Lieder erhältlich waren, die Stevens 1972 zum Film *Harold And Maude* beigesteuert hatte und die Anfang der Siebzigerjahre eine Bereicherung für jede der drei genannten Langspielplatten gewesen wären.

Mehr noch: Selten ging Stevens mehr unter die Haut als auf der grandiosen Ballade „Don't Be Shy", die sich erst langsam, dann aber mit Wucht in die Seele schleicht. Schnell dämmert die Erkenntnis: Dies ist einer der besten Songs, die Cat Stevens je geschrieben hat.

IF YOU WANT TO SING OUT, SING OUT

In diesem herrlich optimistischen Song wirft Cat Stevens sämtliche Bürden über Bord und freut sich gemeinsam mit seiner Akustikgitarre über die unbegrenzten Möglichkeiten, die das Leben mit sich bringt. Dafür lässt er die Zwänge des Alltags gerne links liegen. Erstaunlich wie frisch und ansteckend das auch heute noch klingt, wenngleich manchen Zeitgenossen der Text schrankenlos weltfremd erscheinen mag. Das ändert aber nichts an der Tatsache, dass letztlich jeder seines Glückes Schmied ist – auch im 21. Jahrhundert.

THE DAY THEY MAKE ME TZAR

Wie „Maybe You're Right" und „Father And Son" stammt auch „The Day They Make Me Tzar" aus dem Reigen an Songs, der eigentlich für Cat Stevens' nie fertiggestelltes Musical *Revolussia* vorgesehen war. Dieses aufnahmetechnisch erstaunlich gute Demo hat die Jahre in den Archiven ohne Schaden überdauert und erweckt auf dem Boxset eine Melodie zum Leben, die zunächst wie Hintergrundmusik für Schlangenbeschwörer klingt, im Refrain dann aber unbestreitbare Ohrwurmqualitäten aufweist.

I WANT TO LIVE IN A WIGWAM

Einst als B-Seite von „Morning Has Broken" veröffentlicht, war dieser Song erstmals 1984 auf der Kompilation *Footsteps In The Dark* erhältlich, ehe er auch auf dem Boxset erklang. Fans lieben dieses Lied vom einfachen Leben heute wie damals – wer es aber ohne den Glorienschein nostalgischer Erinnerungen hören muss, der kann sich des Eindrucks nicht erwehren, dass es eigentlich nicht viel zu bieten hat und damals auf der B-Seite gut aufgehoben war.

BLUE MONDAY

Überraschung: Auf seiner Version des Fats-Domino-Hits „Blue Monday" entpuppt sich Cat Stevens als gestandener Rhythm & Blues-Sänger – das hätte man ihm gar nicht zugetraut. Mag sein, dass es Interpreten gibt, deren Stimme noch besser zum Charakter des Stücks passt. Doch wen interessiert das?

CRAB DANCE

„Crab Dance" ist etwas Besonderes – nämlich der erste Titel von Cat Stevens, auf dem des Sängers Stimme schwieg. Ausgestattet mit schnellem Puls und einigen unerwarteten Wendungen tauchte das funkelnde Instrumentalstück erstmals Ende 1972 als B-Seite von „Sitting" auf. Mit seinem vollmundigen, durchaus festlichen Arrangement hätte es ein paar Jahre später perfekt auf das Album *Numbers* gepasst. So jedoch gab es erst auf dem Boxset ein Wiederhören.

DOVES

Dieses umtriebige Instrumentalstück, das auf den Tasten von Klavier und Synthesizer so manche Kapriolen schlägt, kam in der zweiten Hälfte der Siebzigerjahre gleich zweimal als B-Seite zu Ehren – sowohl bei „(Remember The Days Of The) Old Schoolyard" als auch bei „(I Never Wanted To) Be A Star". Dabei wäre es auf dem orientierungslosen Album *Izitso* weit besser aufgehoben gewesen.

BOOTLEG-ALBEN

SCHÄTZE FÜR JÄGER UND SAMMLER

MITSCHNITTE VON CAT-STEVENS-KONZERTEN

WENN AUCH NICHT in so großer Zahl wie von Bob Dylan, so gibt es doch eine Menge illegaler Mitschnitte von Cat-Stevens-Konzerten. Die Tonqualität dieser Aufnahmen lässt freilich oft sehr zu wünschen übrig und kommt meist nicht über Cassettenrekorder-Niveau hinaus. Fans stören sich daran aber nicht und zahlen bereitwillig auf Tauschbörsen oder bei eBay Liebhaberpreise. Die Bezeichnung „Bootleg" (Stiefelschaft) geht übrigens auf die Zeit der Prohibition in den USA zurück und umschrieb ursprünglich den Verkauf von – meist im Stiefel geschmuggelten – Spirituosen.

Die folgende Auflistung enthält die bekanntesten Bootlegs von Cat Stevens, erhebt aber keinen Anspruch auf Vollständigkeit.

8. AUGUST 1970
PLUMPTON BLUES FESTIVAL

01	Changes IV
02	Time/Fill My Eyes
03	Where Do The Children Play?
04	Lady D'Arbanville
05	Maybe You're Right
06	Father And Son

1. DEZEMBER 1970
LIVE AT THE VILLAGE GASLIGHT
(identisch mit der Vinyl-LP *Catnip*)

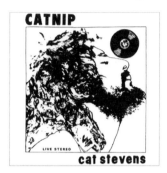

01 Moonshadow
02 On The Road To Find Out
03 Where Do The Children Play?
04 Wild World
05 Longer Boats
06 Maybe You're Right
07 Sad Lisa
08 Miles From Nowhere
09 Hard Headed Woman
10 Peace Train
11 Father And Son
12 Changes IV

8. JUNI 1971
KCET STUDIOS LOS ANGELES
(Live-Fernsehauftritt)

01 Moonshadow
02 On The Road To Find Out
03 Where Do The Children Play?
04 Wild World
05 Miles From Nowhere
06 Longer Boats
07 Father And Son
08 Hard Headed Woman

1971
CAT STEVENS CONCERT
(die Vinyl-LP erschien als Bootleg Anfang der Siebzigerjahre)

Die ersten acht Stücke sind identisch mit den Songs vom KCET-Auftritt vom 8. Juni 1971. Weitere Songs:

09 Maybe You're Right
10 Peace Train
11 Sad Lisa
12 Changes IV
13 Into White

21. JUNI 1971
CHAPTER 4 – LIVE IN CALIFORNIA

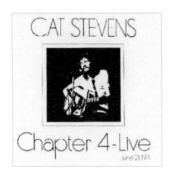

01 Moonshadow
02 Where Do The Children Play?
03 Wild World
04 How Can I Tell You
05 On The Road To Find Out
06 Miles From Nowhere
07 Sad Lisa
08 Longer Boats
09 Peace Train
10 Hard Headed Woman
11 Father And Son
12 Changes IV

30. JUNI 1971
BERKELEY CALIFORNIA

01	Intro
02	Moonshadow
03	Where Do The Children Play?
04	Wild World
05	Time/Fill My Eyes
06	Longer Boats
07	Miles From Nowhere
08	Sad Lisa
09	Peace Train
10	On The Road To Find Out

1. JULI 1971
SANTA MONICA AUDITORIUM – CALIFORNIA

01	Moonshadow
02	Where Do The Children Play?
03	Wild World
04	Time/Fill My Eyes
05	Fill My Eyes (continued)
06	Into White
07	On The Road To Find Out
08	Miles From Nowhere
09	Tuesday's Dead
10	Longer Boats
11	Portobello Road
12	Hard Headed Woman
13	Changes IV
14	The Wind
15	Peace Train
16	Intro/Katmandu
17	Band Intro/Father And Son
18	Sad Lisa

7. SEPTEMBER 1971
„OUT FRONT" GRANADA TV CONCERT – MANCHESTER, ENGLAND

01 Moonshadow
02 Where Do The Children Play?
03 Longer Boats
04 Tuesday's Dead
05 Sad Lisa
06 Hard Headed Woman
07 Father And Son

OKTOBER 1971
PHILHARMONIC HALL – NEW YORK

01 Moonshadow
02 Longer Boats
03 If I Lough
04 Sad Lisa
05 Miles From Nowhere
06 Tuesday's Dead
07 Father And Son
08 Changes IV
09 Into White
10 Honey Man (mit Elton John)
11 Blue Monday

23. OKTOBER 1971
MASSEY HALL – TORONTO, CANADA

01 The Wind
02 Moonshadow
03 On The Road To Find Out
04 If I Laugh
05 Longer Boats
06 King Of Trees
07 Sweet Scarlet
08 Miles From Nowhere
09 Hard Headed Woman

10	Wild World
11	Peace Train
12	How Can I Tell You
13	Where Do The Children Play?
14	Father And Son
15	Changes IV
16	Sad Lisa

27. NOVEMBER 1971
BBC TV-CONCERT, LONDON

01	Moonshadow
02	Tuesday's Dead
03	Wild World
04	How Can I Tell You
05	Maybe You're Right
06	I Love My Dog
07	Bitterblue
08	Changes IV
09	Into White
10	Father And Son

21. OKTOBER 1972
VETERANS MEMORIAL – COLUMBUS, OHIO

01	Wild World
02	Lady D'Arbanville
03	Can't Keep It In
04	Trouble
05	King Of Trees
06	Miles From Nowhere
07	18th Avenue
08	Hard Headed Woman
09	Peace Train
10	Freezing Steel
11	Moonshadow
12	Father And Son
13	Sitting

25. OKTOBER 1972
CURTIS HIXON HALL – TAMPA, FLORIDA

01 On The Road To Find Out
02 Can't Keep It In
03 King Of Trees
04 Sitting
05 18th Avenue
06 Hard Headed Woman
07 Tuesday's Dead
08 Into White
09 Lady D'Arbanville
10 Peace Train
11 Sad Lisa
12 Miles From Nowhere
13 Father And Son
14 Band Introduction
15 Angelsea
16 Bitterblue
17 Longer Boats
18 Trouble

30. OKTOBER 1972
PUBLIC MUSIC HALL – CLEVELAND, OHIO

CD 1
01 Moonshadow
02 Wild World
03 Trouble
04 On The Road To Find Out
05 Can't Keep It In
06 Maybe You're Right
07 Sitting
08 18th Avenue
09 Hard Headed Woman
10 Tuesday's Dead

CD 2
01 Time/Fill My Eyes
02 Lady D'Arbanville
03 Peace Train
04 Sad Lisa
05 Miles From Nowhere/
Father And Son
06 Ruins/Band Introduction
07 Angelsea
08 King Of Trees
09 Morning Has Broken
10 Bitterblue

12. NOVEMBER 1972
MASSEY HALL – TORONTO, CANADA

01 On The Road To Find Out
02 Wild World
03 Can't Keep It In
04 Sweet Scarlet
05 18th Avenue
06 Miles From Nowhere
07 Hard Headed Woman
08 Peace Train
09 Lady D'Arbanville
10 Moonshadow
11 Sad Lisa
12 Trouble
13 Father And Son
14 Tuesday's Dead
15 Bitterblue

9. NOVEMBER 1973
THE HOAXER'S MIDNIGHT DAYDREAM
(*Moon And Star Concert* von ABC im Aquarius Theatre Hollywood)

01 Morning Has Broken
02 18th Avenue
03 On The Road To Find Out
04 Wild World
05 Moonshadow
06 King Of Trees
07 Bad Penny
08 The Boy With The Moon
   And Star On His Head
09 The Hurt
10 Foreigner Suite

26. APRIL 1974
BOSTON MUSIC HALL – BOSTON, MASSACHUSETTS

CD 1

01 Applause
02 Wild World
03 Longer Boats
04 Oh Very Young
05 Sitting
06 Foreigner Suite
07 Where Do The Children Play?
08 Moonshadow
09 How Can I Tell You
10 Bad Penny
11 Later

CD 2

01 Lady D'Arbanville
02 Peace Train
03 Father And Son
04 Music
05 18th Avenue
06 Bitterblue
07 Hard Headed Woman
08 King Of Trees
09 Sun/C79
10 Sad Lisa

DEZEMBER 1975
LIVE IN PARIS – BROADCAST ON FRENCH RADIO

01 Banapple Gas
02 Majik Of Majiks
03 Oh Very Young
04 O'Caritas
05 The Hurt
06 Music
07 Lady D'Arbanville
08 Peace Train
09 Morning Has Broken
10 Sad Lisa
11 Another Saturday Night
12 Tuesday's Dead
13 King Of Trees

27. FEBRUAR 1976
BOSTON MUSIC HALL – BOSTON, MASSACHUSETTS

CD 1

01 The Wind
02 Moonshadow
03 Where Do The Children Play?
04 Another Saturday Night
05 Sun/C79
06 King Of Trees
07 Whistlestar
08 Miles From Nowhere
09 Lady D'Arbanville
10 Banapple Gas
11 Hard Headed Woman

CD 2

01 Tuesday's Dead
02 Oh Very Young
03 I Love My Dog
04 How Can I Tell You
05 Sitting
06 Majik Of Majiks
06 Sad Lisa
07 Two Fine People
08 Ruins
09 Peace Train
10 Father And Son
11 Blue Monday
12 Wild World

6. MAI 1976
STADTHALLE WIEN, ÖSTERREICH

01 Moonshadow
02 Where Do The Children Play?
03 Lady D'Arbanville
04 Tuesday's Dead
05 King Of Trees
06 Sitting
07 Sun/C79
08 Fill My Eyes
09 Hard Headed Woman
10 Another Saturday Night
11 Miles From Nowhere

12 100 I Dream
13 Oh Very Young
14 Majik Of Majiks
15 Sad Lisa
16 Peace Train
17 Banapple Gas
18 Father And Son
19 Can't Keep It In
20 Foreigner Suite
21 Wild World
22 Bitterblue

30. September 1976
GO CAT GO

(mit Ringo Starr, aufgenommen im Sweet Silence Studio, Kopenhagen, während der Proben zur LP *Izitso*, auch bekannt als *Sink In The Can*)

01 Blue Monday
02 If I Have To Work For You
03 Blue Monday
04 Blue Monday
05 I Just Want To Make Love To You
06 Working In A Coal Mine
07 Baby I Have Some Love for You
08 Looking For The Sailor

22. NOVEMBER 1979
YEAR OF THE CHILD CONCERT – WEMBLEY EMPIRE POOL, LONDON, UK

01 Daytime
02 Where Do The Children Play?
03 Father And Son
04 Morning Has Broken
05 Child For A Day

28. MAI 2005
ADOPT A MINEFIELD
(Benefizgala in Neuss, Deutschland. Yusuf Islam wird begleitet von Alun Davies, Rick Nowels und Angus Lyon)

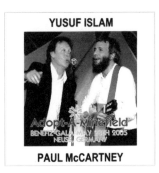

01 Pre-Announcement (Paul McCartney)
02 Intro (Yusuf Islam)
03 Where Do The Children Play?
04 The Little Ones
05 Peace Train
06 Maybe There's A World
07 All You Need Is Love (with Paul McCartney)
08 Thanks From Paul
09 Let It Be (Paul McCartney)
10 Guitar Signing: Last Words
11 Auction „Save This Little Guitar"

ALBEN VON UND MIT YUSUF ISLAM

KLÄNGE VOM „MOUNTAIN OF LIGHT"

YUSUF ISLAMS VERÖFFENTLICHUNGEN nach 1978 sollte man nicht etwa als Comeback eines ehemals erfolgreichen Popsängers betrachten, eher als Lebenszeichen eines tief spirituellen Menschen, der seinen Weg gefunden hat und der sein Wissen und seine Erfahrungen mit Hilfe der Musik oder in Form von Lehrbüchern weitergeben will. Schon 1972 hatte Cat Stevens auf *Catch Bull At Four* in dem Song „Sitting" prophezeit, dass er von sich hören lassen würde, sobald er den Fluss überquert habe: „And if I make it to the waterside, I'll be sure to write you a note or something." Yusuf Islam machte dieses Versprechen wahr.

Adressiert sind seine Botschaften an alle Suchenden, vor allem aber an die Kinder seiner islamischen Schulen. Ihnen bringt er mit dem Album *A Is For Allah* in leicht verständlicher Form das Alphabet bei, ihnen erzählt er auf *The Life Of the Last Prophet* die Lebensgeschichte des Propheten Mohammed, und er singt für sie über seine Verbundenheit zu Gott und seinem Propheten („I Look, I See"). Aber auch die Sehnsucht nach Frieden klingt immer wieder an – beispielsweise auf „I Have No Cannons That Roar".

AUF DEN MEISTEN ALBEN ist Yusuf Islam übrigens nur als einer von vielen Interpreten zu hören. Oft zeichnet er auch nur für Musik und Text verantwortlich, ohne selbst zu singen. Erschienen sind die CDs auf Yusuf Islams Label „Mountain Of Light" (www.mountainoflight.com) oder auf Jamal Records (www.jamalrecords.com).

THE LIFE OF THE LAST PROPHET
HÖRBUCH IM GEISTE MOHAMMEDS

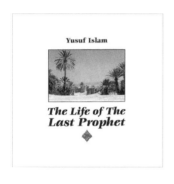

SIEBZEHN JAHRE NACH *Back To Earth* gab es 1995 wieder ein neues Album von „Cat Stevens" – freilich unter neuem Namen und mit ganz wenig Musik. Denn auf dem mit einem vierzigseitigen Booklet ausgestatteten Doppel-CD-Set *The Life Of The Last Prophet* erzählt Yusuf Islam in erster Linie die Lebensgeschichte von Mohammed. Erst danach stimmt er – in Englisch und Arabisch – drei traditionelle islamische Lieder an, darunter auch „Tala'a al-Badru' Alayna" („O The White Moon Rose Over Us") das auch auf Yusuf Islams Live-CD *Night Of Remembrance* (2004) zu hören ist.

Für den Mann, der sich früher Cat Stevens nannte, hatte das Album eine sehr große Bedeutung: „Nachdem ich siebzehn Jahre nicht im Studio war, ist *The Life Of The Last Prophet* vielleicht die wichtigste Aufnahme, die ich je gemacht habe", sagte er bei der Vorstellung des Werks im renommierten englischen Kaufhaus Harrods in London Anfang 1995 dem Reuters-Nachrichtendienst.

YUSUF ISLAM WOLLTE mit *The Life Of The Last Prophet* den Westen besser über den Propheten Mohammed informieren, da dort nur wenig über das Leben und Wirken des Propheten bekannt sei. Das Presse-Echo fiel jedoch nur verhalten aus – und auch viele Fans von früher zeigten sich von Yusuf Islams erstem Werk eher enttäuscht.

Doch obwohl er die Erwartungen seiner ehemaligen Fangemeinde nicht erfüllte, blieb der Erfolg nicht aus. Nur wenige Jahre später erhielt Yusuf Islam sogar eine Platin-CD für dreihundertfünfzigtausend verkaufte CDs – *The Life Of The Last Prophet* hatte sich in der arabischen Welt zum Bestseller entwickelt; in der Türkei kam die CD sogar bis auf Platz 1 der Charts.

I HAVE NO CANNONS THAT ROAR

KOLLEKTIVER AUFRUF GEGEN KRIEG UND GEWALT

1997 PRODUZIERTE YUSUF ISLAM gemeinsam mit Abd Al-Lateef Whiteman zum Gedenken an den bosnischen Außenminister Dr. Irfan Lubjianjić das Album *I Have No Cannons That Roar*. Lubjianjić war gegen Ende des Bosnienkrieges 1995 in seinem Hubschrauber von einer serbischen Rakete abgeschossen worden. Kurz zuvor hatte er Yusuf Islam eine Cassette mit einem von ihm komponierten Lied übergeben. Nachdem das Stück ins Englische übersetzt und neu aufgenommen war, wurde es zum Titelsong des Albums – interpretiert von Dino Merlin, der Bosnien beim European Song Contest 1992 vertreten hatte. Weitere Mitwirkende sind Aziz Alili, Senad Podojak und Burhan Saban.

„Das ist kein Album, das die Charts stürmen wird. Aber ich glaube, es hat eine wichtige Botschaft für all jene, die es hören und verstehen", sagte Yusuf Islam der *Washington Post* Anfang 1997.

YUSUF ISLAM SELBST ist lediglich mit zwei Songs vertreten, wovon er nur einen interpretiert: In „The Little Ones" geht seine Stimme dafür besonders unter die Haut. A capella singt er über das Leid, das Krieg und Gewalt über die unschuldigen Kinder in Sarajevo und Dunblane gebracht haben. Im schottischen Dunblane hatte 1996 ein Gewalttäter sechzehn Kinder im Schulgebäude erschossen.

Für das von Al-Lateef Whiteman gesungene Stück „Mother, Father, Sister, Brother" schrieb Yusuf Islam Text und Musik. Maschinengewehrsalven und Kanonendonner leiten das mahnende Antikriegslied ein, ansonsten sorgen nur Synthesizer für eine eher karge Atmosphäre. Der Erlös der CD ging größtenteils an bosnische Wohltätigkeitsvereinigungen.

SYUKUR

MIT DER GRUPPE RAIHAN IM LICHTE GOTTES

EBENFALLS 1997 ERSCHIEN DAS ALBUM der malaysischen Gruppe Raihan, die Yusuf Islam anlässlich eines Auftritts bei der „Prince's Trust"-Gala in Edinburgh kennen und schätzen gelernt hatte. Bei zwei der zwölf Songs wirkte Yusuf Islam mit: „Seal Of The Prophet" und „God Is The Light", das eines der hörenswertesten Lieder ist, die Yusuf Islam nach seiner Hinwendung zum Islam veröffentlichte. Zunächst sollte die Gruppe Raihan das Stück ohne ihn interpretieren; Yusuf Islam hatte deshalb zur Orientierung nur eine sogenannte „Pilotstimme" aufgenommen. Das klang aber so gut, dass sie schließlich auf dem Band blieb. „God Is The Light" ist auch auf dem Boxset *On The Road To Find Out* und auf dem Album *Bismillah* zu hören. Die Botschaft des Songs ist klar: Wenn Erde, Himmel, Sonne und Sterne das Ergebnis einer wunderbaren Schöpfung sind, wie großartig muss dann erst Allah sein. Yusuf Islam beeindruckt mit andächtigem Gesang, der keinerlei klerikale Langeweile mit sich bringt.

Bei „Seal Of The Prophets" intoniert zunächst die Gruppe Raihan die traditionelle, von einem Trommelgewitter begleitete Melodie. Yusuf Islam singt danach abwechselnd mit Raihan eine von ihm getextete englische Strophe.

PRAYERS OF THE LAST PROPHET

GEBETE FÜR JEDE TAGESZEIT – UND DREI CHORLIEDER

DIESES 1998 ERSCHIENENE ALBUM war als Nachfolger der erfolgreichen Doppel-CD *The Life Of The Last Prophet* gedacht. Es enthält eine Sammlung von Mohammeds Gebeten, die vom Erzähler Yusuf Islam vorgetragen werden. Die Gebete sind auf den Tagesablauf (Morgen – Mittag – Abend – Nacht) abgestimmt, sodass man für jede Stunde das richtige Gebet zur Hand hat.

Außerdem sind drei Lieder auf der CD zu finden. Zunächst „Rabbi Ya Rahman", ein für westliche Ohren ungewöhnliches Stück, eher schon ein Gebet, das ganz ohne Instrumente auskommt und bei dem Yusuf Islam nur im Chor singt. Der Vorsänger, Ziad Sinnon, klingt wie ein Muezzin, der Schülerchor von Yusuf Islams Londoner Schule folgt anschließend brav seinen Gesängen.

„In Sa'altu" („If You Ask Me") ist ebenfalls ein Traditional, das Yusuf Islam, der hier solo singt, ins Englische übertragen hat. Vogelgezwitscher leitet den als Kinderlied arrangierten Song ein, der keinen Zweifel daran lässt, dass Allah der richtige Gott und der Koran das einzig wahre Buch ist: „If you ask me who my God is; if you ask me what my book is ...". Die Gruppe Raihan sorgt für die Chorbegleitung.

Für „Salli Ala Muhammad" schrieb Yusuf Islam Text und Melodie. In arabischer und englischer Sprache beschwört er in diesem einfachen Song neuerlich Allah. Dazu begleitet er sich auf einer Trommel – und auch der Schülerchor ist wieder zur Stelle. Das passt in jede Moschee, ist für westliche Ohren aber ein wenig anstrengend. Das Stück ist übrigens ebenso wie „If You Ask Me" auch auf der 2006 veröffentlichten CD *Footsteps In The Light* zu finden.

A IS FOR ALLAH

LIEDER ÜBER BEDEUTUNGSVOLLE BUCHSTABEN

DAS TITELSTÜCK „A IS FOR ALLAH" schrieb Yusuf Islam bereits im Jahr 1980, gleich nach der Geburt seiner ersten Tochter Hasanah. Veröffentlicht wurde der Song aber erst im Jahr 2000. Auf unterhaltsame Weise will das Album den Kindern die achtundzwanzig Buchstaben des arabischen Alphabets beibringen und dabei gleichzeitig moralische und religiöse Wertvorstellungen vermitteln. Das erinnert vom Konzept her zumindest entfernt an *Numbers*, wo die Songs von Zahlen inspiriert waren, wenngleich Cat Stevens damals mit weit weniger Ernst zur Sache gegangen war.

Die Doppel-CD enthält auch ein vierzehnseitiges Booklet mit Erklärungen und Bildern zu den einzelnen Buchstaben. Während viele Jugendliche „A" beispielsweise mit „Apfel" in Verbindung bringen, erfahren die muslimischen Kinder, dass „A" für Allah steht, den Schöpfer des Apfels und des gesamten Universums.

Mit Ausnahme des Songs „Seal Of The Prophets", den Yusuf Islam mit der Gruppe Raihan singt, hört man auf *A Is For Allah* nur den südafrikanischen Muslim Zain Bhikha, der auch das Titellied interpretiert. Der Kinderchor von Yusuf Islams Londoner Schule ist gleichfalls vertreten. *A Is For Allah* hat nicht viel mit einem Musikalbum im herkömmlichen Sinne zu tun. Es handelt sich eher um ein gut gestaltetes Hörbuch mit Yusuf Islam als Erzähler und mit kurzen Musikstücken zur Auflockerung. Zu Beginn der Doppel-CD wird ausdrücklich darauf hingewiesen, dass keine Musikinstrumente – abgesehen von Trommeln und Perkussion – zu hören sind. Das ist nicht unbedingt eine Bereicherung für Cat-Stevens-Fans.

BISMILLAH

EINE ZUSAMMENSTELLUNG IM NAMEN GOTTES

DAS WORT „BISMILLAH" heißt übersetzt „Im Namen Gottes". Die gleich-
namige CD erschien 2001 und enthält achtzehn Songs verschiedener
Interpreten wie Zain Bhikha, Raihan und Dawud Wharnsby-Ali. Yusuf
Islam ist mit vier Songs vertreten: „God Is The Light" (vom Album
Syukur der Gruppe Raihan), „In Sa'altu" („If You Ask Me)" (von *Prayers
Of The Last Prophet*), „A Is For Allah" (hier von Yusuf Islam selbst gesun-
gen) sowie „The Wind", jenem Song, der 1971 das Album *Teaser And The
Firecat* eröffnete. Doch hier klingt das Lied ganz anders. Da jegliche
Instrumentalbegleitung fehlt, erinnert es an ein ungeschminktes Gesicht
– und offenbart so erst recht die große Schönheit, die ihm innewohnt.

IN PRAISE OF THE LAST PROPHET

DREIZEHN BESEELTE LOBPREISUNGEN

DIESES ALBUM AUS DEM JAHR 2002 enthält dreizehn Songs von
Interpreten wie Zain Bhikha, Raihan, Dawud Wharnsby-Ali und
Aa'shiq al Rasul – und von Yusuf Islam, der folgende Lieder singt:
„In'Nilta", „Tala'al-Badru'Alayna" (aus *The Life Of The Last Prophet*),
„Salli Ala Muhammad" (aus *Prayers Of The Last Prophet*) und „May God
Bless You". Obwohl „In'Nilta" von Yusuf Islam getextet und kompo-
niert wurde, klingt das Stück wie ein uraltes arabisches Lied. Kräftige
Männerstimmen folgen auf den Vorsänger Yusuf Islam, der musikali-
sche Grüße nach Medina zum Grab Mohammeds sendet. In „May God
Bless You" schlägt Yusuf Islam gemeinsam mit dem in London lebenden
Marokkaner Abdessalam Bassou und einem imposanten Chor andächtige
Töne an – ein würdevolles Schlusslied für diese Lobpreisungen Allahs.

I LOOK, I SEE

ANSCHAUUNGSUNTERRICHT NACH NOTEN

DIESES FÜNFUNDZWANZIG MINUTEN LANGE MINI-ALBUM, aufgenommen in London und Johannesburg, erschien 2003 auf dem Label „Mountain Of Light". Eine Lehrerin führt von Lied zu Lied, als Sänger wirken die Schülerinnen und Schüler der Londoner Islamia School und die „Kids of South Africa" mit. Yusuf Islam schrieb das Lied „Your Mother" und singt hier sein vielleicht schönstes Kinderlied „I Look, I See". Dieser fröhliche Song könnte auch die Fortsetzung von Bobby McFerrins „Don't Worry, Be Happy" sein. „Your Mother" hingegen ist eigentlich das ideale Lied für den Muttertag. Besonders gelungen ist die Mischung von südafrikanischen Einflüssen mit europäischen Kinderstimmen.

NIGHT OF REMEMBRANCE

FEIERLICHER ABEND FÜR DIE ISLAMISCHE SCHULE

AM 20. OKTOBER 2003 FEIERTE Yusuf Islam in der Londoner Royal Albert Hall das zwanzigjährige Jubiläum seiner Islamischen Schule – mit einem Konzert vor über sechstausend Zuhörern, nachzuhören auf der 2004 veröffentlichten Doppel-CD *Night Of Remembrance*. Mitwirkende sind unter anderem der Schülerchor, Zain Bhikha, Khalid Belrhouzi und Native Deen. Yusuf Islam singt „I Look, I See", „God Is The Light", „Tala'al-Badru'Alayna" sowie eine von Perkussion und Chor begleitete Version von „Peace Train".

FOOTSTEPS IN THE LIGHT
RÜCKBLICK AUF ERLEUCHTETE JAHRE

FOOTSTEPS IN THE LIGHT ERSCHIEN 2006 sozusagen als Greatest-Hits-Album der islamischen Werke von Yusuf Islam und war gedacht als Pendant zur Song-kollektion *Footsteps In The Dark* von 1984, die damals eine etwas obskure Mischung aus unveröffentlichtem Material, großen Hits und zweitklassigen Cat-Stevens-Liedern geboten hatte.

Der Bogen der nur von Trommeln und Chören begleiteten vierzehn Songs umspannt die Jahre von 1981 bis 2006 – von „A Is For Allah" bis zu neueren Aufnahmen wie „Angel Of War" und „Wild World". Der letzte Titel – „Adhan" – ist eher ein Gebet als ein Song. Auch die meisten übrigen Aufnahmen sind keine Lieder im herkömmlichen Sinn, sondern religiöse Huldigungen. Bemerkenswert neben der ebenso windumsäuselten wie friedlichen Neuaufnahme von „The Wind" sind vor allem das wunderschöne Stück „God Is The Light" sowie „Peace Train" und „Angel Of War", die beide 2003 in den Yellowbrick Studios in Johannesburg, Südafrika, mit Unterstützung des südafrikanischen Chores Incwenga Voices aufgenommen wurden.

Der Begleittext zum Album zitiert ein Statement von Yusuf Islam aus dem Jahr 1980: „Ich habe seinerzeit meine musikalischen Aktivitäten eingestellt – aus Angst, sie könnten mich vom wahren Weg abbringen. Aber ich will nicht dogmatisch sein und behaupten, nie wieder Musik zu machen. So etwas kann man nicht sagen, ohne Gottes Willen – Insh'Allah! – zu berücksichtigen."

Footsteps In The Light könnte möglicherweise später einmal als Abschluss der dritten Phase im musikalischen Leben von Cat Stevens/Yusuf Islam gesehen werden – nach der Anfangszeit mit *Matthew & Son* und *New Masters* und der erfolgreichen Karriere in den Siebzigerjahren, die von *Mona Bone Jakon* bis *Back To Earth* reichte. Schon Ende 2005 nahm Yusuf Islam neue musikalische Aktivitäten in Angriff: Für November 2006 stand die Veröffentlichung seines ersten „weltlichen" Albums als Yusuf Islam auf dem Plan – fast dreißig Jahre nach *Back To Earth*.

AN OTHER CUP

DIE RUHE NACH DEM STURM

„ES GIBT JETZT WAHRSCHEINLICH einhundert und einen guten Grund, warum ich es in Ordnung finde, Musik zu machen und wieder über das Leben in dieser zerbrechlichen Welt zu singen." Mit diesem Zitat garnierte das englische Musikmagazin *Mojo* in seiner Ausgabe vom September 2006 einen Vorbericht über das neue Album von Yusuf Islam, dessen Veröffentlichungstermin auf den 14. November gelegt wurde. Leider gab es vor Produktionsbeginn dieses Buches noch nichts vorab zu hören, so dass eine gründliche Besprechung einer späteren Auflage vorbehalten bleiben muss. Der amerikanische *Rolling Stone* berichtete immerhin im Septemberheft 2006, dass die neuen Songs thematisch um Liebe, Glauben und den Weltfrieden kreisen und dabei an die Intensität des Albums *Tea For The Tillerman* heranreichen. Allerdings seien düstere Untertöne nicht zu überhören. So singt Yusuf Islam in „Midday": „I like to take a walk out in the midday and avoid the city after dark" – „Ich gehe gern um die Mittagszeit spazieren und vermeide die City nach Einbruch der Dunkelheit."

An Other Cup wurde zwischen Dezember 2004 und Dezember 2005 aufgenommen, in fünf Sessions, die jeweils zwei Wochen dauerten. Als Coproduzent fungierte Rick Nowels, der bereits mit Madonna, Dido und K. D. Lang gearbeitet hat. *Mojo* zitiert Nowels: „Die Aufnahmen waren fantastisch, eine der besten musikalischen Erfahrungen meines Lebens. Er hat nichts von seiner musikalischen Kraft verloren."

DIE NEUEN SONGS WURDEN hauptsächlich mit akustischen Gitarren eingespielt und harmonieren, so *Mojo*, „mit der Spiritualität seiner frühen, weltlichen Werke". Neben einer orchestralen Coverversion von „Don't Let Me Be Misunderstood" beeindruckt zum Beispiel das sanfte Stück „One Day At A Time", in dem es ums Paradies geht. Islam singt und spielt Gitarre, Klavier und Keyboards. Auch sein alter Gefährte Alun Davies ist dabei, ebenso wie Keyboarder Jean Roussel, Bassist Danny Thompson, der Geiger John Themis, der Perkussionist Luis Jardim sowie Lu Edmonds, der früher Mitglied der Punk-Gruppe The Damned war und die arabischen Instrumente Oud, Darbuka und Saz spielt. Bei einem Stück wirkt der westafrikanische Sänger Youssou N'Dour mit.

Mojo zitiert einen Sprecher für Cat Stevens mit der Einschätzung: „Musikalisch gesehen ist das Album eine neue Platte von Cat Stevens. Es ist keine religiöse Platte im engen Sinn. Aber es versucht die Kluft zwischen den Ideologien zu überbrücken. Es geht ihm nicht darum zu predigen, sondern darum, dieses Beharren auf fixen Standpunkten in Frage zu stellen, das so viel Unheil in der Welt erzeugt. Es gibt eine direkte Verbindung zwischen dem, was Cat Stevens früher auf musikalische Weise erreichen wollte, und den neuen Songs von Yusuf Islam." In „Heaven/Where True Love Goes" singt Yusuf Islam: „If a storm should come and you face a wave, that may be the chance for you to be saved" – „Wenn ein Sturm aufkommt und eine Welle dich fortspült, könnte das deine Chance auf Errettung sein". Das erinnert an den Wellenreiter, der einst am Strand von Malibu um sein Leben kämpfte und dabei zu Allah fand.

Und so schließt sich am 14. November 2006 mit *An Other Cup* ein Kreis. Fortsetzung folgt.

Hat seinen inneren Frieden gefunden: Yusuf Islam

Im Nordwesten von London: das islamische Schulzentrum, das Yusuf Islam aufbaute

Die Islamia: Schulgebäude von außen

Gläubig: Yusuf Islam in Edinburgh, Schottland, 1995

Beim Unterricht: Yusuf Islam in seiner Schule, 1986

Hoher Besuch: Prince Charles mit Yusuf Islam und Schülern der Islamia, Mai 2000

„Peace Conference" am Schlossberg in Graz, Österreich, am 18. Oktober 2002 (von links nach rechts): Yusuf Islam (Islam), Swami Amarananda (Hinduismus), Hermann Miklas (Christentum), Dalai Lama (Buddhismus) und Paul Chaim Eisenberg (Judentum)

1981 bei Ta-Ha Publishers in London erschienen: Yusuf Islams Erkenntnisse über den Islam

Vortrag in der Grazer Karl-Franzens-Universität am 18. Oktober 2002: Yusuf Islam spricht über den „Sinn der Schöpfung"

Yusuf Islam beim *Nelson Mandela 46664*-Konzert in Kapstadt, Südafrika, am 29. November 2003: rechts oben Peter Gabriel, der mit Yusuf Islam „Wild World" singt

Beim Galadinner anlässlich des *Nelson Mandela 46664*-Konzerts: Yusuf Islam mit seiner Frau Ali Fouzia

Präsentation des *46664 The Concert Book* zugunsten einer Aidsstiftung im Dorchester Hotel, London, 25. November 2004 (von links nach rechts): Yusuf Islam, Annie Lennox, Nelson Mandela und Peter Gabriel (vordere Reihe) sowie (hinten) Roger Taylor, Brian May und Richard Branson

© TOBY MELVILLE/REUTERS/CONTRAST

Yusuf Islam, bei seiner Ankunft am Londoner Flughafen Heathrow am 23. September 2004, umringt von Journalisten: Kurz zuvor hatten ihm die Vereinigten Staaten wegen Terrorverdachts die Einreise verweigert

Cat Stevens auf der US-Watchlist

Cat Stevens in doppelter Erscheinung: als konvertierter Moslem Yusuf Islam und als Popstar. [ap, ORF]

Yusuf Islam, bekannt als Ex-Popstar Cat Stevens, wurde die Einreise in die USA verweigert. Das Flugzeug wurde sogar zur Zwischenlandung gezwungen.

WASHINGTON (red.). Die United Airlines mit der Flugnummer 919 war schon über dem Atlantik, auf dem Weg von London nach Washington, als die US-Flugsicherheitsbehörde bemerkte, dass eine Persona non grata an Bord war: der Passagier Yusuf Islam, besser be-kannt unter seinem Popstar-Pseudonym Cat Stevens. Bereits auf US-Hoheitsgebiet zwang die Behörde den Piloten zu einer Zwischenlandung auf dem Flughafen Bangor im Bundesstaat Maine. Nach seiner Karriere im Show-Business war Stevens, im bürgerlichen Leben eigentlich Steven Demetre Georgiou, zum Islam konvertiert.

Yusuf Islam sei aus „Gründen der nationalen Sicherheit" festgehalten worden, erklärte ein Sprecher des Ministeriums für Heimatschutz. Sein Name befinde sich gewissermaßen auf der Watchlist – auf mehreren US-Flugverbotslisten. Der Künstler soll umgehend nach Großbritannien zurückgeschickt werden. Islam hatte sich zuletzt im Mai in den USA aufgehalten. Erst vor einem halben Jahr war dem kubanischen Sänger Ibrahim Ferrer von der Altherren-Combo „Buena Vista Social Club" anlässlich der Grammy-Verleihung die Einreise in die USA verwehrt worden.

Yusuf Islam gilt als friedliebend und tritt für eine tolerante Ausprägung des Islam ein. Die Anschläge des 11. September hat er scharf verurteilt. Vor zwei Jahren trat er zusammen mit dem Dalai-Lama bei einem Symposion in Graz auf.

QUELLE: ÖSTERREICHISCHE TAGESZEITUNG *PRESSE*, 23. SEPTEMBER 2004

Lächelnder Preisträger: bei der Verleihung des „Man For Peace Award"
in Rom, 10. November 2004

Im Mark Angelo Studio, West London, 2005: Rick Nowels, Yusuf Islam
und Maartin Allcock (von links)

Tonmeister: Yusuf Islam am Mischpult im Tonstudio, Dezember 2004

Beim Konzert „Voices For Darfur" zugunsten der Flüchtlinge im Sudan am 8. Dezember 2004 in der Londoner Royal Albert Hall: Erstmals nach fünfundzwanzig Jahren spielt Yusuf Islam wieder Gitarre

Helfer in der Not: Yusuf Islam mit Tsunami-Opfern in der zerstörten Stadt Lamno auf der Insel Sumatra, 29. Januar 2005

Bei der *Adopt A Minefield*-Gala in Neuss, Deutschland, am 28. Mai 2005: mit Robin Gibb

Bei der *Adopt A Minefield*-Gala: Yusuf Islam mit Frau Fouzia (Mitte) und dreien seiner vier Töchter

Dr. h. c. Yusuf Islam: Am 4. November 2005 erhielt er die
Ehrendoktorwürde der englischen Universität Gloucestershire

Bei einer Konferenz in London am 14. November 2005: Yusuf Islam
spricht über seine Beziehung zum Islam

Memorabilia: frühe Tourplakate und die Eintrittskarte der *Night of Remembrance* am 20. Oktober 2003

CAT STEVENS

Cat Stevens' early career as an English popular recording artist was cut short by severe illness. After three months of hospital convalescence and about a year of laying back to concentrate on songwriting, Cat (vocals, guitar, keyboard) recorded a new album for A&M Records, with the help of Alun Davies (guitar), Peter Gabriel (flute) and Harvey Burns (percussion). The LP, *Mona Bone Jakon*, was produced by Paul Samwell-Smith, the original Yardbirds' bassist. This is Cat Stevens' first Fillmore East appearance.

Cat Stevens   Hammer

HAMMER

Organized in New York City in April, 1969, Hammer includes Norman Landsburg (keyboards), John de Roberts (vocals), John O'Brien (lead guitar) and Rich McBride (bass). Their first San Francisco Records LP was recently distributed by Atlantic Records. This is Hammer's debut at Fillmore East.

JOE'S LIGHTS

Joe's Lights is performed by Bill Schwarzbach, Cecily Hoyt, Thomas Shoesmith, Dennis Clark and Allan Arkush, with a little help from their friends Eddie Chin, Amalie Rothschild and Barbie Rudish. They spent last summer performing a show, "Aurora Musicale," in residence at the Expo '70 grounds in Montreal. Later this year they will perform in concert with major classical artists.

Sammlerstücke: Werbung für den ersten Auftritt von Cat Stevens im Fillmore East am 18. November 1970 (oben), von Stevens selbst gezeichnetes Promotionmaterial für seine ersten Singles (unten)

December 9, 1967   New Music Express

Seine Lieder sind so schön wie Märchen –
romantisch und genau das Richtige für Verliebte

Cat Stevens
Der Träumer mit den eisernen Muskeln

Medienthema: Cat Stevens auf
dem Titelbild der englischen
Zeitschrift *Rave* vom Juni 1967
(unten) und im deutschen
Freizeit Magazin zehn Jahre
später, im Juni 1977

BRITAIN'S MOST INFLUENTIAL YOUNG MAGAZINE

rave

JUNE 2s 6d

MONKEE EXCLUSIVE!
Micky Dolenz Questionnaire
and colour pin-up
Davy Jones answers
YOUR questions!
RACY STRIPES! That's the
fashion message inside!

Cat Stevens: „Ich empfange Botschaften aus dem All"

Über ein Jahr lang war Cat Stevens spurlos verschwunden. Jetzt tauchte der romantische Pop-Sänger für zwei Konzerte in Deutschland auf. Im BRAVO-Interview gab sich der menschenscheue Künstler als überzeugter Anhänger der Magie zu erkennen . . .

Immer wieder in den Schlagzeilen: ob in *Bravo* (links, November 1975, links unten 1976) oder im *Rolling Stone* (unten, Dezember 1995)

Todes-Gerüchte um Cat Stevens

Einen Tag lang glühten in der BRAVO-Zentrale die Telefone. Schuld war ein Gerücht über Cat Stevens. Der englische Sänger sollte gestorben sein. BRAVO-Korrespondentin Margit Rietti setzte sich sofort in London auf seine Spuren. Die führten nach Los Angeles. Dort arbeitet Cat im Augenblick an einer neuen LP. Über das Gerücht um seinen Tod lachte er nur: „Für einen Toten fühle ich mich ganz wohl", meinte er.

Cat Stevens

Cat Stevens (a k a Yusef Islam, above) and Charles Manson (below) may come from opposite ends of the theological spectrum, but the two figuratively joined hands by releasing obscure albums that no one cared about. Manson's disc featured songs recorded in prison between 1981 and 1985, while Stevens' boasted three tunes and long narratives on the Islamic faith.

CAT STEVENS' NEW BAND

Hundreds of kids make a dream come true for the pop superstar who found God

RELUCTANT pop superstar Cat Stevens has a dream. In it, he sees hundreds of happy Muslim children learning and playing in their own school.

The millionaire tossed away his glittering career eight years ago to devote his life to the Islamic religion.

Now, far from the footlights and screaming fans, he is giving his most convincing performances. His audience: Government officials and educators who have to be persuaded that young Muslims deserve a break in Britain.

Stevens, who has changed his name to Yusuf Islam, was amazed to discover that the country doesn't have a single state-funded Muslim school. Other religions have 8,000.

From the London office where he helps MUSLIM AID, an international relief agency, with a team of other volunteers, he is trying to change all that.

In 1983, he took over a sprawling three-storey house and turned it into Islamia Primary School, beginning with 13 pupils, including his daughter Hasanah.

Four years later, it is restricted to only 110 children — with a waiting list of 600. And Yusuf Islam, who could be chasing the bright lights and making millions from show business, is instead locked in a battle with city planners.

"It's frustrating, but you've got to work hard to make your voice heard," he says. The fact that 600 children want to come to the school is proof of the need for one."

Yusuf, 39, is trustee and chairman of the school he started with other parents. The school is run entirely on donations. Yusuf contributes a sizeable amount from his royalty income to help keep it going.

One of his early songs was Where Do The Children Play? "I hope our school will answer the question," he says. "There is no provision for Muslim children in the British education system, yet there are thousands of them right here in London. It is my ambition to give these young... play, pray and le...

YUSUF spends endless days drumming out his message in London offices.

Cat Stevens quit show biz in 1979. Today, as Yusuf Islam, he devotes much of his t...

BEE GEES UND CAT STEVENS
Ein Herz für Kinder

Die Bee Gees beweisen Grosszügigkeit. Die australischen Popmillionäre und ihr Manager Robert Stigwood geben bekannt, dass sie den Reinerlös eines noch zu bestimmenden Songs der UNICEF (Kinderhilfsorganisation der UNO) zukommen lassen wollen. Damit nicht genug. Im Rahmen eines Programms, das unter dem Motto «Music For UNICEF» steht, wollen die Bee Gees im Januar 1979 ein Fernsehkonzert geben, das via Satellit weltweit übertragen und für eine LP mitgeschnitten werden soll.

«Wir haben in den vergangenen zwei Jahren sehr viel Geld verdient», kommentiert Barry Gibb, «jetzt möchten wir einen Teil davon wieder zurückgeben».

Die Bee Gees hoffen, dass es ihnen weitere Künstler gleichtun werden. In einem öffentlichen Aufruf baten sie die Komponisten in aller Welt, den Reinerlös eines ihrer Werke der UNICEF zukommen zu lassen oder am TV-Spektakel teilzunehmen.

Auch Cat Stevens hat der UNICEF eine grosse Spende zukommen lassen — unabhängig von den Bee Gees. Er überwies rund eine halbe Million Mark, den Reinerlös aus Plattenverkäufen und Konzerten in Zypern sowie Einnahmen seiner eigenen Wohltätigkeitsorganisation «Hermes».

«Die Kinder haben die Zukunft der Menschheit in ihren Händen», sagt Stevens. «Ich wollte schon immer für wohltätige Zwecke arbeiten, den Leuten einen Teil meines Geldes geben, denen es schlecht geht. Ich selbst habe vom Schicksal mehr als genug gekriegt, um für mich sorgen zu können.»

Spendete der UNICEF eine halbe Million Mark: Kinderfreund Cat Stevens

---

Today

NEWSPAPER OF THE YEAR

THURSDAY FEBRUARY 23, 1989 ★★★★ **DAILY SALE 588,304** (Week ending Feb 11) **20p** (Rep. Ireland 30p)

Kill Rushdie says Cat Stevens

MOSLEM pop star Cat Stevens has backed the calls for author Salman Rushdie to be executed.

Stevens, who became a Moslem after giving up his pop career in 1977, said: "The Koran makes it clear, if someone defames the Prophet then he must die."

The singer, who has changed his name to Yusuf Islam, also dismissed Rushdie's apology and claimed the writer should be forced

by DEBBIE AMBROSE

to buy back every copy of his controversial book Satanic Verses.

The author, who is in hiding, has apologised for any distress, but he denies blasphemy. Stevens's support for the Ayatollah's death threat came during a meeting with Moslem students at Kingston Polytechnic in Surrey. He asked how many believed Rushdie should die. One third raised their arms.

Stevens sold millions of records in the early 1970s and his hits included Matthew And Son, I'm Gonna Get Me A Gun and a pop version of the hymn Morning Has Broken.

He runs a Moslem school trust in North London and is involved with the charity Moslem Aid. Its slogan is: "Be merciful to the people of the world and Allah will be merciful to you."

▲ Arrow of Death: Page 2

STEVENS: Apology too late

Es ging nicht immer nur um Musik: Zeitungsausschnitte aus *Globe* (oben, 20. Oktober 1987), *Today* (unten, 23. Februar 1989) und *Kronen Zeitung* (rechts, 23. September 2004)

Terrorist? Cat Stevens US-Einreise verweigert

Washington. – Dem zum Islam konvertierten Ex-Popstar Cat Stevens wurde als Terrorverdächtigem die Einreise in die USA verweigert. Der unter den Namen Yusuf Islam lebende Brite wurde aus Gründen der nationalen Sicherheit festgenommen und nach Europa abgeschoben.

Die Boeing 747 auf dem Flug von London nach Washington war schon in der Luft, als man feststellte, dass Yusuf Islam auf der Liste Terrorverdächtiger stand. Deshalb musste sie in Bangor zwischenlanden. Islam wurde festgenommen und verhört, das Flugzeug flog ohne ihn weiter.

Popstar Cat Stevens war 1978 plötzlich von der Showbühne verschwunden und zum Islam konvertiert. Seither setzt er sich für Menschen in Not ein. Dazu www.krone.at/showbiz.

Als Muslim den USA verdächtig: Cat Stevens.

Foto: Funkbild/EPA

AL & The Firecats: die Tribute-Band des Autors mit (von links) Martin
Reiter (Keyboards), Albert Eigner (Gesang, Gitarre, Bass) und Herbert
Pilz (Gitarre) und eines ihrer Konzerttickets mit Autogrammen des
berühmten Vorbilds und seiner Musiker

The ent Shed
Gordon Arms
Castle Road
Bedford

CAT STEVENS (A tribute night)
by AL AND THE FIRECATS
Saturday March 19th 2005

£10.00

unique promotions presents

in Association with Bedroom Acoustic Music Shop Ampthill

CAT STEVENS (A tribute night)
by **AL AND THE FIRECATS**
at The ent. Shed, Gordon Arms, Castle Rd. BEDFORD
Saturday March 19th 2005 Doors open 8-00pm
All enquiries 01525-873634

Tickets £10.00 in advance

never say never

All best wishes
Perry Conway

Have a great night!
Martin Allcock

peas & love
Alun Davies

Collage: gesammelte Werke von Cat Stevens und Yusuf Islam

3

ORIGINALTÖNE

„I was once like you are now, and I know that it's not easy to be calm when you've found something going on."

„Father And Son" von *Tea For The Tillerman*, 1970

„WISSEN SIE, WO MEKKA LIEGT?"

THOMAS GOTTSCHALK IM GESPRÄCH MIT YUSUF ISLAM

am 16. April 1994 in seiner RTL-Sendung „Late Night Special"

Ich habe heute die Chance, ein paar Fragen zu stellen, die ich gern schon vor fünfzehn Jahren gestellt hätte. Zunächst diese: Gab es einen Moment in Ihrem Leben, in dem aus Cat Stevens Yusuf Islam geworden ist?

Solch einen einzigen Moment gab es wohl nicht, es war mehr ein Zusammenkommen vieler Dinge. Ich habe ja lange nach mir selbst gesucht und sehr viel über mich und die Welt nachgedacht – und entscheidend war vielleicht der Moment, als ich den Koran erstmals in die Hand nahm. Als ich dann anfing, den Koran zu lesen, waren die Texte für mich ganz neu; ich wusste nicht viel vom Islam, fast überhaupt nichts. Ich dachte damals, dass der Islam sehr weit weg vom westlichen Glauben sei, von der Moral, der Ethik des Westens; ich sah ihn als etwas Seltsames an, als etwas Komisches gar. Aber nachdem ich den Koran in die Hand genommen hatte, war ich sehr glücklich darüber, dass mir alles gleich vertraut war – als ob ich den Glauben zum ersten Mal erkannt hätte. Dass man an Gott glaubt, dass man an Propheten wie Jesus und Moses glaubt und dass man dann auch den letzten, den endgültigen Propheten kennenlernt, Mohammed – das war für mich das Entscheidende. Das war vielleicht der Moment, in dem ich wirklich verstanden habe, dass der Islam meine Heimat ist. Aber es gab auch vorher schon Gelegenheiten, die mich darauf vorbereitet haben. Letztlich habe ich immer nach einer Botschaft gesucht.

Da gibt es ja die Geschichte einer Lebensrettung: Sie waren in Todesgefahr und drohten zu ertrinken ...

Ja, das ist richtig. Ich hatte Buddhismus studiert, war seit langem Vegetarier; ich hatte I Ging gelernt, die Sterne studiert, alles Mögliche gemacht – und dann kam dieser Augenblick: Ich machte gerade Urlaub in den USA, in Malibu nach oder während einer Tournee, und ich ging schwimmen. Als unerfahrener britischer Tourist wusste ich aber nicht, dass das Wasser dort recht gefährlich war. Ich ging also rein ins Meer, und nachdem ich ungefähr zehn Minuten geschwommen war, habe ich versucht, wieder zum Strand zurückzuschwimmen. Aber ich musste feststellen, dass ich mich dem Strand nicht näherte. Im Gegenteil: Ich wurde von der Strömung immer weiter aufs Meer hinaus getrieben.

Je mehr ich geschwommen bin, desto erschöpfter wurde ich, bis ich schließlich einen Punkt erreichte, wo ich überhaupt keine Energie mehr hatte. Da wusste ich, dass es jetzt wirklich um Leben oder Tod ging. Ohne zu zögern, habe ich in jenem Moment gebetet: „Oh Gott, rette mich, und ich werde für Dich arbeiten, ich werde für Dich da sein." Und gleich nach meiner Bitte kam die Antwort: Eine Welle schob mich, drückte mich wieder zum Land hin, und ich hatte alle Kraft, die ich brauchte, um zurückzuschwimmen. Als ich dann wieder am Strand ankam, habe ich den Boden geküsst, ich war so glücklich! Aber dann habe ich wirklich nachgedacht und ernsthaft nach dem Gott gesucht, der mich gerettet hatte – obwohl ich natürlich nicht wusste, wie ich ihn verstehen sollte, denn es gibt viele verschiedene Ansichten über die Kraft im Universum, wie man Gott sehen und wahrnehmen soll. Die Erlösung kam dann, als ich von meinem Bruder ein Exemplar des Koran bekam, etwa drei Jahre später. Erst dann habe ich wirklich Gott entdeckt.

Wenn ein Mensch wie Sie eine so außergewöhnliche Begabung hat, diese Stimme, diese musikalischen Ideen – sagt dann nicht Gott in jeder Religion, ob der islamischen oder der christlichen: „Nutze diese Talente und pflege sie und mach mir damit Ehre"? Sie aber haben es bleiben lassen. Hätten Sie nicht auch für ihn singen können?

Sie haben vielleicht schon bei meiner früheren Karriere bemerkt, dass ich immer ein Perfektionist war. Ich wollte immer das Beste erreichen. Als ich dann Muslim wurde, war das genauso. Ich konnte nicht nur fünfzig Prozent, ich musste hundert Prozent bringen. Natürlich steht nicht im Koran, dass die Musik verboten wäre. Aber ich habe am Anfang vor allem gebetet, immer mehr gebetet; ich habe keinen Alkohol mehr getrunken, bin nicht mehr auf Parties gegangen. Und dann habe ich erkannt, dass das Leben eines Musikers, das Musikgeschäft als Ganzes, all die Dinge umfasst, die verboten sind, wie Alkohol, Drogen, Freundinnen und auch das Eingebildetsein, das Wettbewerbsdenken, die Gier nach Geld, die Korruption. All diese Laster finden Sie im Musikgeschäft – ich musste mich einfach aus dieser Umwelt ausklinken und das komplett aufgeben. Das heißt nicht, dass ich meine Stimme verloren habe; ich verwende sie im Moment eben vorwiegend, um mit ihr zu kommunizieren. Auch Musik war für mich eine Form der Kommunikation. Übrigens bin ich gerade wieder ins Studio gegangen, um eine sehr wichtige Aufnahme zu machen, für mich die wichtigste Aufnahme überhaupt: Ich lese das Leben des Propheten Mohammed. Ich lese aus seinem Leben und hoffe, dass die CD noch in diesem Jahr herauskommen wird und dass die Menschen meine Stimme dann anders hören werden – in einer sehr wichtigen Geschichte, die wir hier im

Westen vielleicht vermisst haben, nämlich in der Geschichte des Lebens dieses Mannes, Mohammed, und der Botschaft, die damit verbunden ist. Der Koran wird rezitiert – und es wird auch einige Lieder geben, allerdings keine Instrumente.

Kann es sein, dass auch das eine Phase in Ihrem Leben ist? Sie haben sehr oft innegehalten, auch in Ihrer musikalischen Karriere haben Sie zwischendurch Pause gemacht, Sie waren überlastet. Kann es sein, dass Yusuf Islam irgendwann wieder zurückfindet zu Cat Stevens?

Eigentlich nicht – es sei denn, ein Schmetterling kann sich wieder in eine Raupe verwandeln. Wenn man gelernt hat zu fliegen, dann will man natürlich nicht wieder Raupe werden wie vorher. Ich glaube also nicht, dass dies möglich ist; ich würde mich zumindest fühlen wie die Raupe, die sich in einen Schmetterling verwandelt hat und sich wieder zurückverwandeln müsste. Aber natürlich kann man keinen guten Menschen unterdrücken – wenn es etwas Gutes gibt, sollte dies auch bekannt werden. Deswegen bin ich auch sehr glücklich, dass Sie mich eingeladen haben, damit ich nicht wie irgendein Verrückter wirke, der sich zurückgezogen hat und jetzt wie ein Eremit irgendwo haust. Das trifft nicht zu.

Ich freue mich auch, dass ich hier einen freundlichen und offensichtlich glücklich in sich ruhenden Menschen treffe und keinen verbissenen Prediger. Es gibt ja sehr viel irrige Meinungen über den Islam. Sie sind offensichtlich ein Prediger von Frieden und Freude. Hat Sie diese Religion glücklich gemacht, und glauben Sie, dass sie auch andere glücklich machen kann?

Auf jeden Fall bin ich damit glücklich geworden. Und zwar so glücklich, dass ich es gar nicht aussprechen oder beschreiben kann. Aber man muss natürlich auch die Realität des Lebens betrachten. Der Frieden, das Gefühl, das ich jetzt spüre, ist nicht irgendeine Vision oder Phantasie, sondern es ist etwas, was sich praktisch aus diesem Glauben heraus ergibt. Dieser Frieden, dieses Gefühl kommt vom Herzen, nicht aus unserer Umgebung, nicht aus unserer Umwelt. Ich habe mein Herz zu einem Teil des Universums machen können. Die meisten Menschen suchen immer noch nach der eigenen Identität. Die Frage ist: Gibt es einen menschlichen Zustand, der höher steht als die Nationalität, als die Dinge, die uns alle voneinander trennen? Ich glaube, dass wir diesen zentralen Punkt, diese zentrale Moral im Leben finden müssen. Das ist das Entscheidende, jeder muss versuchen, dies zu finden. Wenn man das nicht schafft, spürt man den Frieden nicht. Und wenn man es schafft, braucht man keine Vögel, die einem etwas vorsingen. Man ist dann ganz von selbst glücklich, hat seinen Platz in der Welt, sein Schicksal gefunden. Man muss sein Schicksal kennen und verstehen. Viele Menschen haben davor Angst, sie haben Angst vor der Zukunft, vor dem, was ihnen passieren wird. Viele versuchen eine Burg um sich herum zu bauen, sie haben Versicherungspolicen und was weiß ich, um sich ein Gefühl der Sicherheit zu geben – ein trügerisches Gefühl, denn am Ende weiß doch jeder, dass er diese Welt irgendwann einmal verlassen wird. Und jeder fragt sich doch: Was passiert mit mir, wenn ich die Welt verlasse. Sobald man versteht, was nach dieser Welt kommt, hat man auch die Ruhe und den Frieden, den alle Menschen suchen.

Sie haben Kinder, die jetzt auch bald im Teenageralter sind. Werden die irgendwann mal *Cat Stevens' Greatest Hits* kaufen? Wissen die, dass das ihr Papa ist?

Mein Sohn hört sogar manchmal meine Cassetten. Ich weiß, dass er sie mag. Auch meine jüngste Tochter kennt einige Texte von meinen Liedern. Warum auch nicht, ich verstecke die Platten, die Lieder nicht. Manchmal sehen mich die Kinder auch im Fernsehen. Ich sage dann, dass das nicht das einzige Mal ist, dass ich im Fernsehen war. Und warum sollten sie auch nicht diese Clips von früher sehen, in denen ihr Vater singt und auftritt? Ich glaube, dass die Kinder es durchaus gut finden, dass ihr Vater recht bekannt war, aber sie kennen natürlich meine Lebensgeschichte. Sie akzeptieren sie. Und ich glaube nicht, dass sie im Musikgeschäft aufwachsen möchten und das machen würden, was ich früher gemacht habe. Sie verstehen, was ich jetzt will.

Sie tragen den Islam im Namen, Yusuf Islam – hat das eine bestimmte Bedeutung?

Ich habe Yusuf als Vornamen gewählt, also Josef, der im Koran, auf Arabisch, Yusuf heißt. Als ich damals den Koran las, war es das Kapitel über Josef oder Yusef, das mich am meisten beeinflusst, das mein Herz sozusagen geöffnet hat. Ich habe den Namen Josef immer geliebt; meine erste Schule, eine römisch-katholische Schule, hatte sogar den Heiligen Josef als Namenspatron. Eines meiner ersten Lieder, das groß rauskam, hatte ich eigentlich geklaut, von einem Amerikaner namens Yusef Lateef. Er war selber Muslim, und ich habe seine Melodie eben für meinen eigenen Text von „I Love My Dog" verwendet. Beim Lesen des Korans stieß ich auf den Übersetzer: Er hieß Yusuf Ali. Es gab also für mich viele Hinweise, dass ich den Namen, und nur diesen, wählen sollte.

THOMAS GOTTSCHALK IM GESPRÄCH MIT YUSUF ISLAM

Sie haben Familie, Sie haben Frau, Sie haben Kinder. Sie leben wahrscheinlich noch von dem Geld, dass Sie über Ihre Tantiemen kriegen. Trotzdem frage ich: Sie vermissen also nichts, weder jemanden, der die Scheinwerfer und den Erfolg kennt, noch die Blumen und die Fans? Ich kann mir gar nicht vorstellen, dass irgendein Mensch sagt, das ist alles für mich kein Thema mehr.

Man muss hierbei eines erkennen: Wenn man so geliebt wird, so verehrt wird, wie es mir damals ergangen ist, wenn man sozusagen als Halbgott gesehen wird, dann stellt sich natürlich eine Frage ganz besonders. Nämlich: Mögen die wirklich mich so sehr, oder lieben die ein Image, irgendein Bild, irgendein Idol, das gar nicht ich selber bin? Jeder Star, jeder Superstar, geht auch nach Hause in seine eigene Welt, und er weiß ganz genau, dass auch er nur ein Mensch ist mit all seinen Fehlern und Schwächen, und er sagt sich doch, wenn diese Menschen mich wirklich kennen würden, würden sie mich immer noch so lieben oder so bewundern? Es gibt also einen Punkt, wo sich ein Star sozusagen auf das Publikum oder auf Fans verlässt, um sich selbst irgendwie in einer künstlichen Welt zu halten, die in der Wirklichkeit nicht existiert. Ich bin froh, dass ich mich selbst jetzt gefunden habe, und wenn mich heute jemand kennen lernt, dann kann ich mit ihm sozusagen von Mensch zu Mensch sprechen. Wir sind gleichgestellt; ich stehe nicht hier oben und er da unten. Ich bin kein Symbol oder irgendetwas, ich bin etwas völlig Natürliches für ihn, und ich bin auch sehr glücklich, dass es so ist. Viele Menschen, die diese Gleichheit nicht erreichen können, versäumen meines Erachtens etwas.

Ich war ein zu großer Fan von Ihnen, um mich sofort geschlagen zu geben. Das Lied „Morning Has Broken" beispielsweise, das war für mich so was von faszinierend, dass ich gesagt habe, dieser Mann hat die Chance, über seine Musik in der Tat fast religiös wirken zu können. Man hat ihm zugehört. Ich bitte Sie, nehmen Sie diese Chance irgendwann wieder auf, wenn es zu Ehren Allahs ist.

Ich kann höchstens etwas aus dem Koran rezitieren, denn das wäre wirklich das Beste, was hier in der Sendung einen Sinn hätte. Und dann kann ich vielleicht auch erklären, was ich gelesen und gelernt habe.

Wollen wir Musik dazu machen?

Nein, nein, nein!
(Yusuf Islam rezitiert eine Sure aus dem Koran)

THOMAS GOTTSCHALK IM GESPRÄCH MIT YUSUF ISLAM

Das ist das erste Kapitel des Koran: Im Namen Gottes, im Namen des güti-
gen, des großartigen Gottes, ist alles, was wir an Lob aussprechen für Gott, für
den Herrn des Universums, für den Gütigen, für denjenigen, der mit uns
Erbarmen hat, der unser Richter sein wird am Tage des Jüngsten Gerichtes.
Wir verehren nur Dich, wir bitten nur Dich um Hilfe, zeige uns den graden
Weg, den Weg derjenigen, die Du gesegnet hast, nicht derjenigen, die Deine
Wut zu spüren bekommen oder die den falschen Weg finden. Amen.

Eine wunderschöne Aussage. Ich bin überzeugt, wenn Sie die Musik
von „Longer Boats" oder „Into White" darunter gelegt hätten, würden
noch mehr Menschen zuhören.

Nun, es ist schlicht und einfach nicht erlaubt, dass man als Begleitung zum
Koran mit Instrumenten arbeitet.

Warum?

Weil die Botschaft aus dem Himmel kommt, während die Musik oft das
Ganze nur aus irdischer Sicht darstellt. Natürlich kann man sagen, dass die
Musik eine Inspiration ist, dass sie uns alle inspiriert. Aber meistens werden
doch körperliche Sinne durch die Musik angeregt, nicht die geistigen. Die
Musik kann die geistigen Sinne nicht erreichen. Das kann nur die Wahrheit
schaffen, nur die Wahrheit kann diese geistigen Sinne erreichen, das Wort
Gottes. Es gibt also zwei verschiedene Stufen, zwei verschiedene Arten von
Musik, eine Musik unserer Welt und eine Musik aus dem Himmel.

Also mir als Katholik ist beispielsweise der „Messias" von Händel
durchaus erlaubt, ein wuchtiges großes Werk, das ja nun auch wirklich
zur Kontemplation einlädt. Man kann ja auch bei, sagen wir mal, pompöser Musik fromm sein, aber ich will um Himmels willen jetzt nicht die
Grundfesten des Islams angreifen. Wie leben Sie heute? Sie sind ja fast
schon kein normaler Gläubiger mehr, sondern tun fast in einer priester-
lichen Erfüllung Ihre Pflicht. Sie beten mehrere Male am Tage, tragen ein
ganz bestimmtes Gewand – gehen Sie da nicht sehr weit?

Wie gesagt, ich bin Perfektionist, und gerade aus diesem Grund mache ich es
eben voll oder hundertprozentig. Ich versuche zumindest so weit wie möglich,
all dies nach unserer Religion zu erfüllen. Es ist nicht Pflicht, dies alles zu tra-
gen, was ich hier anhabe, aber wenn man betet, zieht man sich so an. Sie haben
sicherlich schon gesehen, wie Moslems beten; es ist wichtig, würdevoll …

Eine ganz profane Frage: Woher wissen Sie immer, wo Mekka liegt?

Wenn die Sonne scheint, ist es für mich leichter, die richtige Richtung zu finden. Auch wenn der Mond scheint, weiß ich die Richtung. Wenn wir auf der nördlichen Hemisphäre sind, weiß ich, wo der Mond oder die Sonne aufgeht und wo sie auch untergehen. Und normalerweise kann ich mich deswegen sehr gut ausrichten und weiß, in welcher Richtung Mekka liegt. Außerdem muss man nicht ganz genau auf Mekka ausgerichtet sein, man muss nur die ungefähre Richtung finden. Wenn man Sonne oder Mond nicht sehen kann, fühlt man einfach, was das Beste ist, wo man sich zufrieden und glücklich fühlt – und man betet, denn Gott ist ja nicht in irgendeiner Richtung, er ist überall. Aber um sein Bestes zu tun, versucht man eben, sich richtig auszurichten. Aber ich muss nicht wie ein Priester in die Moschee gehen, um zu beten. Das ist zwar besser, aber ich darf überall beten, auf der ganzen Welt, wenn die Zeit kommt zum Beten. Manchmal war ich unterwegs, sogar am Flughafen. Beten bedeutet eben, dass man zwar immer noch hier auf dieser Welt ist, dass man aber die Beziehung zu Gott seinem Herrn aufnimmt. Man kann sich auch manchmal in den Schlaf singen – wir wollen aber immer wach sein und wachsam. Wir wollen mit unserem Gott sein, nicht an einem Tag in der Woche, sondern jeden Tag, und zwar den ganzen Tag über.

Ich bin fast dabei, mich zu bekehren. Sie erinnern mich auch von der Optik her ein bisschen an Richard Gere. Wenn Allah ein Schaufenster hätte, müssten Sie drin sitzen. Aber wäre es nicht schön, wenn jede Religion solche Vertreter hätte? Sie wollen offensichtlich niemanden belehren, aber Sie sprechen aus einer inneren Überzeugung heraus. Die Welt könnte viel friedlicher aussehen, wenn alle Musiker zu Botschaftern irgendeiner Lehre würden, die die Menschheit weiterbringt. Was wäre besser?

Es wäre schön, wenn es so kommen könnte. Aber andererseits gibt es viele verschiedene Menschen auf der Welt, und es wird schwierig sein, dass alle Menschen es so machen, wie ich es gemacht habe. Ich glaube nicht, dass alle die gleiche Schlussfolgerung für sich ziehen können. Gott hat uns eben so geschaffen, wie wir sind, mit all unseren Unterschieden. Aber wenn ein Mensch wirklich sucht, wenn er wirklich den zentralen Punkt der menschlichen Existenz finden will, dann ist dies eine riesige Aufgabe. Man muss sehr ernsthaft darangehen. Die Musik ist größtenteils nicht so ernsthaft; man spielt Musik, um sich zu erholen, um sich zu unterhalten. Es gibt andererseits auch ernsthafte Musiker, wie Yusef Lateef zum Beispiel, die weiterspielen. Man kann natürlich den Islam finden und trotzdem weitermachen mit der Musik. Aber man muss sehr ernsthaft sein. Das heißt nicht, dass man den Sinn für Humor verliert. Dennoch leben die meisten Musiker irgendwo in sich selbst in einer unwirklichen Welt. Sie sehen sich selbst nicht objektiv.

Gehen Sie mit den Kindern mal einen Hamburger essen, haben Sie Jeans zu Hause hängen – oder leben Sie ganz bewusst in einer anderen Dimension?

Wir leben in London ganz normal, und wir sind auch umgeben von all diesen Dingen, die man in London, in der westlichen Welt eben sieht. Ja, wir gehen auch einkaufen.

Dürfen Ihre Kinder die *Teenage Mutant Ninja Turtles* sehen und solche Sachen?

Die Ninja Turtles *gefallen mir nicht, sie sind nicht mein Fall, aber mein Sohn mag Karate.* Karate Kit *zum Beispiel mag ich auch gern, wie ich zugeben muss. Er schaut sich auch Zeichentrickfilme an, harmlose Sachen, die überhaupt kein Problem darstellen. Die Kinder gucken also fern, und sie gehen auch aus, vor allem am Wochenende. Wir gehen zum Essen zum Beispiel ins Restaurant; wir haben Freunde, die uns besuchen, und wir besuchen wiederum unsere Freunde, also völlig normal. Andererseits gehen wir natürlich nicht einfach irgendwie aus und leben so wie früher das gleiche gesellschaftliche Leben wie andere in England oder irgendwo auf dem europäischen Festland. Zum Beispiel der Alkohol: Trinken ist ja etwas sehr Wichtiges in der europäischen Kultur – für uns Moslems gibt es so etwas nicht. Deshalb muss man selbst die Gesprächsatmosphäre mehr betonen, die Freundschaft, die wir zu anderen Menschen aufbauen. Ich glaube deswegen, dass das Leben eines Moslems sehr viel erfüllender ist; man lernt Menschen besser kennen, wenn sie wirklich wachsen – nicht wenn sie betrunken sind oder sich spät am Abend irgendwie in Dämonen verwandeln.*

Sie haben eine ganz andere Welt gekannt und haben sich jetzt ganz bewusst dieses Aussehen gegeben. Erfahren Sie die Toleranz Ihrer Mitmenschen? Werden Sie auf Flughäfen oder in Supermärkten in die Ecke irgendwelcher Ayatollahs gerückt? Sie könnten ja sagen: Ich bin Cat Stevens, lasst mich in Frieden. Sie führen aber ganz bewusst das Leben einer Minderheit?

Die Moslems stellen immerhin ein Fünftel der Weltbevölkerung dar – so klein ist die Minderheit also gar nicht. Aber davon abgesehen: Selbst wenn ich ganz alleine wäre, habe ich durch mein jetziges Leben die Möglichkeit, meine Identität zu erfahren. Manchmal trage ich keinen Turban, manchmal ziehe ich auch Hosen an – aber die Religion hilft mir, meine Identität zu erkennen und wahrzunehmen. Wenn ich irgendwo spazieren gehe, wissen die Menschen, das ist ein Moslem, und das ist wunderbar. Schlimm ist es nur, wenn es einen Mangel an Toleranz gibt. Denn viele Menschen verstehen uns nicht und sehen nur das, was im Fernsehen läuft, Kriege und Blut und Aufruhr und politische Tyrannei, und assoziieren das oft mit uns mit Moslems. Was sie da im Fernsehen zu sehen bekommen, kann also ein Problem sein. Aber das ist ein Problem der Ignoranz, nicht eines der Wahrheit, die hinter der Botschaft des Islam steht. Wie sonst könnte ich, als ein Mensch, der im Westen zur Welt kam mit einem griechisch-zypriotischen Vater und einer schwedischen Mutter, jetzt Muslim werden und mich im Islam so zu Hause fühlen?

Wir haben zum Einstieg ein Medley aus einigen Ihrer schönen Titel gespielt. Wenn man Sie mit Aufnahmen aus Ihrer Vergangenheit konfrontiert, würden Sie es überhaupt sehen und hören wollen? Freuen Sie sich darüber, oder distanzieren Sie sich davon? Dürfen wir es noch mal spielen?

Ehrlich gesagt: Ich interessiere mich tatsächlich nicht dafür. Aber wenn Sie es machen wollen, bitte sehr. Es ist Ihre Sendung.

Ich will Sie nicht ärgern, es ist wunderschön. Cat Stevens damals, heute Yusuf Islam. Mir fällt auf, dass Sie sehr gesund, sehr ausgeruht aussehen. Sie hatten ja gesundheitlich große Probleme in Ihrer ersten Karriere. Dieses Musikerleben hat Sie erschöpft, hat Sie fertig gemacht. Aber offensichtlich sind Sie kaum gealtert, nachdem Sie Ihrem Leben einen anderen Sinn gegeben haben?

Falten habe ich schon, auch ein paar graue Haare. Aber ich glaube, es liegt wirklich an meinem Lebensstil. Wenn man keinen Alkohol trinkt, wenn man die schlechten Dinge nicht macht, was die eigene Gesundheit anbelangt, und wenn man sich viel wäscht, dann geht es einem auch besser. Als Moslem zum Beispiel waschen wir uns mit reinem Wasser vor dem Gebet, auch dies ist sozusagen eine Art Lebenselixier für den Körper. Wir reinigen auch unseren Geist, und ich glaube, es ist eine Frage des Geistes und des Herzens, wenn man nicht so viele Probleme oder Sorgen hat. Man weiß ja, in welche Richtung man geht im Leben. Das hilft natürlich auch bei der eigenen Gesundheit, es hilft dem Geist und dem Körper.

Yusuf Islam, ich freue mich, dass wir Sie in Ihrem neuen Leben und Ihrem neuen Verständnis kennen lernen konnten, denn wir haben ja oft völlig falsche Vorstellungen. Schön, dass Sie da waren. Würden Sie wiederkommen? Oder sagen Sie, wenn ich das gewusst hätte, wäre ich geblieben, wo ich bin? Der hat mir meine alten Lieder vorgespielt, der Hund.

Ich würde noch einmal kommen, aber mit dem gleichen Glauben. Wo wir beide sozusagen miteinander reden ohne irgendwelche Störung, keine Musik dazwischen.

Falls Allah Ihnen irgendwie den Weg zurück zur Gitarre weisen sollte, wäre es schön, wenn Sie Ihre Premiere bei mir haben würden. Herzlichen Dank!

„MAN KANN DER MITTE NICHT ENTFLIEHEN"

ALBERT EIGNER IM GESPRÄCH MIT YUSUF ISLAM
am 18. Oktober 2002 in Graz

Sie sind ein viel beschäftigter Mann, engagieren sich für die Rechte der Kinder, arbeiten für UNICEF, sind in religiöser Hinsicht aktiv – und Sie haben in London islamische Schulen gegründet. Welche konkreten Pläne haben Sie für die Zukunft?

Wie Sie wissen, arbeite ich in drei verschiedenen Bereichen: Bildung, Wohltätigkeit sowie Kultur und Medien. Im Bildungsbereich werden wir mit den schon laufenden Schulprojekten fortfahren. Derzeit entwickelt unser internationales Netzwerk moslemischer Schulen und Akademien gerade neues Schulmaterial.

Werden diese Materialien über Ihre Firma „Mountain Of Light" vertrieben?

Nein, das läuft über das International Board Of Educational Research And Resources. Aber es geht einfach um die Erstellung von Schulmaterial, das für Kinder besser geeignet ist, vor allem für den Religionsunterricht. Zumindest diesen Bereich möchten wir etwas freundlicher gestalten, denn die derzeitigen Bücher sind sehr formal. Kinder sollen Spaß am Lernen haben, diese Freude möchten wir mit unseren Büchern wecken. Was die humanitären Projekte anbelangt, so versuchen wir am Ball zu bleiben. Wir können nicht alle Probleme dieser Welt lösen, aber wir versuchen, auf diesem Gebiet aktiv und beständig zu bleiben. Sich um Waisenkinder zu kümmern, kostet Geld. Also setzen wir hier unsere Arbeit fort und helfen auf dem Balkan. Wir würden aber auch gern mehr Bildungsprojekte für die Waisenkinder in Afrika machen. Denn wir wissen, Afrika braucht Hilfe.

Und was planen Sie auf dem kulturellen Sektor?

Ich kann gar nicht alles aufzählen, so viel ist auf diesem Gebiet los. Ständig entstehen neue Ideen. Eine ist zum Beispiel ein Afrika-Tribute-Album.

Europäer singen afrikanische Songs?

Vielleicht, ich bin mir noch nicht sicher. Auf meinem Label „Mountain Of Light" produzieren wir ständig Aufnahmen. Jedes Jahr kommen neue CDs.

Wir leben in einer Zeit, die viel von Angst und Furcht geprägt ist, und nicht mehr in den Sechziger- oder Siebzigerjahren, als die Menschen noch hoffnungsvoll waren und Neues einfach ausprobierten. Was, denken Sie, soll man Kinder und Lehrern erzählen, wenn sie Fragen haben zum „richtigen Leben"? Wie soll man sich heute verhalten? Welches Bild soll man sich machen?

Der Glauben ist im Grunde ein Sicherheitspolster. Wenn jemand keinen Glauben hat, die ganze Welt aber verrückt spielt, so wird er untergehen. Ist er aber gläubig, und die Welt spielt verrückt, so ist der Untergang nicht zwingend. Er wird es als Prüfung akzeptieren. Stärke kommt vom Glauben. Man muss an etwas glauben, das man liebt, ohne dass man es zwangsläufig sehen muss. Liebe ist ein sehr starkes Gefühl, das Menschen in ihrem Leben Halt gibt.

Aber in den Medien begegnet uns ständig Gewalt, was Ausdruck eines sehr großen Problems ist. Ihre Lieder hingegen waren immer stark von Liebe geprägt ...

Ich glaube, dass die Eltern hier eine wichtige Rolle spielen. Wenn Eltern ihre Kinder nicht lieben, sind die Kinder verloren. Man muss den Eltern klarmachen, dass sie ihre Kinder unter diesem Aspekt unterstützen müssen. Erst dann kann die Liebe für das Unsichtbare zu wachsen beginnen. Da wir an Gott glauben, glauben wir auch, dass uns unsere Mütter, unsere Eltern – und eigentlich jeder – von Gott gegeben wurden. Also sollten wir Gott lieben. Aber das ist für Kinder sehr schwer verständlich.

Heutzutage jedoch dreht sich sehr viel um rein materielle Dinge. Die herkömmliche Familie gibt es nicht mehr; allein erziehende Mütter müssen arbeiten; die Kinder sind oft sich selbst überlassen.

In so einer Situation beginnt Angst das Leben des Kindes zu bestimmen. Hat das Kind Angst, von den Eltern verlassen zu werden, so empfindet es das ganze Leben als Bedrohung. Ich sage immer, die Eltern tragen die Hauptverantwortung, und die Schule hat zu helfen und zu ermutigen.

Jeder muss irgendwann das Elternhaus verlassen und weiß nicht, was auf ihn zukommt. Hoffentlich hat er dann die richtige Erkenntnis oder Eingebung, die sich aber keinesfalls erzwingen lässt. Sie sagen, dass eines Tages plötzlich das Licht aufging, obwohl Sie es in diesem Moment gar nicht angestrebt hatten. Aber Sie haben solche Erkenntnisse in einem Lied 1970 geschrieben, als Sie gerade mal zweiundzwanzig Jahre alt waren. Dennoch schrieben Sie mit einer Abgeklärtheit, die selbst Achtzigjährigen oft noch fehlt. Sie strahlen eine große Ruhe und gleichzeitig auch Stärke aus. Wie kommt das?

Palmen sind ein guter Vergleich. Sie sind stark und gleichzeitig aber auch biegsam. Der Wind kann einer Palme nichts anhaben, da sie sich biegt. Wäre sie hart, wenn auch noch so stark, könnte sie leicht brechen. Man muss also flexibel sein, aber auch wissen, wann es Zeit ist, Rückgrat zu bewahren.

Viele Menschen wissen nicht, was der Islam wirklich ist. Die Religion wird immer sofort mit der Politik in Verbindung gebracht. Könnten Sie etwas darüber erzählen, wie man den Islam den Leuten näher bringen kann, um mehr die Glaubensseite und weniger die politische Seite zu verstehen?

Ich glaube, dass die Bedeutung von Worten sehr wichtig ist. Versteht man unter Islam einen Zustand des Friedens, der durch Hingabe an den Willen Gottes erreicht wird, dann weiß man, dass Islam nicht nur ein politisches Wort ist. Es ist ein Wort, das mit der Aktivität und der Kontrolle des Universums zusammenhängt. Hätte die Sonne ihren eigenen Willen, würde sie in der Gegend herumspringen. Aber sie kann das nicht; sie hat ihren Weg zu gehen, der ihr vorbestimmt ist. Auch uns Menschen wurde ein Weg vorgegeben. Aber wir haben die Möglichkeit zu wählen. Doch wie viele Wege es auch geben mag – wir wissen, dass es einen richtigen und einen falschen gibt. Es kann viele falsche Wege geben. Den richtigen Weg zu gehen, bedeutet, dass man anfängt, auf jene Stimme zu hören, die alles geschaffen hat. Dann beginnt man auch die Gesetze zu verstehen, die über Erfolg und Misserfolg entscheiden. Ich möchte damit sagen, dass es manchmal besser wäre, die Bedeutung der Worte zu verstehen. Folglich ist es besser, die Bedeutung des Islam zu verstehen, als die Gebetsregeln und die dogmatischen Lehren. Oder die geometrischen Formen: Es gibt sehr viele interessante Dinge, die man Kindern zeigen kann, damit sie den Sinn der Geometrie erkennen und den Geist der Einheit erahnen. Alles fängt an einem Punkt an, und alles ist mit diesem einen Punkt verbunden. Alles kann auf einen Punkt zurückgeführt werden. Man kann der Mitte nicht entfliehen.

Es ist ein bisschen wie *Buddha And The Chocolate Box*: Alles führt zu einem bestimmten Punkt. Man macht vielleicht Musik, weil man auf der Suche nach Harmonie und nach Gott ist. Das ist nicht der falsche Weg, eher die falsche Branche. Das Musikgeschäft ist ja oft sehr hart und unfair.

Es ist sehr fabrikähnlich – ein Künstler und sechzig Millionen Fans. Irgendwie verrückt.

War das noch nicht so, als Cat Stevens noch Musik machte?

Als ich Musik machte, gab es viel mehr Freiheit, sich darzustellen. Es gab mehr Unterstützung für Künstler mit positiver persönlicher Identität, die sich von anderen Künstlern abhoben. Künstler mit den unterschiedlichsten Persönlichkeitsprofilen konnten zur selben Zeit nebeneinander bestehen. Heute ist alles viel eingeschränkter.

Und auch die Texte der Songs sind oft ohne Aussagekraft. Sie hingegen haben mit Ihren Liedern so viel gesagt ...

Vielen Dank. Aber das ist zu viel des Lobes. Ich brauche jetzt sofort einen Hund, der mir ans Bein pinkelt und mich wieder auf den Boden runterholt.

„A STEHT FÜR ALLAH"

ARNO FRANK IM GESPRÄCH MIT YUSUF ISLAM
am 22. Oktober 2003 auf dem Rücksitz eines VW Phaeton, während der Hin- und Rückfahrt zur ARD-Talkshow *Beckmann*

Eben wurden Sie vor dem Hotel von drei Dutzend Autogrammjägern belagert – fast ein Vierteljahrhundert nach Ihrer letzten Platte. Stört Sie der ungebrochene Trubel um Ihre Person?

Es ist kein Trubel, sondern eine Erinnerung daran, wie groß mein Einfluss auf das Leben, die Gedanken und vielleicht auch Träume anderer Leute war. Es stört mich nicht wirklich, aber ich versuche auch klarzumachen: Hier bin ich heute, und ich bin ein Resultat dessen, was ich gestern war. Es ist eine Reise.

Sind Sie angekommen?

Ja, das bin ich. Und das ist mir heute wichtiger als die Vergangenheit. Ich habe so viel zu tun, dass ich gar nicht weiß, wie ich das alles bewältigen soll. Die Arbeit für die Kinder, Benefiz-Projekte, die Medien, das Schreiben …

… und die Musik?

1995 habe ich mein eigenes Label gegründet, es heißt „Mountain Of Light". In einer Zeit, da sich die Missverständnisse über den Islam immer mehr häufen, möchte ich mit der Musik wieder als eine Art Lehrer auftreten, um den Menschen islamische Musik und Kunst näher zu bringen. Wenn Sie sich meine jüngsten Lieder anhören, werden Sie überrascht sein über die Entwicklung des Stils, des Genres.

Die Menschen mochten Ihren alten Stil ja ganz gerne.

Unlängst habe ich in London ein Benefizkonzert gegeben zugunsten der muslimischen Schule in London, die wir vor genau zwanzig Jahren gegründet haben. Es war ausverkauft.

Es war Ihr erster Auftritt seit sehr, sehr langer Zeit …

… mein erster Auftritt auf einer englischen Bühne seit siebenundzwanzig Jahren. Und es war großartig, ein ganz besonderer Abend.

Haben Sie auch alte Stücke gespielt?

Ich habe drei neue Songs gespielt. Einer heißt „I Look, I See", ein anderer „God Is The Light" und der dritte „Wind, East And West". Und dann spielte ich noch „Peace Train". Der Song ist sehr nah dran an den Realitäten heute, gerade vor dem Irakkrieg, als es viele Antikriegsdemonstrationen gab. „Peace Train" ist wie eine alte Lokomotive, er ist für die Ewigkeit gebaut.

Aber lange wussten Sie nicht, wohin die Reise geht.

Stimmt, die Fahrkarte war kostenlos – aber ich wusste lange nicht, wohin mich der Zug bringen würde.

Fühlen Sie sich berufen, zwischen dem Islam und der westlichen Welt zu vermitteln?

Ich will nicht Sprecher derjenigen sein, die den Islam nicht repräsentieren – das zu sagen, ist mir wichtig. Aber ich möchte versuchen, den zivilisierenden Beitrag zu unterstreichen, den der Islam in dieser Welt leisten kann und auch schon geleistet hat.

Für Zivilisation im Sinne eines aufgeklärten Bürgertums steht der Islam ja nicht unbedingt und überall.

Stimmt, mit der Zersplitterung der islamischen Welt sind die Probleme nicht kleiner geworden, eher größer. Aber können wir dem Islam dafür die Schuld geben? Das liegt doch auf der Hand: Es gibt so viele islamische Länder, die alle auf ihre Art versuchen, sich in dieser globalisierten Welt zu behaupten.

Motor der Globalisierung sind die USA. Hegen Sie Groll gegen sie?

Ich glaube, die USA sind ein naives Volk, nicht annähernd so weit entwickelt wie die europäischen Nationen. Deswegen machen sie so viele Fehler. Wie weit kann Amerika gehen? Soll die Welt amerikanisch werden? Ich glaube nicht. Sie müssen mit anderen Kulturen in Frieden zusammenleben, nur so können sie selbst prosperieren. Ich meine, schauen Sie sich George W. Bush an. Er sollte diesen Job nicht haben, er dürfte diesen Job nicht haben – und jeder weiß das!

Wäre, wie Sie sagten, Bob Dylan der bessere Präsident Amerikas?

Nein, die Zeiten haben sich verändert. Wie er selbst gesungen hat, „the times they are a-changing". Gegen die Hegemonie der USA muss trotzdem ein Kraut gewachsen sein.

Mit Atomwaffen – wie Iran? Mit Bomben – wie al-Qaida?

Mit vielen Menschen ist schlecht umgegangen worden. Und manche Menschen reagieren wegen ihrer Frustration und Ignoranz komplett unislamisch. Deshalb ist es wichtig, hier die Wahrnehmung zu verändern. Der Islam ist nicht nur eine Botschaft für die arabische Welt. Der Islam ist eine spirituelle Botschaft. Das wird gerne vergessen.

Und daran wollen Sie erinnern?

Das drücke ich in meinen neuen Songs aus. Ein Titel wie „God Is The Light" – was könnte profunder sein? Wenn man das erst einmal verstanden hat …

Wann haben Sie denn verstanden?

Ich war glücklich genug, die Chance gehabt zu haben, den Islam ganz privat und ohne den Einfluss irgendeines Muslims studieren zu können, der mir sagt, wie ich das zu verstehen habe. Ich las einfach nur den Koran, ganz alleine.

Was hat Sie denn damals, 1977, daran interessiert?

Seine Authentizität. In der Bibel ist alles von den Evangelisten interpretiert, mal so, mal ein bisschen anders. Der Koran ist erhalten, wie er damals aufgezeichnet worden ist. Ich war ein Freidenker, ich hatte keinerlei Barrieren. Ich glaubte nicht an Barrieren. Also wusste ich nicht, warum ich nicht den Koran lesen sollte – obschon er mit einigen Tabus belegt war, die in meiner Kultur begründet waren.

Welche Kultur war das?

Aufgewachsen bin ich als Christ, ich bewunderte gewisse Aspekte des Buddhismus – und fand all das vortrefflich auf den Punkt gebracht im Koran.

Warum haben Sie seinerzeit die Fatwa gegen Salman Rushdie unterstützt?

Habe ich nicht, das war die Falle eines Journalisten, das war Politik. Ich wurde in einem völlig anderen Rahmen danach gefragt, was mit Leuten geschehen solle, die den Namen Gottes verhöhnen. Und als gelehriger Schüler des Koran habe ich rezitiert, was für solche Fälle vorgesehen ist. Es ist Politik. Und was Politik bedeutet, das zeigt uns schon das Schicksal von Julius Caesar: Dolchstöße in den Rücken. Mit dem Koran, mit der Botschaft des Islam, die mich so beeindruckt hat wie nichts anderes, hat das gar nichts zu tun.

Was hat Sie denn nun so sehr beeindruckt?

Die Idee des Einen Gottes. Wenn Sie das verstehen, verstehen Sie das Universum. Und Sie verstehen, warum Leute sich bekämpfen – weil sie sich weigern, die Herrschaft des Einen anzuerkennen, der die Regeln des Lebens vorgibt. Ich sah es als einen Weg zum Frieden und zur Linderung.

Für Sie selbst – oder für die ganze Welt?

Speziell für mein Leben. Der Koran half mir, auf die Füße zu kommen und mein eigenes Leben zu leben.

Als ob Sie das vorher nicht getan hätten! Sie waren ein Weltstar!

Ich war ein Popstar und lebte das Leben eines Popstars. Aber ich war gefangen in meiner kleinen Kapsel. Nicht dass ich da nicht hin und wieder ausgebrochen wäre. Ich hatte viele Freunde, die nicht unbedingt Showbiz-Typen waren – aber ich saß dennoch in dieser Kapsel, die es mir unmöglich machte, mit meinem gewöhnlichen, echten, wie soll ich sagen … mit meinem unprätentiösen Selbst in Kontakt zu treten. Das hatte ich für eine Weile verloren.

Viele Ihrer Songs handeln von einer spirituellen Suche …

Ja, ich habe mal geschrieben (denkt lange nach) *… es ist aus „Sitting" … „I'm not making love for anyone's whishes / Only for that light I see / 'Cause when I'm dead and lowered low in my grave / That's gonna be the only thing that's left of me." Das ist das Licht der Liebenswürdigkeit, nach dem ich mein Leben auszurichten versuchte. Manchmal habe ich es verfehlt, manchmal verblasste es. Aber es drückte die Liebe aus, die ich dem Leben selbst gegenüber empfand.*

ARNO FRANK IM GESPRÄCH MIT YUSUF ISLAM

In „Where Do The Children Play" singen Sie die prophetische Textzeile „They keep on building higher till there's no more room up there" …

Ja. „Wolkenkratzer füllen den Himmel, und sie bauen immer höher, bis dort oben kein Platz mehr ist."

Nach dem 11. September bekam das einen seltsamen Beigeschmack.

Es war völlig verrückt, völlig verrückt. Andere Sachen auch. Da gibt's den Song „Tuesday's Dead" mit der Textzeile „Where do you go when you want no one to know", wissen Sie, das ist schon sehr, sehr merkwürdig (lacht). Aber das Interessanteste war, was ich in „On The Road To Find Out" geschrieben habe: „Pick up a good book", nimm ein gutes Buch in die Hand. Ich bin sehr froh, dass ich nicht „the book" geschrieben, dass ich mich da nicht festgelegt habe. Es ist völlig egal, welches Buch dich dorthin führt.

Also gibt es immer noch „a million ways to be", auch für den strengen Muslim?

Ach, das ist doch das Dilemma: Wenn wir die Wahl haben, haben wir auch die Verantwortung. Das ist es, was viele Leute vergessen, diese mitfühlende Liebe zum Leben als solche. Die Leute gehen im Lauf der Jahre immer konformer damit, was die Welt von ihnen will. Sie verlieren ihre Kindlichkeit, wenn Sie so wollen.

Sie selbst haben fünf Kinder. Welchen Rat würden Sie ihrem achtzehnjährigen Sohn geben, wenn er Rockstar werden wollte?

Ich würde ihm zu Flexibilität raten. Manchmal müssen Menschen eine Wahl treffen, manchmal machen sie Fehler, und dann müssen sie aus diesen Fehlern lernen. Solange Sie ein leitendes Prinzip haben, können Sie es durch die Prüfungen und Probleme des Lebens schaffen. Mein Sohn hat bereits einige Songs geschrieben, das wird noch interessant.

Was hat es mit der muslimischen Schule auf sich, die Sie in London gegründet haben?

Es gab zu diesem Thema schon vorher viel Blabla, aber keine Lösungen. Es gibt Schulen mit christlichem Religionsunterricht – und nun gibt es auch eine Schule mit Islamunterricht. Das ist auch schon alles, es ist keine Koranschule.

Der Islam kann doch in jeder säkularen Schule gelehrt werden.

Im Laufe des Lebens gibt es eine kontinuierliche Säkularisation ... hm, wie ist das mit der Religion in der Schule in Deutschland?

Man kann es sich in der Regel aussuchen.

Wenn das so ist, bleiben dem Islam einfach nur ein paar Seiten im Sozialkundebuch. Das ist zu wenig, denn der Islam hat mehr zu bieten. Wenn Sie sich anschauen, dass die Propheten ausgesandt wurden, um die Welt zu verändern – das hat mehr Aufmerksamkeit verdient als ein paar Seiten im Sozialkundebuch.

Was meinen Sie mit Aufmerksamkeit? Mehr beten?

Das erste Lied, das ich nach meinem Übertritt zum Islam geschrieben habe, war für meine kleine Tochter, die gerade das Alphabet beigebracht bekam. Das Lied hieß „A Is For Allah". Ich wollte meiner Tochter beibringen: Vergiss die Äpfel, sie sind nicht das Erste, woran man denken sollte. Das Erste, woran man denken sollte, ist der Schöpfer der Äpfel, der Schöpfer von allem. Wenn Sie das wissen, wissen Sie, was wirklich wichtig ist.

Trotzdem: Wie konnten Sie den Drang nach künstlerischem Ausdruck von heute auf morgen verlieren? Islam und Musik schließen einander doch nicht aus.

Den Effekt, den die Lektüre des Koran auf mich hatte, kann ich am besten mit einer Metapher erläutern: Ich stand da mit einer Kerze in meiner Hand – und plötzlich war die Sonne aufgegangen. Was soll ich am hellen Tag mit einer Kerze?

Und danach haben Sie tatsächlich alle Ihre Instrumente verkauft? Haben Sie sich wirklich von einem Tag auf den anderen so sehr verändert?

Sie verändern sich nicht wirklich, wenn Sie ein Muslim werden. Aber was passieren sollte, ist, dass Sie die wahre Essenz dessen erkennen, was Sie wirklich sind und in diesem Universum erreichen wollen.

Musik lenkt davon ab?

Eigentlich schon, ja. Zumindest mich (lacht).

Es heißt, Religionen wie der Islam könnten nur in der Wüste entstehen …

In der Einöde, genau! Jesus ging in die Wildnis, Mohammed auf einen Berg namens „Berg des Lichts". Fernab von den Versuchungen der Zivilisation.

So wie Sie?

So wie ich.

Millionen Fans haben das nicht verstanden. Und die Leute, die vorhin vor dem Hotel auf Sie warteten, wohl auch nicht.

Okay, dann will ich es so erklären: Sie sind in einem dunklen Raum und können die Dinge ertasten. Dann kommen Sie an den Lichtschalter und können plötzlich die Dinge sehen, wie sie wirklich sind. Das ändert nichts an den Dingen, aber an Ihrer Einstellung dazu. Sie fangen an, die Dinge zu akzeptieren. Ja, Akzeptanz ist das richtige Wort. Gestern habe ich mit dem Hollywoodschauspieler Christopher Reeve geplaudert, der im Rollstuhl sitzt, und er sagte: „Die wichtigste Lehre für mich war es, mein Schicksal zu akzeptieren."

Und das heißt?

Das meiste Unheil auf dieser Welt rührt daher, dass die Menschen unbedingt, unbedingt versuchen, es zu kontrollieren. Aber das geht nicht, das geht nicht. Was uns fehlt, ist Demut.

Christopher Reeve hat für diese Erkenntnis einen hohen Preis bezahlt.

Aber wer weiß, wohin es führt? Es gibt so etwas wie eine universelle Gerechtigkeit. Und alles, was uns zustößt, führt am Ende zu etwas Besserem. Davon bin ich überzeugt.

Große Musiker wie Leonard Cohen oder Van Morrison hatten immer auch eine spirituelle Seite – und dennoch verzichteten sie nicht auf die Musik.

Einige dieser Leute, von denen Sie sprechen, habe ich unlängst getroffen. Ich bin verblüfft darüber, wie groß mein Platz im Herzen auch befreundeter Künstler ist ... Was ich tat, tat ich ganz naiv, einfach weil ich dachte, ich müsste es tun, ganz natürlich. Heute geben mir viele der ehemaligen Pop- und Rockkollegen Recht. Ich habe mal eine Textzeile geschrieben, „I'm not the only one", die dann auf einmal von John Lennon adaptiert wurde. In „Imagine". Ich konnte es nicht fassen: John Lennon sang eine Zeile von mir!

Sie haben früher Ihre Cover selbst gestaltet. Malen Sie heute noch?

Oh nein, ich benutze Adobe Photoshop! Ich liebe Computer!

Der Islam bevorzugt ornamentale Kunst.

Was daran liegt, dass die Menschen beginnen, die Dinge unter Gott zu verehren – nicht Gott selbst. Es ist ein Ratschlag, das Eigentliche nicht zu vergessen. Das gilt für viele Bilder, vor allem im Fernsehen. Mit dem wahren Leben hat das Fernsehen nichts zu tun, und doch ist es für viele Menschen ein Ersatz für und eine Flucht vor dem richtigen Leben. Ich versuche, etwas zu schaffen, das einen lehrreichen Effekt hat.

Nicht alle Menschen wollen belehrt werden.

Das Wort „Ignoranz" bedeutet: Ich weiß, dass etwas da ist – aber ich ignoriere es. Ich gehe nicht los, es zu suchen. Also bin ich ignorant.

Verstehen Sie sich als Prediger?

Prediger? Nicht wirklich. Ich mag das Wort „Prediger" nicht, da bekomme ich eine unangenehme Gänsehaut. Lehrer sind dann am besten, wenn sie den Hunger auf Wissen schüren. Wenn sie nur predigen, dringen sie nicht zu den Schülern durch. Ein inspirierender Lehrer bringt die Schüler dazu, empfänglich zu sein für das, was er lehren will.

Musik ist im Islam ebenfalls sehr wichtig.

Im Koran steht, dass die guten Dinge, die Gott uns gegeben hat, durchaus genossen werden dürfen. Nur wenn es korrumpiert wird und fault, dann ist es verboten. Erlaubt sind beispielsweise Hochzeitslieder, positive Lieder. „Morning Has Broken" ist ein perfektes Beispiel dafür, auch „Peace Train".

Ihre Songs waren islamisch, lange bevor Sie es wurden?

Ja (lacht), sie sind mir vorausgegangen.

Musik kann Vehikel zur Erleuchtung sein. Im Techno beispielsweise tanzen sich die Menschen in Trance – was soll daran faul sein?

Ich gehe nicht in Diskotheken, eben deswegen. Nicht weil ich da Vorurteile hätte. Sondern weil es mich nirgendwo hinbringt. Was dort gespielt wird, dient nur dem Geldverdienen. Es ist ein Geschäft. Deswegen heißt es ja auch Musikgeschäft.

Es ist aber auch ein Genuss.

Leute wollen die Sinne, die Gott ihnen gegeben hat, möglichst effektiv nutzen. Sie halten das dann schon für das Leben als solches. Wenn sie nicht sehr gut aufpassen, können sie diese Sinne sehr schnell verlieren. Wer zu viel Musik hört, verliert sein Gehör. Viele gesundheitliche Probleme rühren daher, dass die Menschen ihre Sinne allzu stark reizen. Ich halte mich fern davon, das ist nicht mehr mein Leben.

Sie hören keine zeitgenössische Musik?

Nein, nicht wirklich. Nicht viel.

Nicht viel? Was denn?

Travis, Coldplay. Und die Flaming Lips, ganz großartig. Eine unglaublich interessante Gruppe.

Die haben auch ein sehr spirituelles Element in ihrer Musik.

Und Elemente von Cat Stevens! Kürzlich erst mussten sie zugeben, dass sie für „Fight Test" auf dem Album ... na, wie hieß das doch gleich ...

Yoshimi Battles The Pink Robot?

Ja, sie haben die Melodie von „Father And Son" geklaut. Mir wäre es egal gewesen, aber die Plattenfirma reagierte gereizt. Ich fand's fantastisch. Es war ein Kompliment. Ich liebe das Lied. Wenn sie den Bereich des geistigen

Eigentums betreten, wird's sehr schwierig, weil jeder bei jedem borgt ... (sieht aus dem Auto heraus einen Dönerladen namens „Ali Baba") *Oh, „Ali Baba"! Ali Baba ... mein Vater sagte immer, wenn er einen Araber sah: Ali Baba.*

Herr Islam, als Cat Stevens hatten Sie stets abgekaute Fingernägel ...

Ja, ja, schlimm. Jetzt sind sie frisch maniküert, oder?

Sind sie. Verbietet der Islam das Fingernägelkauen?

Natürlich nicht! Ebenso wenig wie das Rauchen, das ich ebenfalls aufgegeben habe. Als ich den Einfluss gesehen habe, den das Rauchen auf Menschen haben kann, habe ich es aufgegeben. Ich saß einmal im Kino neben einem Raucher, und als ich dieses ekelhafte, angeekelte Gesicht gesehen habe, gab ich es instinktiv auf.

Sie essen koscher?

Ich versuche, mich daran zu halten.

Ihre Frau ist verschleiert?

Ja, aber es war ihre Entscheidung. Muss ich den Sinn des Schleiers erklären? Es geht nicht um Schleier oder Schwein. Es geht darum, Lebensführung aus einer Quelle zu beziehen, die nicht angezweifelt werden kann. Viele Dinge tun wir aus dem Glauben heraus. Aber im Islam fand ich ein hohes Maß an Logik.

Welche Logik?

Bei allem, was irgendwie funktioniert, gibt es einen Verantwortlichen. Also muss es einen Schöpfer geben, es muss einen Kapitän dieses Schiffes geben!

Die Idee des „unbewegten Bewegers" gibt es aber auch schon seit Aristoteles ...

Genau! Blättern Sie nach, wo Sie wollen! In der griechischen Philosophie, in der Bibel, in den Veden, in den Upanishaden. Was ist das erste Gebot? „Du sollst keinen anderen Gott neben mir haben"! Das ist keine politische, keine kulturelle, sondern eine universelle Erkenntnis.

Es gibt aber in einer desintegrierenden Welt so viele verschiedene Angebote, die metaphysisch Obdach gewähren.

Richtig, und das verwirrt mich schrecklich. Das war es, was mich am Islam so berührt hat: Du kannst nichts finden, das wahrer wäre.

Und Sie haben die Suche endgültig aufgegeben?

Nein! Würden Sie mir jetzt, in dieser kostbaren Sekunde, etwas zeigen, das wahrer wäre – ich würde es akzepieren. Aber das gibt es nicht …

CHARTERFOLGE

TITEL	EINTRITT IN DIE CHARTS	HÖCHSTE POSITION	WOCHEN
DEUTSCHLAND – SINGLES			
Matthew & Son	01.04.1967	25	4
Lady D'Arbanville	01.09.1970	23	6
Morning Has Broken	13.03.1972	40	3
Can't Keep It In	15.01.1973	36	4
Oh Very Young	06.05.1974	47	1
Another Saturday Night	28.10.1974	37	1
Banapple Gas	07.06.1976	37	5

Quelle: Media Control

TITEL	EINTRITT IN DIE CHARTS	HÖCHSTE POSITION	WOCHEN
DEUTSCHLAND – ALBEN			
Teaser And The Firecat	15.12.1971	23	52
Catch Bull At Four	15.10.1972	17	34
Foreigner	15.08.1973	18	17
Buddah And The Chocolate Box	15.06.1974	34	13
Greatest Hits	15.08.1975	6	106

TITEL	EINTRITT IN DIE CHARTS	HÖCHSTE POSITION	WOCHEN
Numbers	15.01.1976	20	43
Tea For The Tillerman	01.01.1977	43	2
Izitso	01.06.1977	7	23
Back To Earth	25.12.1978	32	14
Morning Has Broken	30.11.1981	5	14
The Very Best Of Cat Stevens	12.03.1990	8	29
The Ultimative Collection	22.11.1999	20	14

Quelle: Media Control

SCHWEIZ – ALBEN

Remember Cat Stevens – The Ultimative Collection	21.11.1999	25	10

Quelle: Media Control

ÖSTERREICH – SINGLES

Banapple Gas	15.06.1976	16	4

Quelle: Media Control

TITEL	EINTRITT IN DIE CHARTS	HÖCHSTE POSITION	WOCHEN

ÖSTERREICH – ALBEN

TITEL	EINTRITT IN DIE CHARTS	HÖCHSTE POSITION	WOCHEN
Buddha And The Chocolate Box	15.05.1974	3	13
Izitso	15.06.1977	12	13
Morning Has Broken	01.01.1982	12	8
The Very Best Of Cat Stevens	08.04.1990	22	7
Remember Cat Stevens – The Ultimative Collection	21.11.1999	12	14
The Very Best Of Cat Stevens	26.10.2003	44	6

Quelle: Media Control

AUSTRALIEN – SINGLES

TITEL	EINTRITT IN DIE CHARTS	HÖCHSTE POSITION	WOCHEN
Lady D'Arbanville	16.11.1970	20	25
Father And Son	24.05.1971	18	47
Peace Train	25.10.1971	3	22
Sitting	01.01.1973	34	10
The Hurt	06.08.1973	30	10
Oh Very Young	13.05.1974	19	15
Another Saturday Night	02.09.1974	15	18
(Remember The Days Of The) Old Schoolyard	01.08.1977	18	23

Quelle: Kent Music Report/Australian Music Report

TITEL	EINTRITT IN DIE CHARTS	HÖCHSTE POSITION	WOCHEN
AUSTRALIEN – ALBEN			
Mona Bone Jakon	08.02.1971	25	11
Tea For The Tillerman	12.04.1971	2	96
Teaser And The Firecat	15.11.1971	1	69
Catch Bull At Four	02.10.1972	1	34
Foreigner	03.09.1973	4	16
Buddha And The Chocolate Box	13.05.1974	5	27
Greatest Hits	21.07.1975	41	18
Numbers	12.04.1976	85	5
Izitso	09.05.1977	39	34
Back To Earth	11.12.1978	89	9
Morning Has Broken	22.03.1982	3	24
The Very Best Of Cat Stevens	18.06.1990	3	32

Quelle: Kent Music Report/Australian Music Report

TITEL	EINTRITT IN DIE CHARTS	HÖCHSTE POSITION	WOCHEN
ITALIEN – ALBEN			
Teaser And The Firecat	1971	29	2
Catch Bull At Four	1973	4	6
Foreigner	1973	17	3
Buddha And The Chocolate Box	1974	6	18
Greatest Hits	1975	27	5
Numbers	1975	12	13
Izitso	1977	8	5
Cat Stevens	1985	12	9

Quelle: TV Sorrisi e Canzoni

TITEL	EINTRITT IN DIE CHARTS	HÖCHSTE POSITION	WOCHEN
ENGLAND – SINGLES			
A Bad Night	19.08.1967	24	5
Lady D'Arbanville	04.07.1970	6	10
Moonshadow	25.09.1971	21	6
Morning Has Broken	08.01.1972	9	8
Can't Keep It In	13.01.1973	9	7
Another Saturday Night	07.09.1974	21	5

Quelle: Melody Maker

TITEL	EINTRITT IN DIE CHARTS	HÖCHSTE POSITION	WOCHEN
ENGLAND – SINGLES			
I Love My Dog	22.10.1966	28	3
Matthew & Son	14.01.1967	2	8
I'm Gonna Get Me A Gun	15.04.1967	8	6
A Bad Night	12.08.1967	21	4
Lady D'Arbanville	11.07.1970	5	9
Moonshadow	11.09.1971	21	5
Morning Has Broken	08.01.1972	8	2
Can't Keep It In	23.12.1972	14	9
Another Saturday Night	31.08.1974	22	6

Quelle: New Musical Express

TITEL	EINTRITT IN DIE CHARTS	HÖCHSTE POSITION	WOCHEN
ENGLAND – ALBEN			
Matthew & Son	15.04.1967	8	8
Mona Bone Jakon	29.08.1970	28	1
Tea For The Tillerman	12.12.1970	25	1
Teaser And The Firecat	25.09.1971	1	40
Catch Bull At Four	07.10.1972	1	27
Foreigner	21.07.1973	3	11
Buddha And The Chocolate Box	06.04.1974	3	11

TITEL	EINTRITT IN DIE CHARTS	HÖCHSTE POSITION	WOCHEN
Greatest Hits	26.07.1975	3	18
Izitso	28.05.1977	19	4

Quellen: Melody Maker (1970 bis 1977), New Musical Express (1967)

USA – SINGLES

TITEL	EINTRITT IN DIE CHARTS	HÖCHSTE POSITION	WOCHEN
Wild World	13.02.1971	11	13
Moonshadow	26.06.1971	30	11
Peace Train	25.09.1971	7	12
Morning Has Broken	01.04.1972	6	14
Sitting	18.11.1972	16	11
The Hurt	07.07.1973	31	10
Oh Very Young	16.03.1974	10	17
Another Saturday Night	03.08.1974	6	14
Ready	07.12.1974	26	10
Two Fine People	19.07.1975	33	9
Banapple Gas	07.02.1976	41	6
(Remember The Days Of The) Old Schoolyard	25.06.1977	33	10
Was Dog A Doughnut?	19.11.1977	70	9
Bad Brakes	27.01.1979	83	4

Quelle: Billboard

TITEL	EINTRITT IN DIE CHARTS	HÖCHSTE POSITION	WOCHEN
USA – ALBEN			
Tea For The Tillerman	06.02.1971	8	79
Mona Bone Jakon	20.03.1971	164	16
Matthew & Son/New Masters	03.04.1971	173	12
Teaser And The Firecat	09.10.1971	2	67
Very Young And Early Songs	08.01.1972	94	10
Catch Bull At Four	14.10.1972	1	48
Foreigner	28.07.1973	3	43
Buddha And The Chocolate Box	13.04.1974	2	36
Greatest Hits	12.07.1975	6	45
Numbers	13.12.1975	13	19
Izitso	21.05.1977	7	23
Back To Earth	23.12.1978	33	15
Footsteps In The Dark – Greatest Hits Vol.2	15.12.1984	165	8

Quelle: Billboard

SONGTITEL

SONGTITEL

SONGTITEL

T

W

Musik und Text bei allen Songs Cat Stevens – außer bei:

Another Saturday Night: Sam Cooke
Bad Brakes: Cat Stevens / Alun Davies
Blue Monday: Dave Bartholomew
Child For A Day: David Gordon / Paul Travis
Daytime: Cat Stevens / Alun Davies
Doves: Cat Stevens / Jean Roussel
Honey Man: Cat Stevens / Ken Cumberbatch
I Love My Dog: Cat Stevens / Yusuf Lateef
Morning Has Broken: Trad. / Eleanor Farjeon
O Caritas: Cat Stevens / Jeremy Taylor / Andreas Toumazis
Portobello Road: Cat Stevens / Kim Fowley
Was Dog A Doughnut?: Cat Stevens / Jean Roussel / Bruce Lynch

DANKE

Mein Dank gilt allen, die mich bei der nicht immer einfachen Arbeit an diesem Buch unterstützt haben.

Besonders danke ich meinen Musikerfreunden von der Cat-Stevens-Tribute-Band AL & the Firecats: Herbert Pilz, Martin Reiter, Gerhard Wiesenthaner und Inge Schmuck. Maartin Allcock, George Brown und Wolfgang Gaube danke ich für ihre hervorragenden Fotos, Christine Chenevey für die großartige Majicat-Homepage sowie für ihre Hilfsbereitschaft, Nicole Kainer und Roland Reiter für ihre Hilfe beim Übersetzen, Mohammed Akram Khan-Cheema, Kamel Mahmoud und Michael Pipe für die Vermittlung von wichtigen Kontakten, Engelbert Gressl für viele Ideen und Anregungen und für die redaktionelle Unterstützung sowie Wolfgang Wittmann für die in mühevoller Kleinarbeit zusammengestellten Cat-Stevens-Charterfolge und die redaktionelle Mitarbeit.

Dem Lektor dieses Buches, Frank Heckert, gebührt mein ganz besonderer Dank für seine professionelle Unterstützung und die vielen fruchtbaren Diskussionen. Ebenso danke ich dem Team des Hannibal-Verlags – vor allem Françoise Degrave – für das Vertrauen in dieses Buchprojekt.

Meiner lieben Frau Rita, ohne deren Geduld und Verständnis dieses Buch nicht möglich gewesen wäre, danke ich von ganzem Herzen.

Meine Hochachtung und Wertschätzung gilt natürlich primär jenem Menschen, um den es in diesem Buch geht: Yusuf Islam. Sein künstlerisches Schaffen, sein Leben und sein Eintreten für die Schwachen dieser Welt verdienen meinen größten Respekt. Ich bin froh darüber, dass er mit seiner Musik mein Leben bereichert hat, und danke ihm für die Möglichkeit, die Welt mit seinen Augen betrachten zu können.

Albert Eigner

Ins Gespräch vertieft: Yusuf Islam mit Albert Eigner